"十四五"国家重点出版物出版规划项目

辉煌交通

丛书主编◎欧国立

建党百年看中国交通运输发展

综合交通运输篇

吴文化 主　编
向爱兵 等编写

中国财经出版传媒集团
经济科学出版社
Economic Science Press

图书在版编目（CIP）数据

建党百年看中国交通运输发展．综合交通运输篇/吴文化主编；向爱兵等编写．—北京：经济科学出版社，2021.5（2022.1 重印）
（辉煌交通）
ISBN 978－7－5218－2566－4

Ⅰ.①建… Ⅱ.①吴…②向… Ⅲ.①综合运输－交通运输史－中国 Ⅳ.①F512.9

中国版本图书馆 CIP 数据核字（2021）第 096745 号

责任编辑：杨 洋 卢玥丞
责任校对：靳玉环
版式设计：陈宇琰
责任印制：范 艳 张佳裕

辉煌交通
建党百年看中国交通运输发展
综合交通运输篇
吴文化 主 编
向爱兵 等编写
经济科学出版社出版、发行 新华书店经销
社址：北京市海淀区阜成路甲 28 号 邮编：100142
总编部电话：010－88191217 发行部电话：010－88191522
网址：www.esp.com.cn
电子邮箱：esp@esp.com.cn
天猫网店：经济科学出版社旗舰店
网址：http://jjkxcbs.tmall.com
北京季蜂印刷有限公司印装
710×1000 16 开 18 印张 230000 字
2021 年 8 月第 1 版 2022 年 1 月第 3 次印刷
ISBN 978－7－5218－2566－4 定价：79.00 元
（图书出现印装问题，本社负责调换。电话：010－88191510）

辉煌交通
建党百年看中国交通运输发展丛书编委会

顾问委员会：“老交通”智库老部长顾问团

编委会主任：王稼琼

编委会成员（按姓氏拼音首字母为序）：

胡　凯　李　刚　李晓津　李忠奎
李　彤　欧国立　孙启鹏　吴洪洋
王明志　吴文化　向爱兵　徐　婧
余思勤　张　力

丛书主编：欧国立

综合交通运输篇

主　　编：吴文化

参与编写人员：向爱兵　苏　斌　陈晓博　蒋中铭
马艺菲　马德隆　李名良　王淑伟

总序

2017 年 10 月 31 日，习近平总书记带领中共中央政治局常委专程赴浙江嘉兴瞻仰南湖红船。抚今追昔，习近平总书记感慨："小小红船承载千钧，播下了中国革命的火种，开启了中国共产党的跨世纪航程。"① 中国共产党，就是从这小小交通工具出发，驶过百年光辉征程，阔步走向中华民族伟大复兴的。从建党开始，交通就与党和国家的命运紧紧联系在了一起。百年来，中国共产党始终围绕中华民族复兴和中国人民幸福发展交通运输事业，实现了中国交通运输的历史性跨越，有力支撑了中华民族从站起来、富起来向强起来的伟大飞跃。

一、新民主主义革命时期：从不自主到自主——中国共产党领导人民夺回交通权，实现人民交通为人民

2019 年 1 月 17 日，习近平总书记在天津港码头考察时强调，经济要发展，国家要强大，交通特别是海运首先要强起来②。这一重要论断思想深刻、内涵丰富，是对交通与强国关系的历史性总结和规律性认识。交通是强国之基、兴国之要。近代，中华民族的耻辱始于海上，海上交通权的丧失加快了清政府丧权辱国的速度。晚清的政界、学界已普遍认识到，"凡一国之盛衰，在于制海权之得失""能主管海上贸易，即能主管世界之富源"。自第一次鸦片战争始，西方列强凭借坚船利炮，从海上打开了中国国门，强迫签署了一

① 《习近平：铭记党的奋斗历程时刻不忘初心　担当党的崇高使命矢志永远奋斗》，人民网，2017 年 11 月 1 日。

② 《习近平：稳扎稳打勇于担当敢于创新善作善成　推动京津冀协同发展取得新的更大进展》，人民网，2019 年 1 月 19 日。

系列不平等条约，我国的重要港口经营权、江海运输权、铁路修筑权悉被列强所扼，以图疯狂掠夺。1842 年中英《南京条约》约定了五口通商；1858 年《天津条约》约定增开十处通商口岸，外国商船和军舰可以在长江口岸自由航行。1885 年《中法新约》明确中国以后修铁路要找法国人商办。清政府虽开展洋务运动兴办轮船招商局、铁路等实业，然其腐朽至极，已无法阻止国势日衰。1910 年爆发的保路运动，导火索就是反对清政府将川汉、粤汉铁路名为收归“国有”、实则拱手让与列强的卖国行径，由此也成为辛亥革命的前奏。民国时期，当选大总统的袁世凯在 1912 年宣布“统一路政”，把各省已经建成和正在兴建的铁路全部收归国有，用以抵借外债，形成了帝国主义掠夺中国铁路路权的第二次高潮，4 年间列强夺得路权多达 13000 多公里。彼时的交通实质已是列强之交通、权贵之交通，而非中华之交通、人民之交通。

交通是一面镜子，能够折射出一个深刻道理：封建主义、资本主义救不了中国。要解决中国发展进步问题，必须找到能够指导中国人民进行反帝反封建革命的先进理论，必须找到能够领导中国社会变革的先进力量。1921 年 7 月，中国工人阶级先锋队——中国共产党的诞生，是开天辟地的大事，深刻改变了近代以来中华民族发展的方向和进程，深刻改变了中国人民和中华民族的前途和命运，深刻改变了世界发展的趋势和格局。从交通领域来看，在革命战争的洪流中，中国共产党组织领导广大海员和铁路、港口工人，先后参加香港中国海员大罢工、京汉铁路工人大罢工、省港大罢工等一系列重要工人运动，给盘踞在中国大地上的帝国主义和封建主义以沉痛打击。在全民族抗日的浪潮中，中国共产党把交通线作为抗战的生命线，粤汉铁路、长江航运、滇缅公路、驼峰航线、中印输油管道等重要交通线路堪称抗日战争不同时期的“生命通道”，“铁道游击战”“水上游击战”等多种经典战法痛击了日寇。在建设无产阶级革命政权的探索中，中国共产党高度重视交通运输，在中央苏区、抗日根据地、中央解放区建立后，先后成立专门的交通运输管理机构，发动民众修桥铺路、运送物资、支援前线。随着解放战争节节胜利，铁路、公路、水路、航空、邮政也逐步回到人民手中。

这一时期，中国交通最大的变化是从“不自主”走向“自主”。在中国共产党领导下，恢复了国家主权，使中国交通开始走向自主、自足、自强的道路。

二、社会主义革命和建设时期：从自主到自立——交通逐步发展，有力支撑了中华民族“站起来”

新中国成立之初，山河重整、百废待兴，中国交通虽走上自主发展之路，但还远远不能自立。现代意义的交通设施、设备几乎无法国产，铁路仅有2.18万公里，公路仅有8.07万公里，内河航道处于自然状态，民航只有7条国内航线，不少地区的邮政还靠马运人扛，交通运输基础十分薄弱，远不能满足恢复生产和社会主义建设的需要。

以毛泽东同志为主要代表的中国共产党人十分重视交通运输事业发展。早在1948年人民解放战争即将胜利之时，毛泽东就指出：“而恢复和发展工业生产和农业生产则需要有较好的组织工作……首先是解决交通运输和修理铁路、公路、河道的问题。”① 1954年9月，周恩来根据党中央和毛泽东的指示，在第一届全国人民代表大会一次会议《政府工作报告》中提出：“如果我们不建设起强大的现代化的工业、现代化的农业、现代化的交通运输业和现代化的国防，我们就不能摆脱落后和贫困，我们的革命就不能达到目的。”这是我们党第一次提出“四个现代化”，其中就包括了“现代化的交通运输业”。为适应经济发展需求，1973年周恩来总理发出了“三年改变港口面貌”的号召，国务院成立了以粟裕为组长、谷牧为副组长的港口建设领导小组，极大地推进了港口建设进程。在中国共产党的领导下，“一五”

① 《毛泽东选集》第四卷，人民出版社1991年版，第1348页。

期间，中国交通开创了若干自主创新“第一次”。1952 年新中国第一台蒸汽机车“解放型”机车出厂，1954 年第一架国产初教－5 型教练机首飞成功，1956 年第一辆“解放”牌汽车试制成功，1958 年第一艘万吨远洋货轮下水。随着国家投资向交通运输不断倾斜，交通基建和运输规模不断扩大。到 1978 年，铁路营业总里程达到 4.6 万公里，公路达到 78.36 万公里，全国主要港口泊位数达到 735 个，民航国际航线达到 8 条，国内航线也增加到 123 条，国家交通大动脉逐步打通，有力支撑了社会主义建设。

这一时期，中国交通最大的变化是从“自主”走向“自立”。在中国共产党的领导下，推进了我国现代交通运输业的发展，有力支撑了中华民族“站起来”。

三、改革开放和社会主义现代化建设新时期：从自立到自足——基本建成交通大国，有力支撑中华民族“富起来”

改革开放初期，随着经济社会快速发展，交通运输供给短缺问题开始凸显，买票难、乘车难、运输难，压港压货成为常态，交通运输严重滞后于经济社会发展，形成瓶颈制约。

以邓小平同志为主要代表的中国共产党人，推动交通运输解放思想、放开搞活。邓小平同志提出“先把交通、通信搞起来，这是经济发展的起点”“我赞成加强基础工业和农业。基础工业，无非是原材料工业、交通、能源等，要加强这方面的投资，要坚持十到二十年，宁肯欠债，也要加强。这也是开放，在这方面，胆子要大一些，不会有大的失误。多搞一点电，多搞一点铁路、公路、航运，能办很多事情。”① 在党的领导下，交通运输行业率先放开搞活。1979 年 1 月 31 日，中央批复同意了由广东省、交通部联合报送的《关于我驻香港招商局在广东宝安建立工业区的报告》，同年 7 月蛇口工

① 《邓小平文选》第三卷，人民出版社 1993 年版。

业区成立，打响了改革开放的开山第一炮。在党的领导下，“有水大家行船，有路大家走车”“贷款修路、收费还贷”“以港养港，以收抵支”等创新政策陆续推出，交通运输市场化进程明显加快，供给不足问题得到初步缓解。

以江泽民同志为主要代表的中国共产党人，推动交通运输抓住机遇、加快发展。江泽民同志在党的十五大报告中提出：“特别要改善居住、卫生、交通和通信条件，扩大服务性消费。”在党的十六大报告中提出：“继续加强基础设施建设”“走新型工业化道路”“实施西部大开发战略”。在党的领导下，铁路开展建设大会战，1997 年起 5 年间实现四次铁路大面积提速。应对 1998 年亚洲金融危机，国家实施扩大内需战略，推动交通基础设施加快发展，交通基础设施瓶颈制约得到明显改善。

以胡锦涛同志为主要代表的中国共产党人，推动交通运输与时俱进、科学发展。胡锦涛同志在党的十七大报告中提出：“加强基础产业基础设施建设，加快发展现代能源产业和综合运输体系。”在党的领导下，伴随着中国加入 WTO，交通“大部制”改革深入推进，综合交通运输发展驶入快车道。至 2012 年底，我国高铁营业里程达 0.94 万公里，居世界第一；高速公路通车里程达 9.6 万公里，超越了美国，居世界第一；初步形成干支衔接的水运网，民用机场体系基本成型，乡设所、村通邮总体实现，交通运输对国民经济的瓶颈制约得到总体缓解。

这一时期，中国交通最大的变化是从“自立”走向“自足”。在中国共产党的领导下，我国交通运输实现了从“瓶颈制约”到“初步缓解”再到“总体缓解”的历史性突破，有效解决了交通运输“够不够”的问题，基本建成了交通大国，有力支撑了中华民族“富起来”。

四、中国特色社会主义新时代：从自足向自强——聚焦解决交通运输“好不好”的问题，加快建设交通强国，奋力支撑中华民族“强起来”

党的十八大以来，中国特色社会主义进入新时代，社会主要矛盾发生变化，交通运输发展重心从解决“有没有”“够不够”的问题，转向解决“好不好”的问题，需要在交通大国的基础上加快建设交通强国。

以习近平同志为核心的党中央高度重视交通运输发展，习近平总书记多次对交通运输工作作出重要论述，强调“加快建设交通强国”“建好、管好、护好、运营好农村公路”，等等，这为交通运输的发展提供了科学指引，推动新时代交通运输发展取得了历史性成就。截至2020年底，全国铁路营业总里程达14.6万公里，是新中国成立初期的6.7倍，其中高铁3.8万公里，居世界第一。全国公路通车里程520万公里，是新中国成立初期的63.3倍，其中高速公路16.1万公里，居世界第一。铁路、高速公路对城区常住人口20万以上城市的覆盖率均超过95%。全国内河航道通航里程12.8万公里，居世界第一，其中高等级航道1.6万公里；城市轨道交通运营里程7354.7公里，居世界第一。港口货物吞吐量世界排名前10的港口中，中国占7席；旅客吞吐量世界排名前10的机场中，中国占7席，境内民用颁证通航机场340个，民航运输机场已覆盖92%的地级市；邮政实现乡乡有网点、村村直通邮，我国综合立体交通基础设施网络初步形成。更令我们自豪的是，港珠澳大桥、北京大兴国际机场等一批超级工程震撼世界，“复兴号”动车组、C919大飞机等大国重器闪耀全球，网约车、共享单车、网络货运等新业态蓬勃发展，中国路、中国桥、中国港、中国高铁成为亮丽的“中国名片”。正如习近平总书记在庆祝改革开放40周年大会上所讲，“公路成网，铁路密布，高坝矗立，西气东输，高铁飞驰，巨轮远航，飞机翱翔，天堑变通途”。

这一时期，中国交通最大的变化是从“自足”迈向“自强”。在以习近平同志为核心的党中央坚强领导下，我国交通运输在“基本适应”的基础上向“适度超前”迈进了一大步，并开启了加快建设交通强国的新征程，有力支撑了实现党的第一个百年奋斗目标，正为实现党的第二个百年奋斗目标不懈奋斗。

栉风沐雨、薪火相传。站在建党百年的历史新起点上，回看这一波澜壮阔的发展历程，中华大地改天换日，中国交通沧桑巨变，孙中山先生在《建国方略》中提出的“10万英里的铁路和100万英里的公路，疏浚现有运河和开挖新的运河……开辟全新的北方、东方、南方三大商用港口，从这些港口出发的铁路将远抵西藏、新疆、蒙古和满洲”的宏伟设想，在中国共产党的领导下变为了现实。我们用70年特别是改革开放40多年的时间，建立了现代综合交通运输体系，对比发达国家已经实现了局部赶超，成功走出了一条具有中国特色的交通运输发展道路。我们还将继续努力，实现到2035年基本建成交通强国、到21世纪末全面建成人民满意、保障有力、世界前列的交通强国目标。

在中国共产党一百周年华诞之际，我们谨以此套丛书展现我国百年交通发展奋斗历程及深刻启示，诠释在中国共产党领导下中国交通运输事业所发生的翻天覆地的变化。丛书分为七册，分别为：综合交通运输篇、铁路篇、公路篇、水运篇、民航篇、城市交通篇、邮政篇。丛书由国家信息中心、国家发展改革委综合运输研究所、交通运输部科学研究院、北京交通大学、长安大学、上海海事大学、大连海事大学、中国民航大学、中国民航管理干部学院、山东财经大学、华北水利水电大学、内蒙古财经大学、国家邮政局发展研究中心、中国铁路经济规划研究院有限公司等单位专家学者共同编写。丛书编纂过程中，有幸得到“老交通”智库老部长顾问团的指导，在此表示深深的感谢！

《辉煌交通·建党百年看中国交通运输发展》
丛书编委会
2021年5月

前言

2021年是中国共产党成立100周年，也是建设交通强国的起始之年，站在新时代的坐标点，我们不忘初心，牢记使命。百年来，中国共产党始终围绕中华民族复兴和中国人民幸福来谋划交通运输发展，交通运输事业取得了辉煌成就，有力地支撑了中华民族从站起来、富起来向强起来的伟大飞跃。

交通运输是人类文明的生命线，是经济社会发展的重要基石。我国曾长达数千年走在世界交通领域的前列，引领人类交通文明的发展方向，在世界文明史上留下了辉煌的印记。

18世纪下半叶，以蒸汽机的改进和运用为标志的工业革命极大地推动了西方国家交通运输业的发展，但是，由于晚清腐朽落后专制体制和封闭守旧思想的束缚，加之尖锐的内外矛盾交困，现代交通方式在中国起步维艰，交通运输业发展极为缓慢。新中国成立之前，虽然铁路、公路陆续建设，但交通运输发展水平仍然十分落后，运输装备破旧，畜力车和木帆船等民间运输工具还在大量使用。

新中国成立以来，在中国共产党的坚强领导下，我国交通运输发展取得了巨大成就，交通基础设施建设成绩斐然，客货运输规模和质量显著提升，交通技术装备水平跨越式发展，城乡面貌因之焕然一新。目前，全国运输线路总里程规模、高速铁路和高速公路里程、沿海港口总吞吐能力等位居世界第一，高速铁路、重载货运铁路、高速公路、集装箱港口等现代化交通高科技从无到有，内河航道能力不断提升，民航机场和航线里程快速发展，管道运输里程高速增长，城市公交和轨道交通、农村公路进入全面协调发展阶段，交通运输实践不断丰富，综合运输理论不断创新发展。

综合运输是现代交通历史演进和生产实践的思想总结，现代综合交通运输体系是交通运输发展的高级形态和目标方向。100 年来，特别是新中国成立以来，在中国共产党的理论指引下，我国交通运输发展在实践中逐步探索出了一条符合我国国情的、有力支撑不同时期经济社会发展的综合运输发展。

本书用夹叙夹议的手法、通俗生动的语言和史论结合的方式，循沿中国共产党发展的历史脉络和理论演进，以现代交通历史变迁为基调，以综合运输发展实践为主线，系统总结回顾了中国共产党成立以来，重点是新中国诞生及改革开放以来，特别是党的十八大以来我国综合运输发展取得的辉煌成就，全面梳理了我国综合运输体系建设的发展历程、理论演进和重大改革事件，全景展现了中国共产党领导我国交通运输业从落后走向现代的过程，体现了社会主义制度的优越性，明确了新发展格局下现代综合运输体系建设的发展方向和时代要求，为实现到 2035 年基本建成交通强国和到 21 世纪中期全面建成人民满意、保障有力、世界前列的交通强国奠定了坚实基础。

全书共五章，第一章回顾新中国成立前交通运输的发展历程，主要介绍了中国现代交通的发端、中华人民共和国成立前交通运输业和中国共产党人的交通实业梦想；第二章回顾新中国成立后交通运输发展历程和综合运输实践，主要介绍了社会主义革命和建设时期不同阶段（快速恢复期、十年探索期、十年徘徊期）交通运输发展成就和综合运输实践以及运输综合运输思想的形成；第三章回顾改革开放后交通运输从分方式发展到综合发展的变迁历程，主要介绍了在中国特色社会主义市场经济体制下综合运输体系的发展成就和建设进展，以及综合运输体系理论的初步建立与不断完善；第四章回顾党的十八大以来在新时代习近平社会主义思想指导下现代综合运输体系的建设实践和理论创新，主要介绍了新阶段在五大新发展理念（创新发展、协调发展、绿色发展、开放发展、共享发展）指引下的综合运输发展实践与理论提升；第五章为展望未来，重点描绘了未来五至十年，以现代综合交通运输体系引领新时代交通强国建设的宏伟蓝图。

本书是由国家发展和改革委员会综合运输研究所原副所长吴文化研究员带领的研究团队完成的。章节执笔人分别为：第一章：吴文化；第二章：苏斌、马艺菲、向爱兵；第三章：向爱兵、马德隆；第四章：蒋中铭、王淑伟、向爱兵；第五章：陈晓博、李名良。全书统稿由吴文化、向爱兵共同完成。

本书在编纂中查阅大量文献和相关材料，听取和吸取了杨洪年、王德荣、郭小碚、汪鸣等专家的意见和建议，在此一并表示感谢。

由于时间紧迫、水平有限，书中内容疏漏或总结不到位之处在所难免，敬请同行专家和读者批评指正。

目录

Contents

第一章

新中国成立前，现代交通方式引入中国与踯躅前行的交通运输业

现代交通运输发端的标志是机械动力取代人力、畜力或自然力成为运输方式的驱动力。1807 年美国人富尔顿（Robert Fulton）制造了第一艘蒸汽船，1814 年英国人乔治·斯蒂芬森（George Stevenson）发明了蒸汽机车，西方国家从此进入了蒸汽时代。1865 年和 1891 年，在美国宾夕法尼亚州和印第安纳州，先后建成世界最早的现代意义的输油管道（长 8 公里）和输气管道（长 193 公里）；1885 年德国人卡尔·本茨（Karl. Benz）研制出了世界上第一辆汽车；1903 年 12 月 17 日美国莱特兄弟实现了人类历史上第一次驾机动力飞行。至此，人类步入五种运输方式交相辉映的现代交通运输发展时代。历史表明，每一种现代运输方式的出现，都对人类社会的发展与文明进步产生了巨大的影响，或推动生产或生活方式的变革，或用于开疆拓土，或蜕变为军事手段，先进的现代交通方式成为西方国家近现代崛起和殖民扩张的标配工具。但是，由于明朝中后期以及清朝政府的闭关锁国政策，在以英国、美国为代表的西方国家开启工业社会的历史进程中，中国错过了与当时以蒸汽机为发端的先进科学技术同步发展的时机，交通运输日趋衰落，与西方先进国家的发展差距越拉越大。

第一节　发端于洋务运动的中国铁路和轮船——开启现代交通时代

一、以“富国强兵”为目的的洋务运动

洋务运动是 19 世纪 60 年代至 90 年代晚清洋务派进行的一场引进西方

军事装备、机器生产和科学技术以挽救清朝统治的自救运动，对中国的政治、经济、思想、军事、外交产生了深远影响，对中国早期交通运输现代化也起到了直接和间接的促进作用。

洋务运动是在19世纪中期清朝政府在两次鸦片战争落败后，以时任中枢执掌大权的恭亲王奕䜣以及曾国藩、张之洞、左宗棠、李鸿章等倡导向西方学习的洋务派官僚人士为西方列强的坚船利炮所震撼，为减少清政府统治的危机感而开展的以富国强兵为目标的自救运动。洋务派秉持“师夷长技以自强”的目的，提倡大规模引进西方先进的科学技术、兴办近代化军事工业和民用企业。他们主张学习西方的声、光、电、化、轮船、火车、机器、枪炮、报刊、学校等，打出“自强”和“求富”的旗帜，认为要富强，使中国“有备无患”，必须学习西方资产阶级的自然科学甚至社会政治学，因此提倡“西学”、提倡“洋务”、办军工厂，生产新式武器、建立新式军队，达到“自强”目的。

1894年甲午中日战争中，北洋海军全军覆没，清朝海军实力丧失殆尽，标志着30余年的洋务运动宣告破产。

二、蹒跚起步的中国铁路

自1825年英国建成了世界上最早的一条铁路之后，由于它在经济上、政治上以及军事上所起的作用，越来越为人们所认识，于是欧美各国接踵而起纷纷效仿，在短短十余年间铁路建设即有长足进展。处于封建末世的中国先进知识分子在观察到西方资本主义世界这一惊人的新生事物之后，也深深为之吸引。如林则徐的《四洲志》、魏源的《海国图志》、徐继畬的《瀛环考略》等书都对铁路作了初步介绍。而洪仁玕则于1859年在其所著《资政新篇》中，最早提出了要在神州大地之上修建铁路的具体建议，他说：中国各省应当皆有铁路，“以为全国之脉络，通则无病焉”。可见，中国人对铁路的最早认识并不算太晚，只是被当时沉浸在天朝大国的清政府所漠视。

早在清同治元年（1862 年），就有怡和、旗昌等 27 家英美洋行向李鸿章建议兴建苏州至上海的铁路而被拒。次年（1863 年），又有英国工程师斯蒂芬森向清政府建议兴修汉口至上海、汉口至广东、汉口至四川、上海至福州、镇江至北京、广东至云南六条干线铁路，亦被拒。同治四年（1865 年），英国商人在北京宣武门外修建了一条一里多长的铁路，以样品引起国人关注，但不几天就被步军统领衙门拆掉。1876 年，英商怡和洋行修建了上海至吴淞铁路，是中国最早建设的铁路。光绪六年（1880 年），曾任台湾巡抚的刘铭传上了一道《筹建铁路以图自强折》，但遭到了内阁学士张家骧、通政司参议刘锡鸿等保守势力的坚决反对，据说其理由是修建铁路会破坏风水、龙脉，招致洋人觊觎等；同年，怡和洋行修建地从上海至吴淞铁路引起官员的一致反对，终于因压死一个士兵为借口，以 28 万两白银买下拆毁，投入海中。①

被称为晚清中兴之臣的李鸿章，从西方的坚船利炮中认识到，强大的军事实力必须建立在雄厚的经济基础上。他指出“必先富而后能强”，并对发展铁路尤其看重，认为“铁路为强国要图”。光绪七年（1881 年），李鸿章主持建成从唐山开平矿务局到胥各庄运煤铁路（以下简称“唐胥铁路”），但建成运营初期不许用火车头，而用驴子和马拖着车厢在铁路上走，沦为笑柄。至此，在英国建成世界第一条铁路 56 年之后，中国才有了第一条自办铁路，而此时，全世界已有超过 30 个国家建成了铁路，美国和欧洲铁路已经形成网络，铁路牵引技术也快速发展，电力机车于 1897 年研

① 《起草修建铁路奏折的幕后人物》，中华铁道网，2009 年 5 月 6 日。

制成功。由此可见，受上千年封建保守思想的浸淫，传统思想那种遇新必反的态度和封闭尊大的心态对中国近代技术进步和工业化进程造成了巨大阻碍。

虽然唐胥铁路全长只有 9.8 公里，但它是中国自办的第一条采用轨距 1435 毫米的标轨铁路，为此后的自办铁路起到了示范作用。通过唐胥铁路，开平的煤炭被运至丰润区的胥各庄，然后再通过胥各庄运至天津芦台的运河，将煤炭装船运往天津，9.8 公里的铁路，加上 30 公里的水路，成为中国铁水联运解决煤炭运输问题的先河和雏形。

1887 年，台湾巡抚刘铭传主持修建从台北至基隆长 28.6 公里的铁路。于 1891 年完成，成为我国台湾最早的 1067 毫米轨距的铁路①。

1888 年，我国铁路奠基人詹天佑从美国学成归来，担任天津铁路公司工程师，专门负责修建唐山至天津铁路，只用了 80 天时间，唐津铁路便竣工通车。唐津铁路是中国第一条自办运营铁路，天津也由此成为中国第一个使用国际标准轨距铁路的大城市。1897 年，天津至北京卢沟桥的津卢铁路建成通车，这是以天津为起点的我国最早的复线铁路。1903 年，清政府颁布《铁路简明章程》，允许各省官商自集股本兴修铁路干线与支线，商办的铁路公司开始陆续建立。1905 年，清政府任命詹天佑为总工程师，修建从北京到张家口长约 200 公里的铁路，历时四年至 1909 年 8 月全线通车，是第一条由中国人主持修建的铁路干线。1906 年，航运、铁路、电报、邮政等统归邮传部专管，其中的重头戏就是铁路建设。到 1910 年，民间各地成立了 17 家铁路商办公司。从 1895 年到清末的十多年间，中外官商陆续在华北、东北、华东、华南、华中及四川等地区修建了多条铁路，出现了第一次铁路建设高潮。自 1881 年修建唐胥铁路始，到 1911 年清朝

---

① 马东玉：《刘铭传与中国铁路的发端》，载《辽宁师范大学学报（社科版）》1987 年第 6 期。

覆亡的30年中，全国共建成铁路9292千米，其中列强利用各种方式侵夺路权在华建筑的铁路达3718公里，占40%，自建铁路5574公里，占60%[①]。中国铁路在历经坎坷后开始起步。

此外，俄国、日本、德国、法国等国为其扩张目的或殖民利益需要，趁清政府软弱和顾及不暇，在中国领土上修筑了若干条铁路。俄国于1898年强行在中国建筑自满洲里至绥芬河的中东铁路（也称“东清铁路”）和自哈尔滨至大连的南满铁路，这两条铁路是按俄国铁路标准修筑的，采用1524毫米宽轨距，这是中国东北地区最早的铁路。1905年俄罗斯在日俄战争败北后，将长春（宽城子）至旅顺口的铁路及一切支线转让与日本政府。日本于1905年也在中国东北建筑安东至奉天（沈阳）和沈阳至新民的窄轨铁路，后又于1911年建成安东至朝鲜新义州的鸭绿江桥。德国强占山东胶州湾后，1904年建成济南至青岛的胶济铁路[②]。1895年法国要求修筑自云南省昆明至边境城市河口的滇越铁路，这条铁路为1000毫米窄轨铁路，于1910年完成通车[③]。

三、水路轮船运输在开口通商中逐步兴起[④]

尽管中国古代拥有先进的造船技术和延续千年的运河漕运和江河湖海水运作业历史，但由于清朝政府长期采取闭关锁国策略而实施禁海政策，这些依靠人畜自然力驱动的船舶在航行能力和运输规模上与蒸汽动力轮船

---

① 祝曙光：《近现代的中国铁路与国防》，载《学术教育》1993年第5期。

② 金士宣、徐文述：《中国铁路发展史1987－1949》，中国铁道出版社1986年版。

③ [法] 约瑟夫·马纪樵著，许峻峰译：《中国铁路金融与外交》，中国铁道出版社2009年版。

④ 苏生文：《中国早期的交通近代化研究（1840－1927）》，上海学林出版社2014年版。

不可同日而言。鸦片战争落败后的清政府被迫开口通商以后，西方国家的机械轮船在中国沿海、沿江的各通商口岸往来无禁、畅通无阻，运送进出口货物，搭载中外客商。轮船通行使人们长途出行和货物运输更加便利高效，大大促进了沿海和沿江地区的商贸发展和人员流动。

洋务运动后期，洋务派为解决军事工业资金、燃料、运输等方面的困难，打出“求富”的旗号，兴办了一批民用工业。李鸿章对兴办船务以求富强有强烈的意识，他指出“轮车之制不行，则中国终不能富且强也”“够进轮船，略分洋商之利”。1872 年，李鸿章上奏清政府《试办招商轮船折》建议试办轮船，准许成立招商局，其目的是“庶使我国内江外海之利，不致为洋人占尽”。在得到清政府同意后，李鸿章即从直隶练响拨制钱 20 万两作为招商局启动资本。1873 年 1 月 18 日，轮船招商局在上海成立，同年 7 月在国内沿海以及新加坡、日本等地设立分局。轮船招商局是洋务派创办的第一个民用企业，打破了外商轮船公司垄断中国沿海、沿江航运业的格局，标志着中国新式轮船运输业的开始。

1895 年后，各地华商开始兴办轮船运输企业，并将轮船运输进一步向内河水网地区推进，大大促进了沿海、沿江、沿河地区的商贸物资往来和人员流动。1900 年以后，随着庚子新政的实施，开启了又一轮兴办实业高潮，轮船运输业有了更进一步的发展。1901 ~ 1911 年的十年间，全国先后创办了 500 多个小轮船企业，拥有小轮船 900 多只，比 1900 年增长近两倍，明显改善了 19 世纪通行轮船仅限于少数通商口岸附近地区的格局，到民国初年，轮船可在全国沿海和主要江河航线上通行。

除了铁路和水上航运外，1901 年（清光绪二十七年）冬天，匈牙利人李恩时（Leinz）将两辆汽车带入上海，这标志汽车正式进入中国。同年 1 月 20 日，经公共租界工部局例会上讨论，决定先发临时牌照，次年再发正式牌照。1907 年以后，中国少数沿海城市陆续出现汽车客运和汽车货运。

四、简要结论

洋务运动是一场封建大地主统治阶级领导的自救运动。这场运动从一开始就受到守旧势力的反对、抵制或掣肘，加之主事者自身的阶级利益局限性和识见不足，归于失败在所难免。但是，洋务运动客观上推动了近代中国生产力的发展，催生了中国民族资本主义，唤醒国人真正正视代表当时世界先进生产力的西方科技水平和工业文明，对中国近现代军事、经济、政治、教育、文化、科技等产生了重大而深远的影响。其中，引进铁路和轮船并开启中国现代交通运输发展是洋务运动的直接产物。

但是，由于晚清腐朽落后专制体制和封闭守旧思想的束缚，加之尖锐的内外矛盾交困，现代交通方式在中国起步维艰，交通运输业发展缓慢，远远落后于英美等西方国家。美国从 1830 年 5 月建成第一条铁路到 1916 年铁路总里程达到约 41 万千米的历史峰值①；1909 年福特 T 型汽车成为大众交通工具的先驱，1916 年全美汽车销量超过 100 万辆②。英国到 1890 年已形成全国性铁路网，总里程达到 3. 2 万公里③，轮船航行于全球，伦敦更是早在 1863 年建成了世界上第一条地铁线路大都会线④。反观偌大的中国，到 1911 年清政府垮台时，铁路里程不足万公里，轮船不足千只，从 1901 年汽车引入到 1912 年中华民国成立时，全国民用汽车保有量不足 300 辆⑤。

历史的诡吊之处在于，事物的发展有时却走向谋事者最初愿望相反的

① 朱广祥：《美国近代的铁路建设及其历史作用》，载《蒙自师专学报》1993 年第 10 卷第 1 期。

② 陈艳：《汽车工业纵向一体化的历史与理论研究》，山东大学学位论文，2019 年。

③ 江华：《世界铁路发展的历程和启示》，载《铁道工程学报》1991 年第 1 期。

④ 唐又林：《世界轨道交通发展》，载《科学新闻》2012 年第 3 期。

⑤ 雷斯斯：《中国汽车工业发展史》，载《交通建设与管理》2009 年第 2 期。

方向。作为洋务派“富国强军”国之重器的铁路所引发的一场运动，竟成为引爆大清王朝土崩瓦解的引信。

第二节　中华民国初期的交通发展及孙中山对中国未来交通构想

一、保路运动引爆了辛亥革命[①]

20 世纪初，内外交困的清政府在苟延残喘中支撑着王朝大厦。在西方列强的威逼利诱下，财力空虚的清政府被迫向英国、法国、德国、美国等国财团借钱用于偿还借款、修筑铁路、镇压革命等巨额开支。为缓解财政亏空和还债压力，1911 年 5 月 9 日，在邮传大臣盛宣怀的策动下，清政府宣布了“铁路国有”政策，将已归商办的川汉铁路和粤汉铁路收归国有。这两条铁路原本由民间集资修建，集资股东中有商人、绅士、地主，还有农民，清政府的政策激起了这些人的反对，由此掀起了轰轰烈烈的保路运动。

保路运动又称铁路风潮，首先在四川发起，随后湖北、湖南、广东三省份相继响应。保路运动爆发后，清政府派遣武昌新军入川镇压叛乱，武昌空虚。1911 年 10 月 10 日革命党人趁机发动武昌起义并成功，打响了辛亥革命第一枪，并在随后的两个多月带动中国各地的革命响应。同年 12 月 29 日，清朝原有的 22 个行省中业已独立的 17 个省派出代表，推选刚刚回

① 刘宝森：《保路运动与辛亥革命》，载《武汉学刊》2018 年第 3 期。

国的孙中山为中华民国临时大总统。1912 年 1 月 1 日，孙中山宣誓就职临时大总统，中华民国正式成立。

中华民国的成立，宣告了中国历史两千余年封建专制制度的灭亡和资产阶级民主共和国的诞生，对 20 世纪中国的历史走向产生了巨大而深远的影响，为马克思主义在中国的传播和中国共产党的诞生创造了条件。

二、中华民国北洋政府时代军阀混战难圆中国交通梦

孙中山领导的革命党奋斗的目的是通过推翻封建统治建立一个资产阶级民主共和国。但是，由于在与以袁世凯为代表的北洋军阀实力派的博弈中被迫让步，孙中山仅当了 3 个月的临时大总统便于 1912 年 4 月 1 日正式辞职，辛亥革命的果实落入了袁世凯之手。袁世凯自 1912 年 3 月 10 日宣誓就职临时大总统，继而于 1913 年 10 月 10 日就任正式大总统到 1916 年复辟帝制未果，并于同年 3 月 22 日宣布撤销帝制恢复民国年号后不到 3 个月于 1916 年 6 月 6 日终亡。

袁世凯之后，由于北洋政府缺乏强人压阵，中华民国陷入军阀混战。从 1916 年 6 月至 1918 年 10 月不到两年半时间，先后经历了黎元洪与段祺瑞的“府院之争”、张勋复辟、冯国璋代理总统的相互倾轧和短命执政。1918 年 10 月徐世昌被国会选为大总统，到 1922 年 6 月辞职隐退并由黎元洪复任，算是任职时间最长的大总统。1923 年 10 月，曹锟通过收买议员当选民国第五任大总统，仅任职一年便下台。1924 年 11 月由段祺瑞临时执政至 1926 年 4 月，其后由总理署任。1927 年 6 月至 1928 年 6 月，奉系军阀张作霖就任中华民国海陆军大元帅，成为民国北洋政府实际上的最高统帅。1928 年 12 月 29 日，张学良在东北通电东北易帜，宣布效忠南京中央政府。至此，中华民国北洋政府时代的军阀混战历时 17 年，表面上宣告

结束，全国完成形式上的统一。

在中华民国北洋政府时期，1919 年发生的五四运动，是中国近现代历史进程中最具影响力的重大事件，为中国共产党和中国社会主义青年团的建立做好了思想上和干部上的准备。

军阀混战时代难“共和”。在混乱的时局下，尽管孙中山、袁世凯以及徐世昌、张作霖等对中国发展实业、修建铁路等民生事业大加重视和极力推动，民国初期经济快速发展，被认为是“短暂的春天”，但是，由于政局动荡，地方割据，铁路建设时断时续，公路、水运发展缓慢，中国交通运输的落后面貌整体上难有大的改观。

值得注意的是，东北地区因其地缘区位的特殊性，一方面受到当时历任主政者的重视；另一方面作为中俄日角力的重点地带，主客观上推动了该地区矿产、工业、交通等实业的发展。到 1912 年，清政府时期东北地区共修筑铁路 3387 公里，约占这一时期全国筑路总长的 37%，其中以帝国主义国家所有的铁路所占比例最大①。在中华民国成立到“九一八”事变的 20 年间，东北地区的农业生产与工业体系快速发展并初具现代规模，经济发展水平在全国乃至亚洲地区处于领先水平，哈尔滨坐拥远东最大的金融中心和国际化城市，沈阳、大连、长春等城市规模和基础设施条件在全国领先。东北地区的现代交通方式取得了长足发展，1912～1931 年“九·一八”事变前，东北地区共修筑铁路 3070 公里，约占同期全国修筑铁路的 59%，成为当时中国版图上铁路覆盖密度最高的地区②。哈尔滨已有通往德国、俄国等欧洲国家的洲际列车，通过西伯利亚远东铁路班列可到达苏联东部以及欧洲地区，东北地区是当时中国唯一能够独自建造铁路和火车头的地区；东北地区的农畜产品可通过大连港出口到亚洲及欧洲，松花

---

①② 李淑云：《九·一八事变前的东北铁路建设》，载《辽宁大学学报》1993 年第 3 期。

江等内河客货运输以及游船观光等已形成风气；主要城市道路系统及周边地区公路网初步形成，奉天汽车制造厂于1930年生产出当时中国首批民生牌汽车。

三、孙中山《实业计划》中的中国未来交通构想

近代中国孜孜以求现代交通发展的梦想离不开孙中山这位伟大的革命先驱。孙中山生活在19世纪后半叶和20世纪初的中国，当时的中华民族正处于贫困落后、被动挨打的悲惨境地。也正是在这一时期，西方发生了工业革命，科学技术和生产力快速发展。但当时的清朝统治者看不到世界的大变化，夜郎自大、闭关自守，拒绝学习先进技术，导致在短短一百多年的时间里大大落后于西方国家，在西方列强的坚船利炮面前不堪一击。在深刻认识到了当时中国生产力十分落后的状况，总结清朝衰败和辛亥革命经验教训的基础上，1917～1919年，孙中山精心制定了20世纪中国历史上第一个关于国家发展的战略目标——《建国方略》，包括三个部分：《孙文学说——行易知难（心理建设）》集中论述了知行关系，可以说是近代中国文化建设计划；《实业计划（物质建设）》是一个以国家工业化为中心、国民经济全面现代化建设为计划，包含了孙中山开发生产力的一系列理论观点；《民权初步（社会建设）》是关于社会民主建设的著作。

《实业计划（物质建设）》（以下简称《实业计划》）作为孙中山亲自制定的发展近代中国社会生产力的实施方案，体现了孙中山通过发展实业开发中国生产力的思想。在《实业计划》中，孙中山从加强国家经济实力、国防实力和满足人民需要出发，为在中国开发生产力提出了一系列具体的设想和方案。《实业计划》全书共六大计划，每一计划分为五部。第一计划主要内容是交通、移民中国的外蒙古地区和新疆、能源

铁矿和钢铁生产等建设发展规划。第二计划主要内容是以东方大港为中心的水路交通和长江建设、发展水泥等建筑材料工业。第三计划主要内容是以广州南方大港为中心建设水路交通系统、铁路系统、海港造船工业。第四计划主要内容是铁路和造船工业。第五计划主要内容是发展直接关系民生的如衣食住行等轻工业。第六计划主要内容是矿产及其配套机械、冶炼生产建设。

孙中山深刻认识到中国实业不发达的主要原因之一就是交通不发达，主张综合开发中国生产力，以铁路为命脉，以农业为中心，以采矿、钢铁和机器制造业为工业之根。孙中山视发展交通为实业建设的战略重点，尤其注重铁路建设。他说："交通为实业之母，铁道又为交通之母，国家之贫富，可以铁道之多寡定之。""振兴实业，当先以交通为重要。计划交通，当以铁路为重要。"① 孙中山在《实业计划（物质建设）》中将交通业的发展置于实业发展的优先地位，将铁路建设置于交通业发展的优先地位，规划了西北、西南、中央、东南、东北和高原六大铁路系统，线路总里程约 16 万公里共计 106 条干线、17 条支线。孙中山在强调铁路对于交通系统的极端重要性的同时，睿智地认识到了各种交通资源必须合理配置才能更好地发挥铁路的主导地位和中心地位。从《实业计划》来看，孙中山的"交通"是一个包括铁路、碎石路、运河、海道、港口以及电报电话、无线电在内的大交通的概念，这体现了综合运输的思想，即各种交通资源综合利用、综合发展。

孙中山无疑对铁路的发展最为看重，但他也认识到各种运输方式综合发展的重要性，并按照铁路优先、港路结合的原则来规划未来中国交通发展的蓝图。在《实业计划》中他重点关注了三个方面的关系：一是铁路与

---

① 孙中山：《实业计划》，载《远东时报》1919 年 6 月号。

马路的关系。他认为“交通之法，铁路为急务，然马路尤不可少，盖马路费较省便。且马路行自动车，自动车费亦较少。”“有此自动车，然后铁路始能获利。”① 二是铁路与航运的关系。他指出“中国为大陆国必先务陆运，即铁道之发达，然后经济、政治、教育、军事等乃有可言。”但随即指出“航路与铁路又直接密切之关系”，认为铁路只有与港口衔接才能发挥出效能，在计划内河商埠如镇江、浦口、安庆、武汉等港口时，都注意到铁路与航运衔接的问题。三是铁路与海运的关系。这是关系到中国内陆地区的资源开发以及中国经济与世界联系的问题，孙中山在《实业计划》中规划的主要铁路系统的起点或终点大多是他设计中的南方、东方和北方三大海港。孙中山主张在建设秦皇岛、葫芦岛等北方大港时与西北铁路相连，开发山西等地的煤炭；主张在上海之外建设东方大港，并整治长江、运河水道，建设内河商埠，形成江海联运；主张在广州建设南方大港，改良珠江三角洲水路系统，并与西南铁路系统相衔接，他说：“如使西南铁路系统完成，则以其运输便利论，广州之重要将与中国北方、东方两大港相侔矣。”在关于沿海商埠与渔业港如海州、钦州、烟台、厦门、海口等海港的建设规划中，为了更好地发挥运输效能，他也考虑到了海运与铁路运输的配套问题。如关于烟台，他说：“以海港论，如使山东半岛之铁路得其开发，而筑港之工程又已完毕，则此港自有其所长。”以上认识和构想反映了孙中山在进行铁路规划时秉持开放思想和综合运输发展的理念，其中闪烁着统筹全局和开放变革的思维。②

孙中山不仅全景式勾勒出了中国交通发展的宏伟蓝图，而且亲自推动和参与了中国近代交通尤其是铁路的建设。1912 年 9 月 9 日，袁世凯特授

①② 朱从军：《“尤当先以沟通极不交通之干路为重要”——孙中山铁路规划思想初探》，载《学术论坛》2005 年第 1 期。

孙中山“筹划全国铁路全权”，任命为“全国铁路督办”，令其组织铁路总公司，将拟筑之路先与各国商人商议借款招股事宜。经孙中山积极筹备，中国铁路总公司于 1912 年 11 月 4 日在上海成立，邀请詹天佑做其助手，全权办理交通部所属铁路以外的贯穿各省及边远各条铁路干线的规划事宜，并提出铁路总公司各项章程和铁路条例。孙中山还对比美国铁路的发展历史和规模水平，对中国铁路的规模、覆盖密度和建设期限进行了大胆设想。

在当时国力衰弱、人民贫困的情况下，中国交通的发展面临一缺资金、二缺人才、三缺技术的全面窘境。为此，孙中山竭力主张利用外国资金、外国人才和外国技术筹建铁路，同时严格按照商业规则和特许经营方式向外国资本借款，消除国人对事涉国家主权的忧虑。然而，孙中山的铁路建设梦想从一开始就受到朝野掣肘或抵制，又受到资金人才技术的严重制约，绝大部分建设项目都只是停留在了图纸上。历史的发展实际表明，孙中山的交通蓝图和身体力行推动铁路建设的实践在当时中国经济、政治、社会环境和科技条件下具有浓厚的空想成分。

四、简要结论

保路运动为辛亥革命的爆发创造了群众基础，辛亥革命中保路运动的扩大化，成为推翻腐朽黑暗的清王朝的导火索。中华民国的建立，标志着中国两千多年封建君主专制制度的灭亡和资产阶级民主共和国的诞生，在政治、经济、社会、教育、文化、外交等各个方面进行了体制制度革新。但是，由于中国民族资产阶级的软弱性和妥协性，加之外有帝国主义干涉，内有立宪派和旧官僚的倒行逆施，各派势力挟权自立、拥兵自重，新生的中华民国前 20 年在复辟、内斗和军阀混战中摇摆度过，经济和民生难以真正得到显著改善。

中华民国的建立在促进民族资本主义经济力量快速壮大的同时，相伴带来无产阶级队伍的壮大。在新文化运动的推动下，马克思主义在中国迅速传播，受到1917年俄国十月社会主义革命胜利的鼓舞，以反对帝国主义、封建主义为宗旨的“五四”爱国运动，在思想上和干部上为中国共产党的建立做了准备。

中华民国以“三民主义”为指导思想，力图国强民富，摆脱落后挨打的状况，采取了一系列有利于资本主义经济发展的措施，推动了生产力的发展。在对现代交通发展特别是铁路发展以带动实业振兴的重要性的认识上，当时民国政府的主要当政者不可谓不到位。特别是孙中山对中国交通发展前景进行了全景式规划构想，并提出了铁路优先、港路航结合的综合运输发展思想，无疑具有开放性和前瞻性。但是，由于时局动荡，军阀混战，加之受当时资金人才技术严重匮乏的制约，中国的铁路等交通建设时断时续、发展缓慢，孙中山的交通强国美梦注定难圆。到20世纪30年代初，只有东北地区的铁路基本形成相对完备的网络体系，全国其他地区交通运输的落后状况并没有实质性的改观。

第三节　现代运输业与传统交通方式并行的交通运输业

一、内乱外患的动荡时局[①]

1937年7月7日卢沟桥事变（又称“七七事变”）爆发，日本发动了

① 本部分为笔者根据相关历史资料整理。

蓄谋已久的全面侵华战争，遭到中国军队的奋力反击，标志着中华全民族抗日战争的开始。七七事变后，中国共产党从团结海内外中华儿女共同抗击日本侵略的大局出发，利用国民党派系之间的矛盾，积极斡旋，和平解决由张学良、杨虎城发动的“西安事变”，促成以第二次国共合作为基础的抗日民族统一战线，发起了全民的抗日战争。中国人民经过流血牺牲、艰苦抗战，终于在 1945 年 8 月 15 日以日本宣布无条件投降赢得了民族解放战争的伟大胜利。

抗日战争的硝烟散去后，中国人民期待的和平发展愿望并没有实现。抗战胜利不到一年，国民党蒋介石政权便采取假借和平的名义意图搞独裁专政，遭到以共产党为代表联合各级民主党派人士的反对，一场假和平真内战的把戏被戳穿。1946 年 6 月至 1949 年 9 月，中国人民解放军在中国共产党的领导下，为推翻国民党统治，开展了为期三年多的国共之间事关中国前途命运的战略决战，并以中国人民解放军胜利和国民党政权败走台湾而告终。1949 年 10 月 1 日，中华人民共和国在北京宣告成立。

在战祸频仍的乱世，中国难得有一个持续稳定的和平发展环境。相比较而言，1927 ~ 1936 年，在南京国民政府统治的前十年里，采取了以统制经济为特征的包括整顿税务、控制金融、改革币制、开展“国民经济建设运动”等一系列经济政策和措施，客观上促进了民族工业的发展，1935 年国民政府实施第一个五年建设计划，中国经济发展经历了相对稳定的快速发展阶段。统制经济对于增加中央财政收入、控制全国金融业务、稳定市场和刺激生产复苏等都起到了一定作用，开展“国民经济建设运动”更是对工农业和交通运输业发展产生了积极作用。然而，统制经济也带来官僚资本迅速膨胀、美国在华经济势力急速增长等问题。同时，由于连年不断的战争及对红军的大规模“围剿”，军费开支有增无减，而且要偿还早先的债务，造成国民党政府财政年年入不敷出。

抗日战争期间，官僚资本假借抗日之名，进一步依仗政治、军事权力掠夺全国人民，致使官僚资本急剧膨胀垄断了整个国民经济，如设立全国性金融网，强化对国家金融的垄断，通过专卖政策和统购统销实现了商业独占，采取扩张官营和吞并民营工业加强对全国工业的垄断等。美货借机大量倾销和美国独占资本与官僚买办资本对市场、资源、资金实行垄断，导致民族工业在短暂的发展之后日趋衰败或破产。战时状态造成农村经济受到严重冲击并随之衰退。抗战胜利后，国民党采取的经济政策措施大多以“剿共匪”为目的，不仅没有采取措施扩大生产力、恢复经济，反而利用发行货币、国债等手段压榨人民财产，还抢占人民的土地，弄得人民民不聊生，从而失去了民心。

二、整体上破败落后的交通运输状况[①]

与当时的发展时局相对应，在交通运输业发展方面，从国民政府于1927 年4 月定都南京到1937 年7 月抗日战争（以下简称“抗战”）前的十年中，铁路、公路建设快速发展，水运、航空和邮政得到不同程度的发展。抗战期间后方公路建设取得较大成就，敌占区的主要铁路运输被切断，水运、民航、邮政等受战争影响主要服务于军事需求，兼顾民用。抗战胜利后，由于蒋介石挑起内战，妄图独吞胜利果实并消灭共产党，遭到中国共产党及其武装力量的奋起反击，国共双方在各自占领区对交通线路分割而治，加之以战争双方为遏制对方，常常切断铁路、公路、机场等交通设施作为战争手段，对交通运输造成严重的战争创伤。

---

① 张静如、卞杏英：《国民政府统治时期中国社会之变迁》，中国人民大学出版社 1992 年版。

（一）铁路建设

在 1928 年 11 月成立的国民政府铁道部的组织下，先后对粤汉铁路、京杭铁路、浙赣铁路等进行改造，将陇海铁路西延至宝鸡，建设了连接沪宁与津浦两条干线铁路在南京的长江轮渡，1934 年基本建成连云港码头，使之成为陆海联运的重要转换枢纽。1932 年铁道部决定修建芜湖至孙家埠铁路，后又建筑芜湖至南京段，1935 年自南京至孙家埠全线建成通车。1934 年为将淮南煤矿所产煤炭运至长江边界，铁道部决定修建从田家庵至裕溪口铁路，称为淮南铁路，于 1935 年完成通车。1934 年 11 月铁道部与浙江省政府联合开工修筑钱塘江大桥，1936 年开工了成渝铁路和京赣铁路。1937 年动工修筑湘桂铁路和湘黔铁路。此外，宝成铁路、广梅铁路、贵昆铁路已经签约，因抗战爆发没能开工。1928 ~ 1938 年十年间中国共修建铁路 4600 余公里，且在华南、西南等地开始修筑铁路，逐步改变原来铁路多集中于华北和东北地区的不合理布局。武汉、广州失陷后，原来赖以粤汉路经广九路以香港地区为转运口岸的主要国际交通线被切断，把打通开辟西南的国际运输线路作为重点，主要修建了两条铁路：一条是在西北建成宝鸡至天水铁路，目的是西延至兰州，利于接受苏联援助；另一条是在西南以昆明为中心建设滇缅、叙（宜宾）昆（明）铁路，与成渝铁路衔接，并连接川江航运，打通西南国际交通线。抗战胜利后，日伪经管的铁路大部分被国民党政府接收。到 1946 年底，国统区铁路恢复和发展到 12788 公里，机车 1954 辆，客车 2715 辆，货车 26164 辆（不包括东北、台湾地区和海南岛）。受内战的破坏和影响，到 1947 年 6 月底，包括东北、台湾地区和海南岛在内，国民党统治区铁路里程降为 8700 公里，机车

2171 辆，客车 3388 辆，货车 25027 辆[①]。

九一八事变是日本帝国主义长期以来推行对华侵略扩张政策的必然结果，也是企图把中国变为其独占的殖民地而采取的重要步骤。1931 年九一八事变以后，日本人以东北为主体炮制了“伪满洲国”，因为日本要攫取东北的自然资源、想要把东北打造成侵华的大后方，甚至日本一度想要举国从日本列岛全国迁移到东北，所以日本人在东北继续加大力度修建铁路。从九一八事变到抗战胜利的 14 年里，日本人在伪满东三省和热河省的铁路修建从没有停止，威逼中国劳工共修建了近 5700 公里铁路，在关内沦陷区修建了约 900 公里铁路[②]。到 1945 年 8 月日本投降时，东北的铁路总里程已经达到约 12400 公里[③]。而到 1949 年解放时，全国能通车的铁路总里程也不过约 22600 公里，东北铁路长度超过全国铁路总长度的一半。

阎锡山统治下的山西是一个独立王国，修建了横贯山西南北、长达 800 公里的同蒲铁路，不过他造的铁路全是窄轨，与山西境外的铁路轨距不一样，难以并网运行。阎锡山统治下的山西还修建了太原到大同、太原到军渡、太原到风陵渡等公路，他甚至早在 1925 年就开始从法国引进技术，组装飞机，到 1930 年底，共有飞机 20 多架[④]。

总体而言，新中国成立前，除东北地区铁路网络相对比较完善外，全国的铁路发展受内乱外患的严重影响，时断时续，铁路网规模和覆盖范围均明显不足。

---

① 张静如、卞杏英：《国民政府统治时期中国社会之变迁》，中国人民大学出版社 1992 年版。

② 李倩：《中国铁路百年发展史》，新浪历史，2013 年 3 月 11 日。

③ 金士宣、徐文述：《中国铁路发展史 1987－1949》，中国铁道出版社 1986 年版。

④ 赵华芬：《二十世纪初期山西交通状况与区域经济发展（1912－1937）》，山西大学学位论文，2011 年 6 月 1 日。

（二）公路建设

早在1913年，中华民国北洋政府设立全国经济委员会，督导公路建设，拨款地方修路，鼓励民办汽车运输，将公路列为政要之一。1917年，当时中国第一条汽车运输线路张家口至库伦（今蒙古国乌兰巴托）公路通车。到1927年全国公路总长已达29170公里，民用汽车保有量由1912年的294辆增长到18677辆[①]。1929年国民政府组建了道路修筑委员会，推动公路建设。1934年国民政府成立公路委员会，统一路政，开展省际联运。到抗日战争爆发之前的这一时期，可以说是中国汽车运输业日趋繁荣的年代，每年平均进口汽车5500辆，民用汽车保有量68917辆，全国公路总长延伸到117296公里，其中有路面的公路占四成左右，其余均为土路。全国各地出现了一批官办的和民营的出租汽车公司和公共汽车公司[②]。

在抗战时期，公路建设在后方快速发展，在西北地区，分段修通了全长约3400公里的兰新公路，实现了兰州以西经新疆与苏联铁路的国际连接。以兰州为中心为西北公路网进行重新布局，并有交通部为主负责组织，改建或新建各省公路。在西南地区，改建和新建了连接缅甸、越南、印度的滇缅公路、桂越公路和中印公路（又称“史迪威公路”）三条主要公路干线。其中由我国与英美合作修建的中印公路自印度萨雷的雷多经缅甸的密支那至我国云南保山接龙陵公路，全长2300多公里，同时还修建了与公路平行的输油管道和四个飞机场，成为一条重要的国际交通线路。以贵阳为公路网中心，设立西南运输管理局、中国运输公司等机构，改善、翻修了川黔、滇黔、桂黔、川湘、川鄂、川陕等公路。西南、西北交通网的连接中心是成都，以川陕公路为陆运动脉，开辟了利用嘉陵江水运构成

①② 《中国早期的汽车》，汽车之家网站，2015年1月12日。

的水路联运川陕东线。此外，国民党政府还通过官民合建、以工代赈等方式，组织民众开展县乡公路、桥梁、渡口等交通设施修建和养护，改善农村地区出行条件。

到 1947 年 6 月，国民党统治区公路达到 130219 公里，其中国营公路 31435 公里，其余为地方经营修建的。虽然国营公路只占 1/4，但均为干线且质量相对较好，客货运输量占绝对优势，据统计，1947 年国营公路客运完成 3. 68 亿延人千米，货运完成 0. 845 亿延吨公里①。

总体而言，新中国成立前的公路发展十分落后，路网规模小、质量水平低，且以势力范围各自为治。质量稍好的公路集中在大城市及其周边地区，由于汽车比较少，几乎所有公路都是畜力车、人力车与汽车混行。在中西部以及广大的农村地区，几乎没有像样的公路，汽车难以见到，传统的畜力车和人力车是主要的通行和运载工具。

（三）水上航运建设

国民政府时期的水上航运业分国营和民营两种。国营的航运企业只有从 1872 年洋务运动时期成立的招商局一家演进而来，招商局是中国最早的官督商办轮船公司，1930 年收归国营，1932 年交由交通部直辖，由交通部下设的航政司负责管理，改名为国营招商局。抗战时期，招商局承担了大量军用民用物资调运，作出了积极贡献，但在战争中受到了创伤。抗战胜利后，政府把接收的敌伪大型海轮悉数交给招商局，使其运输能力大增，同时该局购置了一批海轮，开辟拓展了航线，使其业务能力和营业范围有较大扩展。截至 1947 年底，招商局拥有海轮、拖轮、铁木驳船等合计 460 艘，占船舶总数的 12. 8% ，总吨位达到 33. 4 万吨，占总吨位的 32. 3%②，

①② 张静如、卞杏英：《国民政府统治时期中国社会之变迁》，中国人民大学出版社 1992 年版。

尤其在海运方面，具有明显优势。航政司除管理国营航运业外，还督办民营航运业。国民党之初的民营航运企业有三北、政记、肇兴轮船股份有限公司、北方航业、民生实业股份有限公司等，规模和经营方位都不及招商局。

1935 年 6 月，交通部为推动国营、民营航运企业合作，成立中国航业合作社，并出台鼓励建造新船等奖励政策，促进了航运业发展。1928 ~ 1935 年的七年间，全国注册轮船数量从 1294 艘增加到 3959 艘，吨位从 28. 42 万吨增加到 71. 2 万吨①。其中，在抗战之初以为政府工矿企业内迁作出过重要贡献的民生公司发展最为迅速，到 1942 年该公司拥有轮船 116 艘，3. 6 万多吨，职工近万名，成为后方最大的民族资本企业，对重庆、四川乃至后方实业发展发挥了重要作用。

总体而言，新中国成立前的水运业发展比较落后，除沿海和主要江河采用机动轮船开展航运外，在边远地区的河流上主要还是传统的驳船、帆船甚至羊皮筏子等短距离水上客货运输。随着公路、铁路的逐步发展，内河水运特别是北方地区的水运逐步萧条了。譬如，曾经凭借黄河船筏之便成为黄河中上游内蒙古、陕西、宁夏地区与北京、天津、山西、河北地区水旱转运码头辉煌 200 多年的山西碛口镇，到抗日战争爆发前还是北方重要的商业码头和商贸重镇，随着近代京包铁路和公路的修建使得黄河航运不断萎缩，加之抗日战争时期遭到日军抢掠，最后衰败并沉入历史的云烟之中。

（四）民用航空建设

国民政府成立时，民用航空业从空白中起步，1929 年 1 月交通部成立航空筹备委员会，与美国航空公司签订合同，进口了 4 架飞机。

① 张静如、卞杏英：《国民政府统治时期中国社会之变迁》，中国人民大学出版社 1992 年版。

同年5月成立中国航空公司，7月开通上海至成都航线，标志着国民政府民航运输业的开始。1931年2月，交通部与德国汉莎航空公司合办的欧亚航空公司成立，主要经营邮务运输和商务客货运输，以后逐渐转为军务运输。继中航和欧亚两家之后，还成立了西南海空公司，但开业后运营时间不长并因战争威胁被迫停航。到1937年底，共有民用飞机29架，航线9条①。

抗战爆发后，中国、欧亚航空公司原有的一些航线被迫停航。国民政府西迁至重庆后，交通部与苏联中央民用航空管理总局签订合约，合资组建中苏航空公司，飞机设备由苏方提供，专营自新疆哈密经迪化（现乌鲁木齐）、伊犁至苏联阿拉木图的航空业务，主要承担苏联援华军用物资和技术人员，兼顾一些外贸运输任务。1941年苏德战争爆发后，公司停止运行。

太平洋战争爆发后，西南唯一的国际陆运通道滇缅公路被日军切断，空运一度成为后方国际运输的主要通道。中国、美国、英国三国联合开辟了自中国昆明、泸州、宜宾至印度丁江飞跃驼峰喜马拉雅山的中印航线，其中以美国空运大队为主体，中国航空公司也于1942年6月正式开航，对转运盟军援华军用物资发挥了巨大作用。1943年总飞行里程达到884万公里，客运3.6万人，货运1975.2万吨②。此外，中国、欧亚（1943年改组为中央航空公司）两个航空公司除维持后方各大城市的客货航空业务外，还增加了邮件运输，并将航线延伸到一些中等城市。抗战胜利后，政府调运了原来在中印航线的飞机分配到国内各航线，并购买了一批美国在华剩余飞机及零部件，装备维修战时受损飞机和接收的伪中华航空公司的残机。到1947年6月底，飞机拥有量达到94架，航线64条③。

①②③ 张静如、卞杏英：《国民政府统治时期中国社会之变迁》，中国人民大学出版社1992年版。

总体而言，新中国成立前民航运输发展起步晚，且受战乱影响主要服务于军事需要，兼顾客货运输和部分邮务运输需要，无论是机队规模、服务能力还是覆盖范围都处于很低的水平。

三、交通运输管理体制及其特点①

中华民国临时政府成立后即设立交通部，其职责与清末的邮传部基本相同，主要管理铁路、电报等事业，北洋政府时期，其机构也大致沿此。1928 年国民政府定都南京后，于当年设立铁道部，专管铁路修筑及营运事业，交通部管辖范围限于航运、邮电、通信等业务。由于当时公路运输在中国刚刚起步，业务范围和规模较小，管理工作很少，加之军阀割据，各自为政，中央政府未设立专门的管理机构，直到 1932 年成立全国经济委员会时下设公路处及江苏、浙江、安徽、江西、上海五省市交通委员会。

“七七事变”后，为适应战时运输需要，国民政府迅速采取了一系列交通应急措施，设立了若干运输管理和统制机构，如颁布“铁路战时运输办法”和“船舶统制办法”，组建铁道运输司令部以指挥全国铁路军事运输；令各省份公路局组织汽车总队部，管制各省份汽车及驾驶人员，对公私汽车重新登记和编队管理，以供随时征调协助军事运输。1937 年 12 月，国民政府改组战时行政机构，将铁道部并入交通部，同时撤销全国经济委员会，将原属经济委员会的公路事业移交交通部，由此交通部成为中央行政机构中管理交通运输的唯一部门，有利于统一事权、精简机构和提高管理效率。在统一中央交通行政管理部门的同时，国民政府还先后设立了军

① 贾国雄：《论国民政府抗战时期的交通运输体制》，载《西南师范大学学报（人文社会科学版）》2005 年第 7 期（第 31 卷第 4 期）。

事运输总司令部和军事运输总监部等。1937 年 10 月在广州成立西南进出口物资运输总经理处（以下简称“西南运输处”，1938 年 9 月迁往昆明），对外又称西南运输公司，直属军委会，主要接运由海防、仰光两港进口的兵工物资。1941 年 11 月，西南运输处被撤销，在其业务基础上改组成立了中缅运输总局，次年 5 月日本侵占缅甸后，滇缅公路中断，中缅运输总局被缩编改组为滇缅公路运输局、主要负责抢运美国进口战时物资。

在上海、南京等沿海、沿江大城市沦陷后，东部大批工矿企业、机关学校等纷纷内迁，对铁路、长江航运、公路运输带来巨大压力，运输管理中“事权不统一、组织涣散、统制缺乏”等问题明显暴露出来。1939 年 2 月，行政院在重庆召开公路水路交通会议，并于会后成立了水陆运输联合委员会，由交通部、军政部、经济部、航空委员会、兵工署、贸易委员会、西南运输处等机构代表组成，隶属于行政院，后改隶属交通部，其目的是要加强运输组织的部门协调工作，但实际效果并不佳，运行不到一年便宣告撤销。

为统一交通管理和集中交通运输力量，以应付更加困难的抗战局势，1940 年 3 月，国民政府军事委员会在重庆召开全国运输会议，旨在调整运输机构，以统一事权，明定职责。会后成立了抗战时期国民政府最重要的交通运输统制机构——军事委员会运输统制局。运输统制局从铁道运输司令部、军事运输总监部接管了军事运输业务，从交通部接管了公路运输业务，并对军公商所有交通工具拥有指挥调度权，运输统制起到了一定效果。运输统制局运行两年半后于 1942 年 12 月宣布撤销。其后，国民政府还设立过水陆空联运委员会和西南进出口物资督运委员会两个管理机构，负责联运和进出口物资督运工作。1945 年 1 月，国民政府改组成立军事委员会战时运输管理局，统管铁公水空运输业务，并聘请美国专家参与管理和协作，提高了驼峰航线的接运效率。抗战结束后，战时运输管理局失去了存在的意义而被撤销，各类运输管理职责归入交通部。

在国民政府统治初期，交通运输管理特点主要突出了铁路和航运的发展，在机构设置上除交通部之外专设铁道部，公路运输由于规模小且业务分散，主要由地方自行负责管理。抗战时期，由于战时需要对各类运输资源进行统一调配，主要采取军事化的统制管理制度，但是，由于管理机构变动频繁，派系明争暗斗和人治色彩浓厚，军政各相关机构之间矛盾重重协作不力，加之在筑路过程中决策存在的盲目性，腐败和官僚主义盛行，运输管理体制暴露出许多问题，导致运输效能难以充分发挥，物资转运接运能力降低，造成了许多浪费和损失。总体而言，新中国成立之前的国民统治时期，交通运输名曰统一管理，实则地方各自为政，尤其以公路为甚，如在东北、山西等地，交通运输基本自成体系，与外部的联通水平较低。

四、简要结论

政治和经济历来相互影响、相互制约，政治上的混乱必然波及时局的稳定，进而对经济社会有序发展产生影响。在南京国民政府统治的前十年里，由于中国共产党武装力量还很弱小，苏区也只限于分散的局部范围内，国民政府内部派系之间达成了一定的妥协，各地方军阀势力在名义上也纳入中央统一领导。在这种背景下，国民政府采取了以统制经济为特征的一系列经济政策和措施，在一定程度上促进了民族工业的发展，中国经济发展经历了相对稳定的快速发展阶段。在此期间，全国铁路在专设铁道部的统一领导下有计划地改造和新建，并积极向西南、西北延伸，公路建设积极推进，国营和民营水上航运业不断成长，民航运输从空白中起步，邮政业务在扩充增添局所、信柜、拓长邮路等方面取得进展，并对西部边疆各省区的邮政给予了特别的重视。交通运输管理基本形成了中央政府统一领导下各区域或省、县分级负责体制，在运输服务领域，形成国营和民营市场主体竞相发展的格局。然而好景不长，七七事变的爆发打断了中国发展的进程，包括交通运输在内的各经济社会领域进入了全面战时状态。

全面抗战期间，全国主要经济资源均服务于战争需要，铁路、公路、水运、民航等各类交通资源也统一纳入军事统制范围，但涉及机构繁多且变动频繁，相互扯皮现象时常发生。在战争期间，因战祸不断蔓延和反复，许多重要铁路、公路交通干线、水运和空中航线在敌占区与国统区之间被切断，有些重要交通设施因为阻敌所需被迫自毁。譬如，1937 年 10 月刚建成通车的钱塘江大桥，在启用不久，为阻挡日军难进，不得已将大桥炸毁。毁坏交通设施和阻断运输线作为作战双方的战争手段常常被采用，对交通网的连通性和运输业造成巨大破坏。抗战时期的交通建设主要集中在西南和西北后方地区，目的在于打通向南和向北的国际运输通道，为国际援助物资和人员转运提供保障。包括翻修改建了南向的川滇公路、滇缅公路、中印公路和驼峰航线以及北向的川陕公路、兰新公路等。抗战胜利后，交通运输各领域发展在短暂的和平间歇期还没有来得及完全整顿和恢复，便在国民党挑起的国共内战中陷入了停顿。

1911 ~ 1949 年，民国时期全国共建成铁路 17100 公里，连同清政府时期，中国共有铁路 26200 公里。但由于战争破坏或其他原因被拆去 3600 公里，新增铁路营运里程 13500 公里，中国仅留下铁路 22600 公里，能维持通车的只有一半。到新中国成立前，受战争损毁，公路里程仅保有 8. 1 万公里，民航航线 12 条，里程 1. 1 万公里，内河航道里程 7. 3 万公里，均远低于1947年6月解放战争初期的水平[①]。

新中国成立前的铁路，很多是由外国势力为掠夺中国资源而修建或利用外资与民间资金合建的，不仅数量少、质量低，而且布局极不合理，大部分在沿海地区，西南、西北地区几乎没有铁路。到新中国成立前，全国民用汽车只有5.1万辆，其中载客汽车1.7万辆，除了东北和东部一些大城市及其周边地区偶尔有汽车在道路上通行外，中西部及广大农村几乎没有像样的公路，传统的畜力车和人力车是主要的通行和运载工具。正如毛泽东所概括的那样："若干的铁路航路汽车路和普遍的独轮车路、只能用脚走的路和用脚还走不好的路同时存在"[②]。同时，由于各条铁路在管理上各自为政，难以成网运行，限制了铁路运输能力的发挥，除了在一些港口码头、矿区存在某种意义上的铁路与公路或水运接驳式联合运输，新中国成立前总体上处于有限的现代运输业与传统交通方式并行的时代，综合运输的理念与实践几乎完全空白。

第四节　革命战争时期中国共产党人的交通实业梦想

一、中国共产党在中央苏区的交通实践[③]

1927年4月，蒋介石背叛孙中山遗愿与共产党决裂，导致第一次国共

① 《中国交通年鉴》编辑部：《中国交通年鉴》，人民交通出版社2020年版。

② 《毛泽东选集》第一卷，人民出版社1991年版。

③ 黄惠远：《中央苏区时期的交通建设》，载《江西社会科学》2013年第12期。

合作失败。大革命失败后，1927 年秋至 1930 年夏，中国共产党先后组织了南昌起义、秋收起义、广州起义、年关暴动、平江起义、百色起义等上百次起义和暴动，先后创建井冈山、赣南闽西、湘鄂西、鄂豫皖边、湘鄂赣边等十多处革命根据地。

1931 年 11 月，在粉碎国民党三次军事“围剿”和经济绞杀的背景下，毛泽东等中国共产党人把马克思主义基本原理与中国革命相结合，在创建井冈山革命根据地成功实践的基础上，依托赣南、闽西等根据地成立以瑞金为首都的中华苏维埃共和国，在中国建立红色政权，开启了真正人民政权建设的伟大探索。苏区时期，中国共产党领导广大军民，战胜各种困难和风险，巩固和发展根据地，在经济、政治、文化、军事等方面进行了有效实践。中央苏区政府成立后，下设九部一局，即外交、军事、劳动、土地、财政、教育、内务、司法、工农检察等人民委员部和国家政治保卫局，后来又增设国民经济部、粮食部、中央临时最高法庭、中央审计委员会等。其中，在内务人民委员会部下设立交通管理局。

中央苏区的交通运输是沟通前后方、国统区、各个分散的根据地及其内部各地之间的军事、经济、政治和文化交流的纽带，是建设革命根据地的重要条件。中央苏区地处山区，交通封闭，没有火车，主要依靠道路和水路实现交通联系和物资运输。1931 年 12 月，内务人民委员会部发布《关于修筑道路桥梁的第一号命令》，规定了修筑道路桥梁的八项原则，并提出了竞赛办法。在交通管理局的组织下，统一规划苏区交通线路，修整了许多道路、渡口和桥梁，成立了护路队和运输赤卫军，军事交通和经济交通齐抓共管，护卫红色政权，促进苏区各项建设。根据江西省苏维埃政府报告，到 1932 年 11 月，兴国修建道路 48 段共计 260 公里，桥梁 98 座；宁都修好桥梁 80 余座；永丰修好桥梁 43 座；万泰修好道路 50%；安远修好桥梁 1/10。1933 年 11 月，福建苏维埃政府区市以上交通科长联席会议做出了修理路桥、管理渡口和维护交通的决定，提出了设立修理路桥委员会，发动群众募款，出人力、出木材等许多切实可行的办法，积极开展修理路桥。规定修理省路宽度要达到1.7米，县、区路宽1.3米，乡路宽1米；在有渡船地方的河岸上建立渡夫宿寮，最好船上加以船篷，以备临时急用；发动群众在路旁植树，并严禁砍伐路边树木，要保护路边树木。经过一年多的努力，闽西苏区基本建成了以长汀为中心的陆路交通运输网络。1933年7月，中央内务人民委员部发布《关于修理河道及沿河两岸的道路的问题》的第四号训令，要求各地修理河道及沿河两岸的道路。遵照中央内务人民委员部的命令，苏区苦力运输工会提出了河道修理计划，成立了中央苏区合流修理委员会，广泛动员群众修理河道和纤道，清理沿河影响航行的树枝。1933年10月，中央国民经济人民委员会在瑞金设立运输管理总局，对苏区水路运输工具和货物运输实行全面管理，并于同年10月11日颁布了《运输管理局暂行简章》，规定其职责是"保证革命战争时期国家运输的需要，管理国家的货物运输。"其具体任务可概括为：对国家或私人船只及制定地方的某些陆上运输工具进行登记，发给登记证，分配运输任务，并为粮食调剂局、贸易局和合作社的货物介绍船只。可见，中央苏区对货物运输采取高度集中管理，实行战时统制。1933年11月，临时中央政府发布第十八号训令，要求为了红军行动便利，为了运输迅速和群众往来方便，有利于发展经济和疏通商业，亟须修理桥梁道路，并对有关干路、支路的宽度、路基、路面、线型，桥梁的工程标准，土地补偿办法，群众动员方式，修建经费，修路队伍，道路绿化，各级领导的职责和完工期限等，均作了详细的筹划和明确的规定。据此规划的交通网络，将沟通中央苏区版图中的江西、福建、闽赣、粤赣、赣南五个省份，连接湘赣、赣东北苏区。后虽因第五次反"围剿"战争的影响和缺乏劳动力未能完全实现计划，但在江西和福建等地还是得到了部分实施，在很大程度上改善了苏区的交通状况。中华苏维埃共和国中央政府在极其艰苦的条件和对敌斗争环境下，充分重视交通发展，主要组织领导修建了以瑞金为中心的八条公路交通线，以赣江及其支流富水、贡江、章江等构成的三条主要航道，其中赣县江口、茅店是苏区进出口货物的主要转运地之一，维护和保障了苏区的经济、政治、军事等发展需要。

在维持中央苏区正常的经济交通联系的同时，苏区还开辟通往国统区的水路交通线，军事交通与经济交通相互配合、齐抓共管。苏区军事运输的主力是赤卫军，联结前后方的运输枢纽是兵站。1929 年底，赣西临时苏维埃政府设立交通赤卫诸部，将交通与赤卫联系在一起，为红军雇夫子、运粮食、放哨、打路条。1930 年春，赣西南苏维埃政府设立交通部，并在赣西、赣南各设一个赤卫军总指挥部，实际上就是赣西南苏维埃政府派出的军事交通机构。江西省苏维埃政府在吉安成立后，形成以吉安总站为中心辐射江西苏区的军事交通网络。随着苏区的不断扩展，兵站、转运站、船舶检查处等新的交通机构相继建立，形成了专门的运输工人队伍。1930 年 3 月 25 日，闽西第一次工农兵代表大会通过的劳动法案第六章《运输工人条例》，对运输工人的属性、劳保福利和生活待遇等进行了具体规定。运输工人在后来的运送军用物资、搭建便桥、组织运输队、担架队等军事运输中发挥了重要作用。苏区护路队和运输赤卫军也是当时军事对敌斗争严酷环境下的创举。护路队的主要任务是在红军行军作战中守护桥梁、排除路障，帮助红军张贴标语、疏通道路、雇请民船、站岗放哨等。运输赤卫队的主要任务是武装护卫物资运输，为红军提高后勤保障。

1934 年 10 月之后，随着第五次反“围剿”失败，红军被迫开始长征，沦陷后的苏区交通运输发展基本陷入停顿。回顾中央苏区时期交通运输建设的具体实践，虽然其涉及范围局限、规模不大、技术水平不高、运输工具简陋、运输力量薄弱，但其反映出对交通运输建设之重视、发展理念之超前、管理架构之完备，不仅为红色政权的巩固和经济、军事、社会、文化建设等起到了重要的保驾护航作用，也为后来抗战时期陕甘宁边区交通运输建设，乃至新中国交通运输业发展提供了有益的探索，积累了宝贵的经验，在中国革命史、交通史上具有重要意义。

二、抗日战争时期陕甘宁边区的交通运输发展[①]

1937 年 9 月 6 日，在中共中央各路红军先后长征抵达陕甘宁地区休整后，中国共产党领导下的陕甘宁政府在延安正式宣布成立。边区辖 23 个县及神府特区，面积 12. 9 万平方公里，人口约 200 万。陕甘宁边区地处西北黄土高原，沟壑纵横，交通条件极其落后，对边区军民的生存和发展形成严重制约。1938 年 4 月，边区政府在建设厅下设立运销处，负责边区生活、生产物资以及军需物品的运输组织调配工作。1941 年 12 月，为了加强盐运工作的领导，边区政府在建设厅下设运输管理局，同时在三边、陇东、关中、绥德等处设立了交通运输管理分局以及转运栈。各交通运输管理分局的职责是：汇总统计分局有关交通运输资料，制定交通运输发展计划及其实施办法；分配督促各县运盐工作，调剂运输力量；建立并管理分区转运栈、运输站，并组织公私运输工具开展运输以及相关运输业务；绘制分区交通运输地图，修筑、养护分区境内的公路、大车路及驮运道等。

边区的运输事业在 1941 年以前大部分是自流的，运输活动主要由个体脚户承担。1941 年皖南事变后，为了应对国民党顽固派对边区实行严密封锁，中共中央和边区政府才开始注意到发展运输业的问题，尤其是边区丰

① 黄正林、闫庆生：《抗日战争时期陕甘宁边区的交通运输业》，载《甘肃高师学报》2001 年第 6 卷第 6 期。

富的盐矿资源作为政府财政收入的主要来源和平衡出口、稳定金融、调节物件的骨干手段，使盐业运输成为边区运输业的中心工作，边区运输业的方针政策基本上都是围绕运盐而制定的。1941 年 5 月 26 日，边区政府做出了《为动员边区人民运输六十万驮食盐的决定》，并组织食盐督运委员会进行层层落实。1941 年 10 月，边区政府颁布了《陕甘宁边区人民运输合作社组织办法大纲》，明确其宗旨是："为了保证政府按期收到公盐和公粮并便利人民运输，避免因无组织而浪费人力、畜力和过分妨害人民生产的损失，提高边区运输力量，保证抗战运输需要，便利发展边区经济为目的"。为鼓励私人投资交通运输，以推动交通运输业发展，1942 年 2 月 26 日，边区交通运输局颁布了《发展私人交通运输企业投资暂行办法》，规定投资范围包括骡马店、大车、鞍架、毛口袋、制造厂、兽医院以及其他一切交通事业。1943 年 7 月 28 日，中共中央西北局发出《关于加紧运盐工作的指示》，要求"普遍采取运输合作的各种形式开展运盐运动"，将盐业运输作为边区运输业的首要任务专门落实。为发展边区运输合作社，便利试验运输与对外统销，并保证运输合作社的得利，1943 年 8 月 14 日，边区政府颁布了《陕甘宁边区运输合作社奖惩办法》，规定："一、以运盐为经常的主要业务；二、运盐不走私；三、运输线路受盐业公司的调动"的合作社"均可得到政府的奖励"，并规定了具体的奖惩机制的标准。在各类奖励政策的鼓励下，调动了群众参与交通运输投资的积极性，在各主要运输路段积极开设转运栈、骡马店和兽医院，推动了边区交通运输业的发展，同时增加了群众收入。

道路修建与管理是边区政府推动的一项重点工作。从 1938 年开始，边区政府开始注意大车路的修筑，修通了延安至安塞长 32 公里的大车路。1939 年，又延展至石头及茶房川。1940 年修建了两条大道：一条是延安至沟槽渠，长 50 公里，添设桥涵 7 座；另一条是定边至庆阳的定庆路及庆阳至西华池支线，共计330公里。1941年，边区政府完成了定庆、庆临、延临、延靖及清涧等约1000公里大车路的交通网。在道路修建中，边区政府注重调动广大群众的积极性，许多公路和大道的修建都是动员民工完成的。1941年共动员民工超过10万人，修筑公路396公里，大车路880公里。1942年的道路修建中，计划动用民工近18万人①。通过几年边区政府和广大人民群众的持续努力，边区的交通条件得到了较大改善。在交通道路建设中，边区政府从边区交通运输的实际出发，制定和实施了一系列适应边区交通道路建设实际的政策和措施，取得了显著成效，迅速形成了以延安为中心的公路和大车道的交通网络，不仅对边区经济建设和开展反封锁斗争发挥了重要作用，为抗战胜利奠定了基础，也显现出交通建设中的鲜明特点，为新中国成立后陕甘宁边区区域的道路建设提供了有益经验。

三、革命战争年代中国共产党的综合交通探索之路

在长期的革命战争年代，中国共产党面临的主要任务是在对敌斗争中求生存求发展，并抓住机会掌握政治斗争和军事斗争的主动权，在困守山大沟深的农村地区且受国民党“围剿”、封锁的挤压下，不可能对全国的现代交通运输发展进行全面系统的规划设想，更没有组织实施的客观环境条件。但中国共产党人对于交通运输在增强对敌斗争能力、活跃经济、畅通贸易、促进流通、改善生产生活、传播思想文化等方面，具有深刻的认识和超前的远见。在中央苏区和陕甘宁边区短期的施政过程中，在交通运输有关的组织管理架构、政策法规以及实施策略和手段等方面，均能够结合当地的自然地理

① 黄正林、闫庆生：《抗日战争时期陕甘宁边区的交通运输业》，载《甘肃高师学报》2001年第6卷第6期。

环境和当时的客观实际条件，准确把握交通运输的发展规律，因地制宜地推动交通运输发展，最大程度地服务于生产生活和军事斗争需要。

以毛泽东为代表的中国共产党人对发展交通运输以服务经济建设和革命斗争的重要性就有深刻的认识。早在中央苏区担任中华苏维埃临时中央政府主席时，毛泽东在领导中央苏区的经济建设中就十分重视解决交通问题，将其视为发展经济、联系群众、开展调查研究、增强对敌斗争本领的基础条件和重要保证，并对苏区的运输合作社、护路等工作做出指示。毛泽东在革命战争年代曾指出："组织联络前线与后方的军事运输，是对革命战争有决定意义的事业。"周恩来作为时任苏区中央局书记、中革军委副主席，高度重视护路队和运输赤卫队的重要性，他曾力排众议，反对撤销护路队，并要求运输赤卫队行动统一、服从指挥，前后照应、团结协作，眼明心细、不畏艰险，开展竞赛、勇往直前，练就一支过硬的、不穿军装的后勤保障部队。刘少奇在1933年9月参加在瑞金召开的中国苦力运输工人第一次代表大会时，号召苦力运输工人坚决响应党中央"创造一百万铁的红军"的号召，努力扩大水上运输能力，积极参军支援前线。在陕甘宁边区时期，毛泽东对运输合作社事业发展高度重视，在1942年12月召开的西北局高级干部会议上，毛泽东对运盐工作作出具体指示："运盐的组织要采取运输合作社及运输队的方式，宣传群众自愿入股，有的出人，有的出牲口，有的出人又出牲口，有的出经费，有些特殊情况的人则许其不出；而以赶过长脚富有经验的人及必要的牲口组织运输队；县区乡各级的党与政府应积极这种运输队的合理、公平与健全的组织；顺利的出发，在路上要进行必要的工作，保障人员和牲口的安全；归来要注意合作社利益的分配，保障经手人及全体社员的利益。……任何地方的运输合作社与运输队，必须使其建筑在为社员谋利益的基础上，党与政府的任务在于使这种利益日益增大，否则是一定要失败的。"毛泽东既具体又具有政治高度的指示，为边区的运输事业的发展指明了方向。①

抗日战争胜利后，中国共产党十分重视接管原日伪占领区的铁路、公路等交通设施和人员，与国民党争夺重要交通线路的控制权。譬如在华北地区，出现了许多铁路、公路被国共双方分别接管的情况，如平绥铁路在1946年6月被分割成四段：第一段为北平至青龙桥；第二段为康庄至聚乐堡；第三段为堡子湾至卓资山；第四段为三道营至包头。第一段、第四段由国民政府管理，第二段、第三段由共产党经管，直到1947年7月才全由国民政府管理全线通车。北宁线、津浦线、胶济线等都出现过类似情况。又如加强对东北地区的争取工作。由于东北地区是当时全国的工业要地，东北铁路以路网形成最早、布局最密、运输能力最强，控制东北对国共两党都具有事关全局的决定性影响。1945年日本投降后，中共中央随即派出了林彪、高岗等高级干部共20人，从各地调十万军队进入东北，成立了北满分局和吉黑军区，接管了许多工矿企业、重要交通线和城市据点，使东北地区形势发生巨变，为解放全东北乃至全国解放奠定了有力基础。

解放战争时期，随着中国人民解放军不断在全国战场取得胜利，大批城市回到人民手中，解决交通问题，恢复经济秩序，发展工业和农业生产，保障城市运转，成为摆在新生政权的重要而紧迫的任务。1948年，毛泽东指出“加强城市和工业的管理工作，使党的工作重心逐步地由乡村转到城市”“恢复和发展工业和农业生产需要有较好的组织工作”“首先是解决交通运输和修理铁路、公路、河道的问题。”② 他强调，我们“必须尽一切可能修理和掌握铁路、公路、轮船等近代交通工具”，并发出“解放

---

① 黄正林、闫庆生：《抗日战争时期陕甘宁边区的交通运输业》，载《甘肃高师学报》2001年第6卷第6期。

② 《毛泽东选集》第四卷，人民出版社1991年版，第1348页。

军打到哪里，公路就修到哪里”“解放军打到哪里，铁路就修到哪里”的号召。1949 年，随着解放战争从北向南推进，受到战争破坏的京包、陇海、京汉、南同蒲、浙赣、南浔及粤汉等铁路先后修复通车，并开展运输业务。1949 年 1 月，中国人民革命军事委员会铁道部（以下简称“军委铁道部”）成立，负责被陆续接管后的全国铁路的修复、机车整修和运营管理工作。1949 年 9 月 19 日，招商局“海辽”轮悄然从香港起航，在船长方枕流的带领下庄严宣布起义，冲破海上的重重封锁，历经 8 天 9 夜，到达解放区的大连港。1949 年 10 月 1 日，“海辽”轮成为新中国第一艘升起五星红旗的海上轮船，并受到毛泽东复电嘉勉。1949 年 11 月 9 日，在中国共产党的领导下，经过周恩来等人坚持不懈的策动和感召，原中国航空股份有限公司与中央航空运输股份有限公司成功起义（简称“两航起义”），被毛泽东赞扬其为“毅然脱离国民党反动残余，投入人民祖国怀抱，这是一个有重大意义的爱国举动”。两航起义归来的大批技术业务人员，成为新中国民航事业建设中一支主要技术业务骨干力量。

至此，中国共产党经过艰苦卓绝的长期革命斗争，在建立全国政权、成立中华人民共和国的同时，搭建起了包括铁路、公路、水运、航空等现代交通方式的综合运输基本架构雏形。尽管新中国成立初期的各种运输方式的技术水平、设施规模、人员力量都还十分落后和薄弱，但它们成了引燃新中国综合运输发展的火种，必将成燎原之势。

四、简要结论

在长期的革命战争年代，以毛泽东为代表的中国共产党人对发展交通运输以服务革命斗争和经济建设的重要性就有深刻的认识，并将交通运输建设提到事关革命成败的战略高度。无论是在中央苏区还是在陕甘宁边区，在极其艰苦的环境下，共产党领导的政府均能够结合当地的自然地理环境和当时的客观实际条件，准确把握交通运输的发展规律，建立完善的管理机构，制定切实可行的政策法规和条令，采取切实可行的运输组织措施，因地制宜地将简陋的交通方式和传统的运输组织进行整合改造，为对敌斗争、巩固政权、活跃经济、畅通贸易、促进流通、改善生产生活、传播思想文化提供有力的保障，最大程度地服务于生产生活和军事斗争需要。

随着解放战争不断取得胜利，中国共产党敏锐地认识到铁路、公路、水运、航空等现代交通方式在未来国家经济建设、社会发展、边疆巩固等方面的战略价值，尽最大力量在争取交通资源，并尽快组织人力、物力修复交通线路和运输工具，保证运输畅通，为全国解放和工农业生产恢复当好先行官。

囿于革命战争时期特定的历史环境条件，中国共产党的交通运输发展尚不能归结到综合运输体系层面去概括，但其在交通发展实践中采取的因地制宜、因陋就简、因材施用、公私合办、土洋结合、军民兼顾、综合利用等思路措施折射出朴素的综合运输思想，为新中国交通运输业发展提供了有益的探索，积累了宝贵的经验。

第二章

新中国成立后，计划经济时期交通运输发展与综合运输实践（1949～1978年）

从1949年10月新中国成立，到1978年12月党的十一届三中全会召开，是中国共产党实行计划经济体制、探索社会主义道路建设的重要历史时期。计划经济体制是我国建立新中国后在一段时期内重要的战略性、纲领性的组织形式，交通运输管理体制也根据计划经济的组织特征实行集中、统一的行业管理，并根据国家经济建设的需要，在中央与地方、行业与企业间进行职责调整，以发挥地方和群众交通建设的积极性，理顺与完善各种运输方式的综合管理机制，提高管理效率，发挥综合运输比较优势。

第一节　快速恢复交通运输业是新中国成立之初的首要任务

新中国成立初期，我国经济百废待兴，由于战争破坏，已建成的铁路和公路基本处于瘫痪和半瘫痪状态，中国大陆公路仅有8.08万公里，铁路营业里程2.1万公里①，内河航道处于自然状态，主要运输工具还是以畜力车和木帆船为主，远洋海运和民用航空几乎处于空白。为支持经济恢复，交通基础设施在快速恢复既有交通线路能力的同时，急需抢建新线路以支援尚未完成的解放战争。1949～1957年，通过3年的恢复建设和从1953年开始实施第一个五年计划，新中国的交通基础设施在快速恢复原有的被战争破坏的交通线路的基础上，开始进行较大规模的建设，并形成了一次交通建设高潮。

① 《2019年中国交通年鉴》，人民交通出版社2020年版。

一、由战时建设与管理状态向服务经济管理状态转化

1. 尽快建立全国交通运输行政管理机构

新中国成立后，中央人民政府明确提出首先要创造一些基本条件恢复交通运输，在组织管理上，将战时交通运输管理与建设机构向和平时期经济管理组织转变。1949 年 10 月，根据毛泽东的指示，中央人民政府各办事机构在华北人民政府所属有关各机构的基础上迅速建立了起来[①]。中央人民政府政务院最初设立 35 个工作部门，其中财政经济委员会下设立交通部、铁道部、邮电部等部门。交通部由原华北人民政府交通部班底组成，主要负责全国公路、港口的建设和运输；铁道部由中国人民革命军事委员会铁道部（以下简称“军委铁道部”）改组而成，主要承担指挥护路武装、保障军运安全等职能，对全国铁路实行归口管理。交通部与铁道部的先后成立奠定了我国以民用为主的交通管理机构基础。1949 年 11 月，“两航起义”成功，为新中国民航建设提供了一定的物质和技术力量，同月中共中央政治局会议决定，在人民革命军事委员会下设民用航空局，受空军司令部指导领导。

2. 全面恢复公路与铁路交通基础设施

早在 1948 年人民解放战争胜利发展之时，毛泽东就强调指出：“恢复和发展工业生产和农业生产。”“首先是解决交通运输和修理铁路、公路、河道的问题。”[②] 新中国成立后，公路与铁路首要建设任务是由战争状态

---

① 1949 年 10 月 27 日，毛泽东签署关于华北人民政府结束工作的命令，指出：“中央人民政府的许多机构，应以华北人民政府所属有关各机构为基础迅速建立起来”。

② 《中共中央关于九月会议的通知》，引自《毛泽东选集》第四卷，人民出版社 1991 年版。

“解放军打到哪里，道路就建设到哪里”的紧急建造交通建设转变为全面修复被破坏的交通运输设施。正如陈云所说：“运输是全国经济的杠杆”“今天城市中的粮、盐、煤的供应，实质上是运输问题”。[①] 为保证解放战争的最后胜利和满足城乡物资交流，首先是抢修津浦、京汉、粤汉、陇海、同蒲、京绥等铁路干线以及淮河大桥、湘江大桥、珠江大桥等。自1949年至1950年5月，共修复铁路8718公里，占全国通车铁路的40.39%，全国原有铁道已基本上完全恢复[②]。1950年中央人民政府政务院发布《关于1950年航务、公路工作的决定》中明确提出“一九五〇年公路工作任务，是继续支援解放战争，争取全国彻底胜利，恢复生产。除为了支援战争所急需的修建外，一般的是把现有公路有重点地根据必要与可能加以整修，把原有的运输工具、工厂加以组织修整，提高其运输力生产力。”经过近两年的恢复建设，截至1952年，公路里程已由1949年的8.07万公里发展至12.7万公里。

在西南刚解放、国家财政相当困难的条件下，党中央决定修建成渝铁路。成渝铁路的前身为川汉铁路[③]，1903年，清政府提出修建川汉铁路意向，其西段既为成渝铁路。1936年，国民政府成立成渝铁路工程局，次年开始修筑。1937年7月，因抗日战争爆发而停工，仅完成工程量的14%，一寸钢轨未铺。1950年6月开始建设成渝铁路，至1952年7月1日建成[④]，两年的建设不仅实现了四川人民半个世纪便捷出川的夙愿，而且体

① 中共中央文献编辑委员会：《陈云文选》第二卷，人民出版社1984年版，第17、119页。

② 高长武：《新中国成立第一年解决粮食问题的实践及其经验》，人民网、中国共产党新闻网，2014年5月4日。

③ 1911年5月（清宣统三年四月），清政府借铁路国有之名，向英国、法国、德国、美国四国银行团借款筑路，出卖路权，激起民愤，掀起了以四川省会成都为中心的全川保路风潮，并成为辛亥革命的导火线。

④ 《成渝铁路进行大修换轨》，中央政府网，2012年7月12日。

现了中国共产党的伟大及其驾驭、领导经济建设的能力。同时，成渝铁路也是新中国自行设计施工、完全采用国产材料修建的第一条铁路，毛泽东为成渝铁路题词："庆贺成渝铁路通车，继续努力修筑天成路"①。

3. **恢复交通主权**

中长铁路原称中东铁路，是沙俄建成由满洲里至绥芬河全长 1481 公里的铁路干线（又称"东省铁路、东清铁路"），自哈尔滨，经长春至大连、旅顺的 987 公里为中东铁路支线，铁路线路呈"丁"字形，总长 2400 余公里②。第二次世界大战之后，1945 年，根据波茨坦公告，中华民国政府与苏联政府在莫斯科签订了《中苏友好同盟条约》及《中苏关于中国长春铁路协定》。《中苏关于中国长春铁路协定》规定，将中东铁路由满洲里至绥芬河及由哈尔滨至大连、旅顺的干线，合并成一路，定名为"中国长春铁路"，简称中长铁路。1950 年 2 月 14 日，中国同苏联签订了《中苏友好同盟互助条约》《关于贷款给中华人民共和国的协定》及《中苏关于中国长春铁路、旅顺口及大连的协定》，苏联分阶段逐步移交中长铁路，交通主权问题得到妥善解决。同年 4 月 25 日，中苏共管的中国长春铁路公司正式成立。双方同意任命余光生为理事会主席，姆·斯·叶洛果夫为副主席。同年 10 月 5 日，政务院批准中苏铁路联运协定，打开交通国际通道。1951 年 3 月 14 日，中苏签订《中苏铁路旅客、行李和货物联运协定》和《中苏国境铁路协定》，为交通服务贸易提供了政策支持③。1952 年 9 月 25 日，中长铁路正式移交中国，同月 31 日，周恩来总理、铁道部部长滕代远参加移交仪式。中长铁路的移交不仅运营管理中对苏联经验的借鉴全方位

---

① 1952 年 7 月 2 日《人民日报》头版。

② 王钊：《中东铁路始末》，中国社会科学院俄罗斯东欧中亚研究所。

③ 彤新春：《新中国成立初期交通发展战略的演进与绩效》，载《安徽师范大学学报（人文社会科学版）》2018 年第 4 期。

显著提升了我国交通现代化管理水平，而且中长铁路的移交对今后独立自主地开展现代化交通事业影响巨大、意义深远。

4. **正式启动新中国水运建设**

新中国成立之初，由于国民党政权对海港及海运设施的大肆破坏，当时只留下23艘轮船，总吨位3.4万吨。1950年3月，中央人民政府政务院发布《关于一九五〇年航务工作的决定》中在“继续支援解放战争，解放全中国，并为恢复生产服务。”的主要任务下，确定“恢复了祖国航权”“整顿和建立各港埠、各航线上的管理制度，确立港埠秩序和航行秩序”“保证航行安全、改变引水制度、恢复助航设备”等一系列海洋和内河航务工作的方针、政策和中心任务。同时明确在交通部下设航务总局，在沿海主要港口及长江设立航务局，其中，1950年回归新中国的招商局和其总分支机构经过改组成为沿海与长江线上的港航单位。同时，交通部门将接收的南京国民政府所属或官僚垄断资本所属的机构与设施组建为交通部直属系统，形成各级航务机构，一个按专业由全国统一管理的水运运输体系全面形成。1951年在第二次航务工作会议上，明确机构设置要海、河分管，体现专业化精神，决定撤销航务总局和中国人民轮船公司，在交通部分别设置海运管理总局、河运管理总局、航道工程总局、船舶登记局，实施海港、航运分管制度。

新中国成立初期，战争破坏的铁路、公路等交通基础设施难以在较短时间内全面修复，而内河航运利用自然条件，以比较少的投入即可修复被战争破坏的有关航运的基础设施。经过疏通被堵塞的航道，获得较大的运输能力，1949年全国航道通航里程为7.36万公里，到1952年即达到9.5万公里①。根据统计资料，1949年水运全社会货运量2543万吨，占全社会

① 孙国庆：《中国内河航运回顾与展望》，载《中国水运》2001年第1期。

货运量的 13.5%，1952 年增长到 5141 万吨，占货运量的比重上升到 14.4%。截至 1958 年，全社会货运量达 22540 万吨，占全社会货运量的 17%。为缓解运力严重不足的矛盾，交通部门采取“租、买、造”等途径发展船舶运力。

5. 初步建立新中国民航系统

“两航起义”为新中国民航建设提供了一定的物质和技术力量。1949 年在人民革命军事委员会下成立的民用航空局是集空运、航空管理于一体的、特殊的政企合一、港航合一的管理机构。1950 年，新中国民航初步创立时仅有 30 多架小型飞机，年旅客运输量仅 1 万人次，运输总周转量仅 157 万吨公里①。“一五”时期初步更新了以苏联飞机机型为主的航空机队，并在这一时期重点建设了天津张贵庄机场、太原亲贤机场、武汉南湖机场和北京首都机场等。1958 年 2 月 27 日，中国民用航空局从空军划归交通部领导，1958 年 3 月 19 日，全国人大常委会第 95 次会议批准国务院将中国民用航空局改为交通部的部属局。

1950 年 4 月，周恩来提出中国民航今后的经营方针：“因为刚建国，百废待兴，人民生活尚未提高，各种物质条件和技术条件很差，加之仍在战时状态，开辟航线不宜多”。按照周恩来的指示，民航局及时制定了具体的经营方针：一是采取“小飞的原则”，民航业务在相当时期内仍然是以客货邮运为主的小规模的飞行；二是采用企业制“即恢复公司营业，恢复客货运，公家需用专机照客运价办理”。1950 年 8 月 1 日，中国航空运输正式恢复了固定航线上的定期航班业务，开辟了天津经武汉飞往重庆的航线。随后，又开辟了 6 条国内航线。

1952 年，周恩来领导并对航空运输的领导组织进行机构改组，成立了

---

① 《新中国成立 70 年民航行业建设与发展》，《2019 年中国交通年鉴》。

中国人民航空公司，以接管原军委民航局直接经营的全部空运业务，新中国第一个国营航空运输企业至此成立。在周恩来的领导下，人民航空公司不仅建立了经营型的营运组织，调整了运价，还相应增辟了航线，提高了航班密度，使航班载运率保持在69%左右的正常水平。

6. 开辟国际航线

新中国成立初期，国家迫切需要建立同苏联及其他友好国家之间的国际航空交通，按照“在于协助中国本国航空事业之发展及加强中苏两国间之经济合作”的目的。1950年7月1日，中苏民用航空公司成立，并开始了航班飞行。中苏民航开辟了以北京为中心，东经沈阳、哈尔滨到苏联赤塔，北经张家口、蒙古国首都乌兰巴托、苏联伊尔库茨克至莫斯科航线。根据中苏两国民航局签订的联运协议，从1953年开始，北京—莫斯科航线可经莫斯科到东欧各社会主义国家。华沙、布拉格、布达佩斯、布加勒斯特以及其他城市的旅客也可购买到北京的联程客票。从1954年上半年起，利用这条航线形成中国到欧洲的其他许多城市，以及北美和南美，成为新中国民航国际飞行的主航道，有力地配合了我国外交斗争和国际交往活动。自公司成立至1953年，中苏民用航空公司还开辟了西经西安、兰州、迪化等城市到苏联的阿拉木图等3条航线，成立了这3条航线的管理处，设立了19个航空站。①

二、有重点地支持具有国防与经济交通线网建设

新中国成立后，在全面恢复交通基础设施的同时，配合国防战略，重点支持我国西南部地区交通建设。为配合西藏的和平解放和解决驻藏部队

① 荣宁：《周恩来与新中国的航空运输业》，载《廊坊师范学院学报》2007年第1期。

后勤供给问题，从 1950 年开始，同时开始修建康藏公路（川藏公路）和青藏公路，在极其困难的条件下，1954 年 12 月两条公路同时完工。在公路向大西南挺进时，自成渝铁路建成后，铁路又先后修建完成天兰铁路，改造宝天铁路，使陇海铁路在 1953 年实现全线通车，有力地支持了大西北建设。1952 年 10 月天兰铁路建成之日，同时举行兰新铁路开工仪式，铁路开始向新疆挺进。公路与铁路线路的恢复和建设不仅有利地支持了边疆地区的经济发展，同时也巩固和维护了我国国防安全。并且也就此拉开了新中国大规模进行经济建设的序幕。

“一五”时期交通运输有力地保障了工业化发展。“一五”计划（1953 ~1957 年）期间，对标苏联发展模式并结合中国的国情，“一五”的主要任务是，集中主要力量建立我国社会主义工业化的初步基础、建立对于农业和手工业的社会主义改造的初步基础、建立对于私营工商业的社会主义改造的基础。这一期间，围绕改变我国工业极端落后的局面，交通运输发展布局着重加强服务东北工业基地、内蒙古、西北、华北等相关地区工业城市建设，强化相关地区交通运输联系。在 1953 年至 1957 年制定的国民经济发展第一个五年计划中，确定基础设施建设投资计划为 427. 4 亿元，其中交通邮电占 19. 2% 。“一五”期间，新建铁路 33 条，恢复铁路 3 条，新建、修复铁路干线、复线、支线共约 1 万公里。宝成铁路、鹰厦铁路、武汉长江大桥先后建成。到 1957 年底，全国公路通车里程达到 25 万多公里，比 1952 年增加 1 倍，比 1949 年增加了 2 倍。全国铁路营业里程达到 2. 99 万公里，比 1949 年增加 42% ①。

在完成干线交通的基础上，党中央进一步加强地方交通工作，依靠地方民力、财力，就地取材，加强既有公路、驿道、航道、港口的养护，修

① 董志凯：《“一五”计划与 156 项建设投资》，载《中国投资》2008 年第 1 期。

建当地人民迫切需要的简易道路、桥梁、渡口，疏浚必要的航道，重点添建港口设备，发展近代运输工具，以保障经济建设和广大人民生活的需要。“一五”时期，水运投资主要投向长江航道和港口建设，对川江航段险滩和长江中下游航段进行大规模整治，初步保障了长江大动脉的畅通，内河航道里程由1949年的7.36万公里增加到1958年的15万多公里。民航定期航班航线里程从无到有，达到3.3万公里①。

在加快各种方式进行设施建设发展的过程中，交通网络化发展概念初现，对于交通运输网络效率和综合效益的认识逐步提升，为后续分运输方式统筹发展奠定了有利基础。以铁路为代表，中国共产党清醒地认识到中国要统一、要富强、要发展，要开发矿藏，就必须发展铁路交通，必须有四通八达的交通网，把全中国联结起来。毛泽东就发展铁路提出了一系列重要指示，指出依靠群众、发挥群众积极性是推动铁路建设的重要途径。

三、初步建成计划经济制度下的运输管理体制

（一）我国计划经济体制开始建立

1954年，第一届全国人民代表大会第一次会议通过《中华人民共和国宪法》，其中规定“国家用经济计划指导国民经济的发展和改造，使生产力不断提高，以改进人民的物质生活和文化生活，巩固国家的独立和安全”。计划经济体制得到宪法的认可。由此，计划规划体制成为我国重要的战略性、纲领性政策组织形式，“五年计划”成为我国国民经济社会发

① 《关于1958年国民经济发展情况公报》，中华人民共和国国家统计局网站，1959年4月14日。

展计划的重要表现形式，以五年为规划发展时期，对全国重大建设项目、生产分布和国民经济重要比例关系等作出部署，为未来国民经济发展规定目标和方向。

在计划经济体制下，为适应计划经济体制“有计划”的经济管理要求，交通在管理上实施垂直行业管理机制（条条管理）和政企合一管理体制。行业的垂直管理由交通部行使国家委托的计划管理职能并向下分解给省区交通厅（局），交通部对全国各省区交通厅（局）进行人员、财务等实施直接管理。同时，经过社会主义改造后，公路、水运私有运输企业基本上消除，取而代之的是国有企业和集体企业，行业管理部门既要行使国家行政管理职能，也以计划形式直接对国有企业的财务、人员的运营进行直接管理。截至 1956 年，按照计划经济体制基本建立起以计划经济体制为基础的集中统一的运输管理体制，并根据不同的运输方式采取中央和地方分级管理体制，同时建立起相应的管理制度。

铁路形成纵向四级组织、横向“大而全”的管理体制，铁路运输组织系统由 1949 年军事管理下的铁道部、铁路局、站段三级管理方式改为 1950 年设置铁道部、铁路局、铁路分局、站段共四级机构，铁路分局负责运输指挥，机务、车辆、工务、电务等站段由铁路局直接领导，除运输外，铁路建立了完整的工业体系进行机车车辆制造、修理，以及建设、设计、施工等建设体系，形成铁路四级组织、大而全的管理方式。1950 年，铁路以“学中长”运动为开端，全面深入地推广苏联铁路管理模式，全国各铁路局、分局、铁道部各部门、机关以及许多企业单位，都开始学习苏联的各种先进制度和方法。这些经验和方法有：以“岗位负责制”为核心的行政管理制度、以“经济核算制”为核心的生产管理计划、以监督生产为目的的“稽核制度”、创办铁路学校和培训专业人才等。这场学习运动，不仅在铁路系统中发挥了重要的作用，保证中国铁路事业的稳步快速发展，而且使企业运行更为科学有效，保障了企业的健康发展①。

交通部在公路与水运方面建立健全了部级管理机构和直属单位系统，形成海运、河运、航务、公路“条状”管理系统，同时规范了机构名称。1953 年，为强化地方交通管理，中央人民政府政务院发出《关于加强地方交通工作的指示》，对地方交通管理范围、地方公路与内河建设、领导关系与组织机构等提出组织要求，交通部根据中央指示精神发布《关于调整和充实地方交通组织机构的规定》，在大区和省级政府中建立了大区交通行政机构，健全省级及以下地方交通机构，“确定地方交通工作由各级地方政府直接领导；中央交通部应在有关方针、政策方面予以指导，在业务技术上予以帮助，并组织交流经验”②。同时，发布《关于公路及运输工作中央与地方分工的补充决定》（1954 年）对中央与地方在建设、养护与运输管理的权限进行了规定。这次调整充实了地方交通管理职责，形成较为完整的中央和地方交通管理机构框架，中央负责中央投资和管理直属企业，地方负责地方交通建设和相应企业管理，交通管理形成“条块结合，以条为主”的管理方式。

1956 年，根据全国体制会议精神，更多地放权给地方政府，“凡关系到国民经济带全面性、关键性的企业事业由中央管理，其他企事业应尽可能交给地方”。交通部制定《关于中央与地方分工管理交通事业企业体制方案》并于 1957 年开始实行。方案确定将公路建设与养护企业下放给地方，内河航运与短途海运企业及中小港口下放给地方。交通部保留千吨级以上海轮及部分千吨级以下特种海轮极其附属企业管理职能，负责远洋运输和沿海远程运输，以及与此密切的较大港口。交通部直接管理的海运企

① 卢超：《1950 年代“学中长”运动研究》，渤海大学学位论文，2018 年。

② 交通行政史编委会：《交通行政史》，人民交通出版社 2008 年版。

业有：大连、秦皇岛、天津、青岛（包括烟台）、上海（包括连云港）、广州（包括黄埔、湛江、海口、八所、汕头）等港口以及上海区和广州区海运局，长江航运管理局也由交通部直属领导，主要经营大宗货物与旅客运输，直接管理长江干线重庆、万县、宜昌、汉口、黄石、九江、安庆（包括大通）、芜湖、南京、镇江共十大港口，其他港口与运输交给地方。这次体制调整主要是从精简中央企事业机构、精减人员，提高效率、放权给地方角度进行了管理结构的调整。管理方式在“条块结合”的机制上，形成“以块为主”的管理体制。

（二）建成交通运输学科体系

毛泽东在《关于正确处理人民内部矛盾的问题》中指出，“我国的艰巨的社会主义建设事业，需要尽可能多的知识分子为它服务。没有知识分子，我们的事情就不能做好”。新中国成立初期，我国交通运输发展人才短缺现象突出，为加快专业人才和干部的培养，1949 年 7 月，军委铁道部将国立唐山工学院（即唐山交通大学，现西南交通大学）、国立北平铁道管理学院（现北京交通大学）和华北交通学院三院合并为中国交通大学，直属铁道部领导①。1950 年 8 月，“中国交通大学”改名为“北方交通大学”，毛泽东亲笔签发“中央人民政府任命通知书”，任命著名桥梁专家茅以升为北方交通大学校长，并亲笔题写校名。1950 年交通部接管国立吴淞

① 华北交通学院的前身是建立于 1945 年 10 月的张家口铁路学院，这是解放区的第一所铁路高等学校。1946 年 10 月，由于国民党向解放区发动全面进攻，解放军主动撤离张家口市，张家口铁路学院转移至冀西老根据地平山县，后与张家口工业专门学校、张家口商业学校等联合组成晋察冀边区工业交通学院。1947 年 11 月，该校普通科迁至石家庄，改名华北交通学院，原属华北人民政府交通部领导，军委铁道部成立后，归属军委铁道部领导。中国交通大学组建过程中，华北交通学院并入唐院，成为新的唐山工学院。

商科专业学校，经政务院财经委员会与教育部同意，吴淞商船专科学校与同时接管的上海交通大学的航业管理系合并成立上海航务学院。

从1951年开始，交通部、铁道部通过设置教育机构，持续不断地加紧交通专业人才培养。一是接管与拓展交通专业院校并参照苏联模式进行院系调整合并成立部委直属学校。新中国成立后，中央政府和各大行政区政府接管了一批国民党政府留下的交通院校，如国立海事职业学校由武汉市军事管制委员会交通接管部接管，在国立海事职业学校的基础上成立中南交通学院。1952年，交通部将大行政区交通部接管的交通专科学校全部改为交通部直接领导并对相关院校进行整合，形成专业性更强的专业学院。二是交通部采取成立交通部干部学校，以及举办与督导地方交通部门举办交通干部训练班等多种措施加快交通干部与专业人才培养。如南京航务工程专科学校是交通干部学校南京分校，西北交通部干部培训班1951年改名为西北交通干部学校（原西安公路学院前身，现改名为长安大学）；为了建设川藏公路，邓小平领导的西南军政委员会决定在重庆设立西南交通专科学校（重庆交通大学前身）。自1951年至1952年末，交通部共举办了8个干部训练班，改建和新建11所交通专业学校。

在多种办学措施下，交通学科建设较快，但也出现科系庞杂、学制混乱、教学质量差等一系列问题。1952年政务院决定对全国高等院校进行调整，减少综合性学校，建设专业型学校。交通部根据政务院高校调整精神，按照“整顿巩固、重点发展、提高质量、稳步前进”的办学方针，将学科相近的学校合并，如1953年，将直属上海航务学院迁至大连，与东北航务学院合并成立大连海运学院，随后将福建航海专科学校并入大连海事学院。将各院校学科性质较远的系科调整出去或停办，形成专门学院，如将武汉交通学院（武汉理工大学前身）的造船、公路工程、桥梁等专业并入大连海运学院、上海海运学院等高校船舶专业，成为培养内河航运人才的专门学院。铁道部陆续在上海、兰州、长沙、大连和南昌设立高等院校。

在发展部委直属交通专业学院的同时，中央教育部也积极创办交通专业学院。1951 年为发展航空工业，中央教育部将国内大学原有的航空工程系、科作了调整，清华大学、北洋大学、西北工学院和厦门大学的航空系合并成立清华大学航空工程学院；云南大学航空系并入四川大学航空系；原中央工业专科学校航空科和华北大学航空系合并成立北京工业学院（即北京理工大学）航空系。1952 年 5 月，根据周恩来要办专门的航空高等学府的指示及中央军委作出的决定，根据全国高等学校院系调整计划，中央重工业部、中央教育部决定，并经国家财经委员会批准及中央军委同意，正式筹建新中国第一所航空航天科技大学——北京航空学院。

新中国成立初期的交通运输专业院校，为我国交通运输建设发展培养了一批又一批的专业人才，成为我国交通运输业发展的坚实支撑和有力推动。

四、推进水陆联合运输保障经济运输需要

新中国成立后，中共中央和中央人民政府出台了一系列重大经济政策和战略措施，举措之一就是积极发展城乡物资交流。但运输是发展城乡物资交流的重要瓶颈。为解决运输问题，一方面疏浚内河河道，整修道路，发展运输网；另一方面花很大力量来组织落后工具进行运输。时任国务院副总理、财经委主任的陈云强调利用好现有的交通工具和集中力量克服运输困难。为发挥长江的运输作用，陈云认为，“长江虽然涉及华中、华东、西南地区，但江河是整体的，如果管理、航运载重、水上标识不统一便会

减低运输力”。所以，他指出，“长江的运输力应该全部组织起来，公营私营都要组织，并和铁路做好分工和配合。将大船、小船、公船、私船、汽车、大车加以统计，加以组织”①。交通部积极开展在长江上游航道设置灯标、组织私营轮船和民船协同运输等措施，1950 年根据政务院财经委员会指示，专门组织川粮大调运，对稳定全国粮价和经济形势起到一定作用。

为利用极其落后发展的运输工具满足城乡物资交流，各地区以地方为单位组织畜力车进行公路与水路运输。1954 年交通部颁布《中央人民政府交通部江海联运试行办法》《粮食水陆联运实行办法》《长江干流与沿岸各省统一运输计划办法》等，根据沿海、长江或地方内河条件实行以计划运输对货物实施“一票到底”作业和船舶接运卸保障，1955 年我国成功实施川江粮食水陆联运与江海联运。

在铁路网络极其薄弱、公路等级极差的现实状况下，充分利用长江及其他内河进行货物运输是当时的必然选择。长江是我国主要内河航运航道，但干线航道一直处于天然状态，航道基础设施极为简陋，航行条件极差。为扭转上述局势、发展长江航运，我国学习苏联经验，对长江干线的船、港、厂实行高度集中管理。1957 年设立长江航道局，负责其航道的规划、建设、管理、维护和科研任务，通过设置航标，短期内两千多公里的长江航道就建立起完整的航标体系。到“一五”末期，运输能力比新中国成立初期提高一倍，这为国民经济恢复时期长江水运的发展奠定了坚实的基础。

为发展长江航运和解决长江防洪问题，1953 ~ 1954 年，毛泽东两次视察长江，1954 年在中央成都会议上形成了《中共中央关于三峡水利枢纽和

① 李飞龙：《建国初期陈云的交通建设思想及其当代价值》，载《理论建设》2012 年第 3 期。

长江流域规划的意见》的文件。文件指出："从国家长远的经济发展和技术条件两个方面考虑，三峡水利枢纽是需要修建而且可能修建的；但是最后下决心确定修建及何时开始修建，要待各个重要方面的准备工作基本完成之后，才能作出决定。"会议期间，毛泽东利用休息时间借阅了《华阳国志》《都江堰水利述要》《灌县志》等记叙中国古代最大、最成功的水利工程——都江堰的书籍，并且怀着极大的兴趣到灌县视察了都江堰工程。这一切都是为了从中吸取历史的经验和智慧，要在继承都江堰成就的基础上兴建超越都江堰水平的水利工程。会后，毛泽东乘"江峡"轮由重庆东下视察了三峡。他说：有些地方航道仍然不好，要在三峡修一个大水闸，既发电，又便利航运。防洪、发电、便利航运，这是毛泽东提出的为什么要修建三峡工程的主要原因①。

新中国成立初期，把粮食、煤炭等资源运到城市用以恢复城市经济和工业，把农民需要的农业生产资料和日用品运到农村，是交通运输支持国民经济恢复大局的重要任务。中央认识到"分布在全国各角落的个体民营木帆船、畜力车等各种民间运输工具和地方国营运输企业对运输粮食、活跃初级市场、供应农村农产品等方面起着重要作用②"。中央和交通部门开始尝试以联合运输把原始的运输工具与近代化运输工具组织起来。陈云主张把一切可用的水运和公路运输力量组织起来，并与铁路相结合，充分利用与组织民间运输工具。他说："火车、轮船为大站和码头的运输工具，到小站即得用汽车和木船，再下去就得用大车、手推车和人背了。从火车、轮船到大车、人背为一套的运输工具，应该统统组织起来。"

---

① 王戎、郝栋：《毛泽东新中国交通建设思想探析》，载《毛泽东思想研究》2010 年第 5 期。

② 交通部行政史编委会：《交通部行政史》，人民交通出版社 2008 年版。

新中国最初的联合运输是一种比较朴素的运输组织，通过以当时比较简单易行的水路运输与有限的公路运输组织以方式间的联合提高运输能力，同时联合运输还要将近代化的汽车及大量的畜力车、人力车、木帆船等几乎原始的运输工具相结合，极大地发挥各类运输工具的能力，为快速恢复国民经济提供支撑。

五、简要结论

新中国成立以后，由于新中国成立前遗留下来的经济布局极为不合理，现代交通和工业基本上集中在沿海地区，内地特别是西部地区经济非常落后，而帝国主义的经济封锁，也使得沿海地区工业的原料和产品销售两头都要依赖内地。为了国家的经济安全，同时也使工业企业接近原料产地和消费地区，因此，必须尽快改变这种现代工业和交通布局极为不合理的状况。在经济极为困难的条件下，有重点地将大部分铁路干线抢修通车，较有力地支持了我国经济的恢复与建设，同时修建通达西部的国防交通线以支援我国尚未完成的解放战争。

中国是一个传统的农业国，自给自足的生产体系使运输需求较低，在第一个五年计划期间，中国开始全面建设国家经济与安全需要的工业体系。为支撑工业体系建设，国家投资向交通运输倾斜，改造和新建了一批铁路、公路、港口码头、民用机场，提高了西部和边远地区的交通运输基础设施覆盖程度，疏浚了主要航道，新开辟了国际、国内水路和空中航线，扩大了邮政网络，增加了运输装备数量。“一五”时期，交通运输超前建设并有了一定后备能力，满足了国民经济对运输的需求。这一时期，工农业总产值年平均增长10.9%，工业产值年平均增长18%，而总货运量年平均增长20.6%[①]。

党在社会主义发展中的总体思想就是在制度上“要在中国建立社会主义的社会，完全消灭城乡资本主义的成分”，在经济建设上“逐步实现国家的社会主义工业化”，而社会主义工业化的发展重点是“发展国家的重工业”。有了重工业的工业化才能“促进农业和交通运输业的现代化”。从论述的脉络里可以发现，农业与交通运输是支撑社会主义发展的最重要的基础，需要通过重工业的发展“才能使全部工业、运输业以及农业获得为发展和改造所必需的装备”。交通运输作为基础产业一方面发挥保障社会主义建设的作用；另一方面作为资本主义运输业和个体运输业比较集中产业是社会主义改造的重点行业。因此，党在过渡时期的总路线中提出：“实现社会主义工业化必须首先发展国营工业，并发展国营交通运输业、国营商业和合作社商业，逐步实行农业和手工业的合作化和对资本主义工商业的改造，保证国民经济中社会主义经济的比重不断增长。”[②]

在1954年召开的第一届全国人民代表大会一次会议的《政府工作报告》中，周恩来根据党中央和毛泽东的指示，第一次提出了要“建设起强大的现代化的工业、现代化的农业、现代化的交通运输业和现代化的国防”的宏伟目标，虽然后来根据国家经济发展需要，将交通运输业的现代化调整为科学技术现代化，但交通对巩固国防、发展经济、建设边疆、福利人民、合理的工业布局等具有基础支撑作用，交通与工业按比例发展等在经济发展战略上得到新中国领导人的高度重视，并且在“一五”期间得到快速发展，可以说，建立现代化的交通运输在新中国建立初期已经成为

---

① 杨洪年：《我国交通运输业发展的目标模式及产业政策研究》，载《中国工业经济研究》1988年第5期。

② 《为动员一切力量把我国建设成为一个伟大的社会主义国家而斗争——关于党在过渡时期总路线的学习和宣传提纲》，中共中央宣传部1953年12月发。

中国共产党带领中国人民建立现代化工业国家的梦想与初心的重要组成部分。

第二节 十年探索时期交通运输发展与综合运输实践

1958～1966年是我国开始以学习苏联计划经济体制和结合我国国情进行社会主义建设的探索时期。这一时期贯穿于第二个五年计划和随后的国民经济三年调整期，其间经历了"大跃进"和国民经济整顿与调整。

在第二个五年计划中，根据党的八大提出以经济建设为中心的建设思路，在"二五"计划中提出基本建设投资总额比"一五"增长一倍左右，理想化的目标和"大跃进"式的发展虽然使交通基础设施建设取得较大的进展，特别是西部地区的交通线路建设成就举世瞩目，但在管理体制上受"左"的思想影响，坚持计划运输的"三统"管理，即"统一计划，统一调度，统一运价"。在一定程度上束缚了交通运输业的发展。

一、形成完整的集中统一交通管理体制

计划经济体制下所形成的集中统一交通管理体制，一方面是国情与国家集中统一政治体制所形成的；另一方面是在集中统一的交通管理体制下，中央与地方分权管理形成的"条块管理"方式是通过实践不断反复而形成的，主要原则是提高工作效率。高度统一的建设管理体制在国家整体财力极弱的状况下，可以保障加强重点地区和重大工程的完成，但高度集中易于使地方缺少积极性和创造性。

为解决中央与地方分工问题，1956 年，下放了一批企事业单位给地方，充实了地方交通的职责与权限，1958 年，根据中共中央、国务院《关于工业企业下放的四项决定》新指示，交通部进一步组织下放工作，公路除保留部分设计施工骨干技术力量外，全部下放地方管理，水运除保留长江及沿海干线运输外全部下放地方，民用航空实行双重领导和部分下放地方。这次交通管理权限的大规模下放是执行中央全党全民办交通的指示进行的，主要是推动群众性交通建设热潮，是“大跃进”运动的一种表现，并不是按照运输发展规律进行的调整。由于过度的下放导致交通运输出现运输能力不能满足工农业生产发展的需要、许多运输环节存在运输秩序不正常、严重不协调的现象。

1961 年，中共中央作出《关于调整管理运输体制的若干暂行规定》。根据“大权独揽、小权分散”的民主集中制原则，根据三年“大跃进”的经验和“调整、巩固、充实、提高”方针，中央对管理体制调整作出暂行规定，其中要求 1958 年以来，各部给地方的人权、财权、商权和政权下放不适当的，一律收回；中央各部直属企业的行政管理、生产指挥、物资调度、干部安排权力统归中央主管各部；全国铁路由铁道部统一管理，铁路由铁道部集中指挥。

交通部根据中央指示经中央批准，1961 年将十大港口划归交通部直接管理，将服务全国的交通运输企业、事业单位改为以交通部管理为主的双重领导体制，经过一系列工作，交通部逐步恢复直属系统的原有规模。至此，交通管理系统又回归到集中统一的管理体制。

公路与水路运输管理基本回归到“条条管理”为主和“条块结合管理”的体制制度。例如，1958 年中央对公路建设的计划投资管理全部下放到省（区、直辖市），公路交通管理体制从“条条管理”的垂直管理演变为地方为主的“条块结合管理”体制，将建设与运营管理职能部分下放到地方政府，交通部依然在财务、计划方面实施行业直接管理。

铁路与民航实行政企合一的管理体制。民航从建立伊始就实施政企合一的管理方式。民用航空建立时为空军进行业务管理，1958 年 2 月 27 日，国务院决定中国民用航空局划归交通部领导，全国人大常委会第 95 次会议批准国务院将中国民用航空局改为交通部的部属局。1960 年 11 月 17 日，经国务院编制委员会讨论决定中国民用航空局改称“交通部民用航空总局”，为部属一级管理全国民用航空事业的综合性总局，负责经营管理运输航空和专业航空，直接领导地区民用航空管理局的工作。1962 年 4 月 13 日，第二届全国人民代表大会常务委员会第五十三次会议决定民航局名称改为“中国民用航空总局”。1962 年 4 月 15 日，中央决定将民用航空总局由交通部属改为国务院直属局，其业务工作、党政工作、干部人事工作等均直归空军负责管理。民用航空总局在管理上受空军管理，并直接对民航运输企业进行业务领导，形成政企合一的管理模式。

铁路管理体制通过对分线管理和分区设局管理等不同管理体制的探索，最终形成统一集中管理体制。在运行上以行政手段管理和计划统一为主，收支纳入国家预算，盈利全部上缴国家，基建投资由财政拨款。这套体制从 20 世纪 50 年代实行至 70 年代末，虽经几次调整，但总体上保留了铁道部、铁路局、铁路分局和站段四级纵向管理体制，并在运输系统外建立了完整的铁路工业体系、铁路基本建设体系和社会管理体系，从铁路机车车辆的修理、制造到铁路线路的设计、施工建设全部纳入铁道部的领导下，并形成具有典型代表的政企合一管理体制。

新中国成立以来，由于对社会主义经济建设的理解上形成了若干不适合实际情况的固定观念，片面认为社会主义的交通运输，必须由国家进行直接管理，坚持计划运输，一切都要纳入指令性计划。这种管理方式在解放初期，曾经起过积极作用。但是，随着三大改造的完成和国民经济的发展，继续沿用这种做法，其结果是大大束缚了交通运输业的发展[①]。这种政企不分的管理体制，往往用行政办法代替按客观经济规律管理经济的办法，不利于调动企业和职工的生产积极性和提高经营管理水平，也不利于运输企业之间发展横向经济联合，合理分配货流。权力过于集中的管理体制对运输企业的生产、基建、物资、劳动、财务等统得过多，使企业没有独立地进行经济活动的权、责、利[②]。

针对经济管理工作中的以行政方式管理造成的一系列弊端，在毛泽东、刘少奇、周恩来、邓小平等人的提议下，中共中央决定借鉴西方工业发达国家管理企业的组织形式，在工业、交通部门试办“托拉斯”，以改善管理，提高企业的经营效益。1964 年，中共中央和国务院批转国家经委党组《关于试办工业、交通托拉斯的意见的报告》，交通部为进行航运企业托拉斯试点，将长江航运管理局改为长江航运公司，统一管理港口、航道、船舶、工厂和科研、设计教育等部门。报告还规定了管理办法：国家以托拉斯为统一的计划单位和经济核算单位，有关计划、财政、物资、劳动等各项经济管理体制均以它为基础；托拉斯向国家承担经济责任；托拉斯内部实行集中统一管理、统一规划和安排生产建设，综合利用资源，逐步形成“产、供、销”紧密衔接、专业化与协作生产密切结合、大中小工厂相互匹配的生产体系。

1965 年，长江航运公司（托拉斯）在武汉正式挂牌成立，下属的长江轮船公司开始运营，原长江航运管理局撤销，长江航运公司成立后，解决了长江干线运输因行政区划管理造成的条块分割问题，将船、港、厂和航

---

① 钱永昌：《谈谈交通运输业的改革问题》，载《理论月刊》1985 年第 5 期。

② 杨洪年：《我国交通运输业发展的目标模式及产业政策研究》，载《中国工业经济》1988 年第 5 期。

道等运输生产各环节有机结合，促进了相互协作，船舶运行效率明显提高，停港时间明显缩短。资料表明，1966 年，长江航运公司扩大专线运输，重点试办“一条龙”运输线，干线客运量和客运周转量分别比 1965 年提高 20.6% 和 55.4%，货运量与货物周转量分别提高 10.9% 和 17.3%。①

试办工业、交通托拉斯，是我国经济发展到一定规模和水平后所进行的一次经济管理体制改革尝试，依然是在坚持计划经济体制下的一种资源优化配置方式，试图通过加强国民经济的组织性克服分散性经营和分行业管理带来的重复建设和多头管理问题。但受到计划经济体制本身的制约，又形成了新的问题，例如：托拉斯形成的集团内部企业间的合作是以行政形式组合产生，没有按照市场价值理顺企业间的经济关系。一方面企业经营自主权上受到集团总公司，企业生产积极性消失，在内部形成吃“大锅饭”现象；另一方面由于托拉斯在行业内成为垄断性企业，因失去竞争而丧失活力。由于“托拉斯”改革并没有改变计划经济“三统”，即“统一计划，统一调度，统一运价”的管理体制，因此，“托拉斯”改革并没有打破“一统就死，一放就乱”的管理怪圈。

二、积极探索与组织联合运输

1. “二五”计划对交通运输发展做出具体部署

在“二五”计划（1958～1962 年）初期，世界局势的相对缓和与各国致力于经济建设的国际形势为中国提供了一个相对安定和平的经济建设

① 李清——生平纪实与论交通改革编写组：《李清——生平纪实与论交通改革》，人民交通出版社 2020 年版。

环境。世界各国的经济已经基本从战争中恢复过来，各国之间的经济竞争日趋激烈。“二五”计划初期，国内经济状况较好，重工业的迅速发展使得工业化的初步基础得以建立，三大改造的相继完成使得公有制的主体地位基本确立。“一五”计划的辉煌成果在国内逐渐滋长了骄傲自满情绪，逐渐忽视对经济发展规律的尊重。另外，广大人民群众急于改变经济落后的面貌。1958 年 3 月，毛泽东提出“鼓足干劲、力争上游、多快好省地建设社会主义”总路线①，随后掀起以工业化为主要内容的“大跃进”。不仅在工业生产上全面提高计划指标，在经济生活的各个方面都人为地加快了计划发展速度。因此，“二五”计划执行过程中具有“大跃进”和调整时期两个阶段特征，前半期主要围绕着“大跃进”与“人民公社化”运动展开，而随着经济结构失调导致的三年经济困难，“二五”计划后半段致力于国民经济结构的调整。但在交通运输发展任务上，“二五”计划提出的发展任务是比较客观的、实际的，是在“一五”计划实施的基础上，进一步围绕整体发展要求，实事求是地估计到第二个五年计划期间国内外的各种条件，在发展任务中提出“在发展基本建设和继续完成社会主义改造的基础上，进一步地发展工业、农业和手工业的生产，相应地发展运输业和商业”。

2. 交通运输发展在调整中探索推进

虽然“二五”计划的交通任务比较符合实际发展情况，但在“大跃进”的总体氛围下，也提出了比较冒进的口号，一些急于求成、不切实际的“运输航空四通八达，专业航空遍地开花”等做法使得运输组织出现混乱，后在调整中才得以逐步恢复。针对“大跃进”造成的经济速度冒进，国家计委各部门对 1959 年生产情况和能力重新摸底、研究，对实际情况进

---

① 党的八大二次会议。

行了重新评估，得出的结论认为1959年国民经济的发展速度仍然是很高的。国家计委向中央提出报告建议降低过高的基本建设投资，减少施工项目，增加了农业、林业和地方交通的投资①。

这一阶段，工业仍是国家基本建设推进的主要考虑，交通运输发展在满足我国生产力布局需要的同时，着重优化工业企业的运输条件，推动各地区生产力的合理分工。具体而言，针对交通运输领域，明确提出以铁路为重点，一方面对原有线路和设备进行必要的改建和技术改造，另一方面加强西北和西南两个地区铁路、公路的建设，以及沿海与长江的港口建设。结合交通运输发展基础和整体条件，“二五”计划期间明确应增加必要的运输设备、提升运输组织能力和技术措施、加强近代运输工具同民间运输工具结合使用。在运输组织上，水运继续推进“一条龙”运输大协作，继续试行“一次托运、一次收费、一票到底、全程负责”的“三一”运输。把“专线、成组、一条龙”和“三一”运输结合起来，全面改进运输组织工作，形成新的运输方式②。在“大跃进”特定的历史时期，一些地区还以完全的计划经济组织方式，将铁路、公路、航运、搬运、钢铁、粮食、基建、商业、水利、中转等十个部门组成了“十合一”办公室，实行产、运、销“一条龙”运输大协作，使运输部门和物资部门、本市与外地、民间运输工具和专业运输工具、长途与短途、突击运输和正常运输、搬运与装卸、货场和码头、道路修建和养护相结合，大大加速了车辆周转，充分发挥了运输工具潜力。

在交通网络比较薄弱、交通运输工具现代化水平不高的特定时期，交通部门以“全党全民办交通”的方针，既依靠专业交通进行集中统一运

---

① 刘亚军：《李富春经济思想研究综述》，载《技术经济与管理研究》2016年第11期。

② 交通部行政史编委会：《交通部行政史》，人民交通出版社2008年版。

输，又“依靠群众勤俭办交通”，调动民间一切运输资源开展协作性大运输。这些组织方式虽然是“大跃进”运动中提出的“大办农业”“大办粮食”“大办钢铁”等在交通领域的表现与产物。从组织形式上是表现出联合运输的思维和理念，但组织的方式是以行政集中管理为手段实施的，与综合运输的区别是没有按照运输经济的规制进行组织与管理。

3. 初步制定中长期发展规划

从计划安排中可以看出，交通运输发展开始逐步反映建设发展轻重缓急、全面规划。交通计划一方面按照五年计划周期制定分方式运输计划和年度执行计划，同时，积极开展中长期网络布局规划，例如，1959 年讨论编制《全国河运网干线布局》，是交通部制订的最早的河运网规划之一①。1960 年研究讨论《港口初步发展规划》②。

1958 ~ 1965 年，新建铁路干线有包兰、兰新、兰青、干武、黔桂铁路至贵阳段、京承、太焦、外福、杭甬铁路等。建成第一条宝成铁路宝鸡至凤州段 91 公里的电气化铁路区段。随着铁路网络的不断发展，在国家统一的调拨下，新中国利用铁路、公路等及时、大量地调剂煤、粮、木材、盐、棉花等生产和生活物资，为保证供给、平抑物价、巩固政权等发挥了巨大作用。当时煤的运输量占到了铁路总运量的 58%，有力地保障了沈阳、上海、天津、青岛等工业城市和其他城市的生产和生活用煤。

4. 开拓中国远洋航运

新中国成立后，由于江海船舶大部分被劫持至中国台湾地区和美国等

---

①② 1959 年 11 月 5 日交通部在杭州召开全国河运网规划工作会议，集中讨论《全国河运干线布局》，布局确定了“六横四纵”国家水运干线网。1960 年 4 月 20 日在广州召开全国港口、水运工业规划会议，研究讨论了《港口初步发展规划》，确定了全国港口布局原则、建设总方针及发展目标。

西方国家对新中国实行禁运与封锁，新中国无力创建自营远洋运输船队，外贸货物运输部分由合营与代营船舶（中波轮船股份公司和捷克斯洛伐克国际海运股份有限公司）承运外，大部分需要租用外轮运输。20世纪60年代初期，中国远洋运输公司与中国外轮代理公司同为交通部远洋运输局的对外称呼（一套机构、三块牌子），抓住国际航运市场萧条、旧船价格跌至第二次世界大战后新低的有利时机，经中央和交通部批准，利用中国银行香港分行在当地吸收的存款购买旧船，使运力由1957年不足100万吨，发展到1965年的近200万吨，货运量由1957年的1200余万吨，上升到1965年的近2000万吨，港口吞吐量由1957年的3700多万吨，上升到1965年的7000多万吨。截至1965年，已拥有63艘远洋船舶，60万载重吨，完成货运量246万吨，并先后开辟了至欧洲、亚洲、非洲等多条国际航线①。

5. 初步建立综合运输研究学科与理论

从新中国建立开始成立交通部，到形成铁路、公路、水运、航空等不同运输方式"条块管理"的独立管理体系。各中央部委既是国家行政管理部门又直接经营与管理运输与建设企业。虽然这种把运输体系分开管理的体制对整个交通运输缺乏全行业管理，不利于统筹规划和建设结构合理的综合运输体系，也影响相关交通工程项目的同步建设和综合运输能力的形成。但从历史的坐标看，交通基础设施落后、运输方式尚不完善的条件下，运输方式独立的管理体制和政企合一的管理制度可以运用好社会主义体制能够"集中力量办大事"这一优势，以全国"一盘棋"，集中力量、突出重点、加快发展，彻底改变交通运输落后的面貌。在社会主义经济按照"有计划按比例地发展"的理论指导下，仿效苏联。1956年，国务院颁

---

① 交通部行政史编委会：《交通部行政史》，人民交通出版社2008年版。

布《一九五六年到一九六七年科学技术发展愿景纲要》（修正草案）（以下简称“十二年科技发展规划”），其中，在运输和通讯方面的科学技术任务提出“第 35 项：运输装备新技术的研究和综合发展运输问题。在综合发展运输方面，必须着重研究货物和旅客运量以及流动方向的发展规律、制定全国运输网图的科学基础、有关联运的问题、各个运输业进行技术改造的途径等。”①。提出开展综合运输研究，主要任务是进行综合运输网发展规划研究，在运输组织上，1958 年秦皇岛港务局和车站共同推行路、港、航大协作，成为新中国第一次开展的铁水联运业务，开始探索以综合运输方式提高运输效率。

交通运输发展的低水平影响了对综合运输的认识和理论研究。发达国家的综合运输研究是在整体交通运输达到相对较高的发展水平、各种运输方式形成较强竞争的环境下提出或形成的，而我国综合运输研究工作的提出和开展是受计划经济思想和发展模式推动的，旨在有计划按比例地发展，适应经济建设需要和节约投资、减少浪费，实现最优化运输。这一时期，虽然提出了综合发展、综合利用、按比例协调发展的思想，在铁水联运、协调配套建设多种运输方式通路等方面也进行了一些综合运输发展的具体实践，但是综合运输理论研究方面仍然非常薄弱、粗浅，处于起步的初级阶段。客观上，当时，交通运输较低的发展水平也限制了对这方面的发展认识和学术活跃②。

---

① 《1956～1967 年科学技术发展远景规划纲要（修正草案）》，中华人民共和国科学技术部网站，2005 年 8 月 31 日。

② 国家发展和改革委员会综合运输研究所：《中国交通运输发展改革之路——改革开放 30 年综合运输体系建设发展回顾》，中国铁道出版社 2019 年版。

三、重大交通建设方面已经向“大三线”布局

20 世纪 60 年代，在中苏对峙、美国不断扩大侵越战争规模矛头直指中国的国际环境下，以及我国主要工业体系 70% 分布在东部与沿海地区的产业格局，战略后方工业基础空白，易遭受战略攻击的背景下，毛泽东与中央决策在西部广阔纵深腹地建立钢铁、能源、有色金属、电子、化学、机械等重工业体系和完备的国防工业体系，即“三线”建设。“三线”建设①是中国经济史上一次极大规模的工业迁移过程，是在当时国际局势日趋紧张的情况下，为加强战备，逐步改变我国生产力布局的一次由东向西转移的战略大调整，建设的重点在西南、西北地区。1964 年以四川为中心，众多与国防相关的工程纷纷启动，四川“三线”建设头三年最重要的项目就是“两基一线”建设。“两基”就是以重庆为中心的常规兵器工业基地和以攀枝花为中心的钢铁工业基地。“一线”就是修建成昆铁路干线。在铁路先行的战略指导下，先后建成昆铁路、川黔铁路、贵昆铁路等铁路，在使整个西北、西南地区自身连成交通网络之外，还使西南地区与华中地区、西北地区和华北华中华南地区的交通网络连为一体，从根本上改变了我国西部地区交通运输落后的状况，为西部地区的矿产开发、产品流转、工业建设、国防建设创造了交通条件。

“三线”建设及部分大耗水、大耗能的大中型厂矿企业沿干线布局也给内河航运发展创造了一定条件。为适应“三线”建设的需要，中西部航

① 三线地区指长城以南、广东韶关以北、京广铁路以西、甘肃乌鞘岭以东的广大地区，主要包括四川（含重庆）、贵州、云南、陕西、甘肃、宁夏、青海等省份以及山西、河北、河南、湖南、湖北、广西、广东等省份的部分地区，其中西南的川、贵、云和西北的陕、甘、宁、青俗称为“大三线”，一、二线地区的腹地俗称为“小三线”。

道如长江上游地区川江、金沙江、西江上游地区的右江、红水河及一些支流航道得到一定整治，航行条件有了较大程度的改善。20 世纪 70 年代，国家在长江沿岸地区布设了一批钢铁、石化及火电等骨干企业，为长江航运的发展打下了很好的基础①。

截至 1965 年底，铁路营业里程达到 3.64 万公里，比 1957 年增加了 36.3%；新建和改建了 70 多条公路干线，总里程约 3 万公里，各地还兴建了大量标准较低的公路，使公路通车里程达到 51.45 万公里，比 1957 年增加 1 倍多；内河通航里程达到 15.77 万公里，比 1957 年增加 9.4%；扩建了上海、秦皇岛、大连等港口；民用航空航线里程达 3.94 万公里，比 1957 年增加 49.2%②；管道运输开始起步，建成了第一条输送原油管道。

四、调整与整顿运输秩序

由于受“大跃进”运动影响，国民经济比例严重失调，1961 年转入以调整为中心，实施“调整、巩固、充实、提高”的八字方针，对经济进行全面整顿，提出按照农业、轻工业、重工业的次序安排经济生活，调整各部门之间的比例关系，在进一步优化完善发展计划机制的同时，将国民经济转入调整的正轨。在“大跃进”期间，受到当时运力保障能力有限的约束，交通运输全面紧张，“装不上、卸不下、通不过”情况频现，运输组织统筹混乱，运输效率低下，运输设施设备难以持续利用等问题。在交通运输调整阶段，交通运输业调整的重点是整修运输设备和整顿运输秩序，恢复提高运输能力。

---

① 孙国庆：《中国内河航运回顾与展望》，载《中国水运》2001 年第 1 期。

② 资料来源：根据《2019 年中国交通年鉴》统计数据整理。

由群众运动形式推广的“万吨公里”运动（交通部 1959 年开展的“安全、节约、车吨月产万吨公里”，推行双班、多班运输、拖挂运输、汽车列车化，千方百计提高汽车运输效率）和“一条龙”运输大协作，虽然对缓解运力紧张起到积极作用，但形成了浮夸风，造成企业内部比例失调，以及消耗无定额、经济无核算、操作无规程等混乱的管理局面，虽然载货汽车运输产量提高了，但车辆技术状况急剧下降，单车产量也随之大幅下滑。

1959 年，交通部首次颁布《汽车运输成本项目和成本计算的统一规定》对分配生产费用的原则、成本分类、计算单位、时间、方法做出可操作性规定，规定的出台对全国运输企业加强成本管理起到积极作用。为进一步规范统一汽车运输成本核算工作，1965 年交通部又颁布《国营企业交通运输成本核算的若干规定（草案)》。经济核算制度对经济整顿恢复起到很好的促进效果，李富春在全国工业、交通部门专业会议上作报告再次强调：改革企业的经营管理要实行经济核算制。

整顿运输秩序也是经济整顿的重要内容。一方面是整顿运输价格，1961 年，国务院批准国家计划委员会《关于调整 1961 年若干工业产品出厂价格和继续加强价格管理的报告》，其中要求交通部提出并制订短途运输价格的原则和加强管理的具体措施。交通部经过调查研究发布《关于当前短途运价存在的问题和加强管理的原则与具体措施的意见》，在成本核算的基础上，结合国家运价制定运价，并强调各级业务单位不得自行决定运价①。但在执行中，许多运输单位因按照国家定价生存难以维持，因此，执行的并不彻底，截至 1963 年，经过 3 年调整和国家整体经济好转后，为保持全国运价统一，改善高运价地区经营环境，全国物价委员会和交通部

① 交通部行政史编委会：《交通部行政史》，人民交通出版社 2008 年版。

于1965年联合发出通知，要求各省（区、市）在两三年内将汽车货运价格降到0.20元/吨公里，并对支农物资实行优惠运价。

运价调整的过程也是在计划经济体制下，中央与地方、产供销等各类关系的综合平衡过程，中央通过价格政策、供销关系对地方管理进行调节。运输价格统一政策既考虑了国家基础运输需要中央统一定价，在价格制订上又考虑和照顾到地方的诉求和利益。

整顿运输秩序的另一方面是整顿民间运输业和建立直属运输企业。"大跃进"在全民大办交通的方针指导下，由于不科学的组织导致民间车辆损耗较大和畜力非正常死亡增多，1961年货运量和货物周转量比1958年分别下降39%和40%，民间运输业濒临困境，1962年，中共中央、国务院发布《关于当前民间运输业调整工作中若干政策问题的指示》，根据中央指示，交通部发布《关于民间运输业若干政策问题的规定（试行草案)》，各级交通主管部门认真清理平调，做好退赔工作，同时根据交通部颁发的《运输合作社示范章程（试行草案)》[①] 加强对个体运输户的清理和规范运输合作社的运作，认真执行货源分配倾斜政策，使运输合作社逐渐走出困境，恢复元气，发挥正常作用。

20世纪60年代初，为适应战备和重点物资运输需要，交通部开始筹建直属汽车运输企业。1962年，国家计划委员会、国家经济委员会、交通部向国务院提出《关于筹设交通部直属汽车企业的报告》，同时附送《关于先在华北、华东、西北试建直属汽车运输企业方案》[②]，国务院批准了请示后，交通部在华北、华东、西北筹建汽车运输局并成立了5个汽车大队，于1963年起开始承担国防工业运输任务。1964年，随着重点运输物资运输趋缓和"八字"方针的深入贯彻，直属汽车企业下放给地方管理。

①② 交通部行政史编委会：《交通部行政史》，人民交通出版社2008年版。

在整顿公路运输秩序的同时，1962 年交通部制定《水运工作贯彻七十条的补充规定（草案）》[①]，强调加强企业之间协作，一切以运输为中心组织船舶、港口、航道、航务工程等各环节。加强水上运输生产过程的统一指挥，通过加强水运企业之间的协作与平衡，提高生产效率，缓和运输紧张状况。1964 年设立长江航运公司，试办托拉斯，但“文化大革命”的开始使这次企业管理改革无疾而终。

五、以战备思想为指导下的新型交通运输方式开始出现

1. 城市轨道交通空白逐步填补

新中国成立初期，毛泽东就明确了地下铁道的重要性，从战备和民用角度倡导北京要搞城市地下铁道，并且指出：“不仅北京要搞，很多大城市也要搞。”[②] 1953 年 9 月 28 日，北京市委响应这个号召，开始筹备北京修筑地下铁道工作。国务院正式决定修建北京地铁计划，并组建了铁道部地下铁道工程局。但其后受到技术和人才支撑的约束以及苏联专家撤走的影响，相关工程推进一度放缓。在毛泽东的指示下，1961 年初暂停的地铁修建又重新提上国务院议事日程，1965 年 1 月，北京地下铁道筹建领导小组正式成立，北京地铁一期工程开工典礼在京西玉泉路西侧两棵大白果树下举行。年近八旬的朱德亲自拿起扎着红绸的铁锹，为北京地铁一期工程破土。1969 年 10 月 1 日，第一辆地铁机车从古城站呼啸驶出。经过四年零三个月的紧张施工，全长 23.6 千米，沿线 17 个车站的北京地铁一期工程终于胜利建成通车。在一期建设的经验下，1971 年 3 月北京地铁第二期

---

① 交通部行政史编委会：《交通部行政史》，人民交通出版社 2008 年版。

② 阮红：《毛主席关心北京地铁建设》，载《北京档案》1993 年第 6 期。

工程启动，其线路从北京火车站，沿北京内城城墙自建国门至复兴门，呈倒“U”字形，设12座车站及太平湖车辆段，但由于受到当时经济社会发展各项限制，二期16千米地铁耗时逾13年半，直至1984年9月二期工程才建成通车运营。

2. 综合交通枢纽发展初见雏形

随着交通运输基础设施建设不断推进，作为交通运输网络中的重要节点，交通枢纽建设发展不断推进。受到当时运输发展阶段限制，交通枢纽仍主要以分运输方式枢纽为主，并不是汇集两种或两种以上运输方式的综合交通枢纽。但这一阶段，交通枢纽建设规模、设计标准、发展理念等得到显著提升，涌现出多个重要枢纽，在后期发展中成为具有重要影响力的综合交通枢纽。以广州站建设为例，在1957年，随着武汉长江大桥建成，京汉铁路和粤汉铁路合并为京广铁路；1960年广州西南大桥（后更名珠江大桥）建成，广三铁路与京广、广深两路接轨，广州站客流量越来越多。1958年5月，在全国“大跃进”的形势下，广州铁路局再次向铁道部提出申报，获批选址流花桥的广州新客站动工。然而，这项巨大的工程在1962年因为“大跃进”运动对中国国民经济造成的损害，中央压缩建设投资规模而暂停。时隔一年，广州新客站第三次报请复工，虽然五年后（1967年）被批准计划，却又因“文革”干扰未能开工。直到1971年，这个第四次上报的广州新客站项目，终于获批为大中型项目，准予建设。1974年4月12日，新广州站建成启用，广州铁路枢纽布局也相应做出调整：广州新客站正式命名为广州站，位于大沙头的原广州站恢复名为广州东站，其所有客运业务逐步移至新广州站。同时，这一阶段，上海虹桥机场、广州白云机场等航空枢纽位势开始凸显。20世纪60年代中期，白云机场改为民用机场，1971年，虹桥国际机场由军民合用改为民航专用，进一步提升丰富区域航空运输组织辐射影响力。

六、简要结论

经过“一五”的建设发展，我国交通网络得到较好的恢复和发展，结合工农业生产建设的需要，交通运输超前建设，基本满足了国民经济对运输的需求。但“大跃进”运动使国家偏向重工业体系建设，在发展内地和“大三线”战备的整体发展战略下，新建线路也“在落后地区摆点大项目，可以带动那里的工业、交通运输、商业、服务业和城市建设的发展，也便于城镇人口就业”① 的指导下向内陆地区布局，修建了成昆、襄渝、阳安、川黔、青藏（西格段）等铁路干线，大大改善内陆地区的交通状况。而沿海及工业中心的交通未能得到更好地改善和发展导致自“二五”以后，运能和运量的矛盾越来越突出了。在纠正“大跃进”失误的整顿中，1961 年，铁道部确定了“先维修后新建，先旧线后新线，先支线后干线，先煤铁支线，后其他支线”的工作原则，注重配套建设、注重投资效益，逐步改善了新旧线路的建设和利用问题，逐步恢复和提高了运输能力。

在落后的交通运输体系下，为提高运输效率，开始形成综合运输的交通组织萌芽。新中国交通运输事业的重要奠基人，时任交通部副部长、党组书记、国务院第六办公室主任王首道同志确立了“交通大联运”的战略思想，提出“在这个新的时期中，交通部门的光荣任务，就是要同铁道部门密切结合，在全国范围内建立一个以现代工具为主的四通八达的运输网。”② 自此，公路、铁路干线与海运、船运之间的水陆系统开展了大规模的联运活动，有效整合了运输资源，充分发挥交通运输在国民经济中的先

①② 薄一波：《若干重大决策与事件的回顾》（上卷），中共党史出版社 2008 年版。

导性作用。国务院于1964年正式颁布了《中国水陆联运规章》，形成了中国公路、铁路、空路、水路和管道五种运输方式大联运的网络格局。

十年探索时期虽然由于对社会主义经济发展规律认识的局限性，导致出现“大跃进”式的曲折发展，造成了国民经济的重大损失。但这一时期也是我国交通发展最快的时期，例如，1958～1964年，全国公路通车里程快速增长，公路等级不断提高，路况明显改善，八年新建公路22.45万公里，全国不通公路的县大为减少，公路交通事业快速发展。

在交通运输管理上，经历了“大跃进”交通下放地方，到继续实行中央集中管理的曲折管理调整。1958年“大跃进”期间在“全党全民办交通”的方针下开展的“水陆空‘大跃进’”在一定程度上造成了运输秩序混乱。交通直属企事业机构大规模下放给地方造成水运航线分工不合理、运输与航务管理失调问题。铁路分省设局造成了运输管理混乱，效率急剧下降。三年调整时期，中央整顿铁路首先强调恢复全国铁路运输集中统一的管理体制。分管铁路工作、时任副总理的邓小平对铁道部有关负责同志强调“所有经济秩序的恢复，应从铁路做起，必须雷厉风行，大动脉好了，其他就好办”，要“大力整顿铁路秩序、加强铁路集中统一管理、恢复和建立规章制度等十二点具体要求”①。在邓小平力主下，1961年2月4日中央批转了铁道部党组《关于在铁路系统建立政治工作部门和改进铁路管理体制的报告》，强调“铁路是国民经济的大动脉集中的企业，带有半军事性，必须把一切权力集中在铁道部”②。交通部在中央的支持下，将大连、秦皇岛、天津、烟台、青岛、连云港、上海、黄埔、湛江、八所共10个港口回归交通部管

---

① 王首道：《加速进行技术革命，为早日把我国变成一个交通先进的国家而奋斗》，载《公路》1958年第8期。

② 邱少明：《邓小平新中国铁路建设贡献述论》，载《理论学习与探索》2014年第6期。

理，将为全国服务的交通运输企事业单位改为以交通部管理为主的双重领导体制。

新中国成立后前17年交通方面的大规模投入为后来的交通网络的发展奠定了基础。自力更生地建成武汉长江大桥，实现南北天堑变通途，也成为我国交通自主发展的典范。在实践中探索了“运输工作是经济发展的重要工作，每一经济发展步骤要配合交通的发展。”① 的交通发展理念，为后续在综合运输发展中注重交通运输结构调整与实行有效的投资的政策制定提供了参考。这一时期的实践和发展凝聚着老一辈无产阶级革命家周恩来、陈云、邓小平等的思想贡献。“三线”建设，改变了中国经济建设的布局，西部地区建成了一大批工业交通基础设施，为西部发展和后来的西部大开发奠定了相应的物质基础。

中国共产党在新中国的经济和国防发展中充分认识到交通先行的重要性与必要性，在财力极弱的状况下修建了一批铁路和公路，整治了长江航道。建成并探索公铁水联运，实践了铁路优先、港路航结合的综合运输发展思想。

第三节　十年徘徊期交通运输艰难前行与恢复建设

1966年5月至1976年10月是新中国成立后党在历史上经历的一段特殊时期。在思想意识形态“全局性的、长时间的‘左’倾错误”的指导下导致“长时间的社会动乱”。国民经济发展缓慢，主要比例关系长期失调，

① 李飞龙：《建国初期陈云的交通建设思想及其当代价值》，载《理论建设》2012年第3期。

经济管理体制更加僵化。这十年间“按照正常年份百元投资的应增效益推算，国民收入损失达5000亿元。人民生活水平基本上没有提高，有些方面甚至有所下降。自20世纪70年代起，正是国际局势趋向缓和，许多国家经济起飞或开始持续发展的时期。但是，由于‘文化大革命’的影响，中国不仅没能缩小与发达国家已有的差距，反而拉大了相互之间的差距，从而失去了一次发展机遇”①。因此，从经济发展角度看，这十年部分经济与尖端产业领域虽有突破和较大进步，但整体上经济发展是处于停滞和徘徊的。

在经济方面，新中国的第三个五年计划本应在1963～1967年实施，但是由于“二五”时期出现的国民经济失衡，中央决定把1963～1965年作为继续调整、整顿的过渡时期，从1966年起再实行“三五”计划。因此，1966～1976年，既是“文化大革命”运动政治剧烈动荡、经济十年浩劫期，也是“三五”“四五”的计划执行期。受国际环境影响，“三五”计划的指导方针由“解决吃穿用”转变到“加强战备”，“四五”计划延续“三五”计划的思路，提出来的一些基本目标和任务仍是以国防建设和“三线”建设为重点，但“四五”计划这五年，因“文革”运动，生产处在严重动荡的状态，交通运输经常瘫痪，毛泽东“抓革命、促生产”的指示并没有真正落实，经济处在维持最低平衡的状态。

这一时期与三年“大跃进”不同，这十年的“文化大革命”极大地破坏了交通运输管理的基本秩序。为恢复生产和经济秩序，周恩来和邓小平在“四五”时期进行了两次经济整顿，1975年，邓小平第二次复出后整顿经济，选择铁路作为突破口，当时最难整顿的就是铁路和钢铁企业。因铁路是国民经济的命脉，同时也是“四人帮”破坏的重灾区。

① 李孝文：《“文革”经济史研究的回顾与前沿研究》，江西财经大学学位论文，2020年。

铁路整顿带动了各行各业的整顿，全国工交（即工业和交通运输业）生产和国民经济打破了停滞不前的徘徊局面。在备战的指导战略下，交通网络依然取得了一些建设成果。

一、在整顿中制定中长期发展计划

中国在整体计划经济时期，各种运输方式均按照计划经济的模式发展，铁路、机场、主要港口由国家投资建设，公路由地方政府负责投资建设，铁路的发展和运输占绝对主导地位，运输企业基本上为国有企业，公路、水路少数企业为集体企业。尽管经过 20 年建设，交通线网里程有较大幅度增长，但因原有累积基础少，覆盖率远远不足，交通网络处于总体落后状况，各种运输方式的交通基础设施都严重短缺，运输格局以铁路为骨干，运输生产按计划经济模式进行，基本上不存在竞争和替代关系，各种运输方式的地位作用以及分工的界线都非常明确。因此，在发展过程中，基本不存在结构优化和结构比例问题，而是在于哪些项目更急迫以及如何布局更合理①。建设的重点主要是线路布局和通道建设，管理的任务是旨在节约运输能力、提高运输效率和解决运输衔接的大宗货物合理（径路）运输、铁水联运等，全国性、大区域性的交通运输整体规划尚没有形成，在相关计划实施过程中，交通运输主要围绕工业布局调整，针对性地开展以铁路为主的交通运输工程项目建设，对于经济建设和人民生活水平提高的相关考虑整体较少。

“文化大革命”期间，由于经济长期处在动荡的状态，为实现交通正

① 国家发展和改革委员会综合运输研究所：《中国交通运输发展改革之路——改革开放 30 年综合运输体系建设发展回顾》，中国铁道出版社 2009 年版。

常运转不得不采取军事化管理。1967 年 3 月 19 日，毛泽东看了《齐齐哈尔铁路局运输状况严重混乱》的通讯，作出关于“一切秩序混乱的铁路局都应实行军事管制，迅速恢复正常秩序”“汽车、轮船、港口装卸也都要管起来”的批示。[①] 周恩来根据毛泽东的批示精神，立即具体部署对铁道、交通、邮电三部实行军管。1967 年，国务院、中央军委决定对全国铁路实行全面军事管理，中共中央发布决定，对交通部实行军事管理，国务院、中央军委下达《关于民用航空系统由军队接管的命令》，1969 年，国务院、中央军委批准并转发中共民航总局委员会《关于进一步改革民航体制和制度的报告》。决定把民航划归中国人民解放军建制，成为空军的组成部分，各项制度按军队的执行。1967 ~ 1970 年，为保障经济运行和恢复生产，全国交通、石油管道及邮电等系统全部处于军队管理状态，直至在各部委成立革命委员会止。

开展交通长期规划的制定。1974 年 1 月 12 日，国家计委向国务院提出关于拟定长远计划的报告。建议制定 1976 ~ 1985 年十年远景规划，重点放在 1976 ~ 1980 年第五个五年计划上。1975 年，第四届全国人大一次会议后，邓小平主持中共中央、国务院的日常工作，全国经济形势开始好转，即着手研究编制了 1976 ~ 1985 年发展国民经济十年规划纲要草案，其中包括第五、第六两个五年计划的设想。经中共中央、国务院批准，国家计委发出《关于拟定十年规划的通知》，各部委及各省市开始编制 1976 ~ 1985 年十年规划。

根据中央编制十年规划的决定，交通部 1976 年制订《1976 年至 1985 年公路交通发展规划》，在全国路网布局上提出基本建成以首都为中心，路面黑色化的 20 万公里干线公里网和以其为骨干、总里程达到 100 万公里

---

① 中共中央文献研究室：《周恩来书信选集》，中央文献出版社 1988 年版。

的全国公路网①。1975年在国务院港口建设领导小组会议上，古牧副总理传达周恩来总理指示：截至1980年要建泊位250至300个。古牧指出，“我国海岸线长，建设300个泊位是我国国民经济发展的第一步宏图的一项内容，否则港口面貌就得不到根本的改善，就不能适应国民经济发展的需要。”② 对于开发长江水系，交通、水电两部在1975年召开的长江水系航运规划工作会议上研究制定了《关于编制长江水系航运开发利用建设规划的意见》，提出用10年左右时间，通过对长江干流及重要支流的综合开发整顿与建设，把长江水系建成一个联系淮河、沟通钱塘江，连接战略大后方的干支直达水运交通网。在铁路规划中提出，要加快九条重要铁路干线的技术改造，增修复线，装置自动闭塞，实现装卸机械化，十年内使这些干线的通过能力提高一倍左右；要逐步实现机车电气化、内燃化，使1985年电力、内燃机车运量占全国铁路运量的比重，由现在的百分之十七提高到百分之六七十。

二、交通建设取得一定的成就

依据中共中央提出的“备战备荒、为人民”的战略方针，1965年国家计委重新草拟了《关于第三个五年计划安排情况的汇报提纲》，明确提出：“三五”计划必须立足于战争，从准备大打、早打出发，积极备战，把国防建设放在第一位，加快“三线”建设。在这一战略的指导下，“三五”期间，铁路基建投资总额占全国基建投资额的比重，从“二五”时期和调整时期的9%，增加到13.15%。铁路内部的投资比重，新建铁路从调整时

①② 交通部行政史编委会：《交通部行政史》，人民交通出版社2008年版。

期的59.6%上升到70.8%[①]。“三五”期间，铁路主要建设成昆铁路，实现兰新铁路、贵昆铁路通车。“四五”期间依然以“集中力量建设大三线强大的战略后方，改善布局”“狠抓钢铁、军工、基础工业和交通运输的建设”作为主要任务，在“四五”期间建设襄渝铁路、枝柳铁路，建成湘黔铁路、焦枝铁路和宝成铁路电气化改造。

交通部把国防公路建设作为“要准备打仗”的战略措施，1967～1969年根据国务院和中央军委的批复，先后在内蒙古、新疆、青海、甘肃和宁夏等23个省（区）进行国防公路建设，为建设国防公路按照陆军征兵条件征召工人，随后作为基建工程兵的组成部分进入部队管理系列，但基建工程兵受国务院和中央军委双重领导，部队不使用国防经费，而是实行经济核算，自负盈亏。在国防公路和三线交通建设的同时，继续开展“小三线”[②]交通建设，打通了一、二线省（区、市）“小三线”地区的交通，为这些地区国防工业建设和工农业生产提供了便利条件。同时实现滇藏公路通车，建成大连新港现代化10万吨级深水油港。

这一时期，基础设施建设加快发展，在当时的艰苦条件下，建成了多个交通运输领域重点项目和基础设施。“三五”“四五”时期交通运输发展在我国建立独立的较为完整的工业体系中发挥了较好的保障作用。

加强综合运输合理布局和建设。在“三线”建设中，从保障运输安全和降低成本方面对交通基础设施的可替代性做了考虑，例如，在交通布局上，合理考虑铁路、内河的分工，在建设铁路的同时，也注重对内河航运的发展，一旦铁路、桥梁炸毁，可利用水运，“而炸毁一条天然水道则不

① 杨洪年：《综合运输与能源运输》，中国财富出版社2012年版。

② “小三线”特指除西南、西北13省以外的中部及沿海地区省区的腹地。各省（区市）又根据战略需要确定各个战略区域为小三线地区。

可能”。因此，在建设襄渝、枝柳铁路等通往“三线”地区铁路的同时，扩大川江综合运输能力，开发金沙江航运，先修建沿江公路为航道施工服务，航道建成后形成水陆联运物资集散交通线。

三、初步建成对外开放的国际运输

20世纪70年代，我国在国际外交领域的影响力进一步提升，1972年中国与美国、日本的关系先后“解冻”，交通运输作为人员物资对外往来的重要载体，率先参与到对外发展合作中，远洋运输、国际航空加快发展，为后续改革开放相关政策制定构建了发展沃土。以远洋运输业发展为例，由于中国的造船业长期跟不上远洋事业发展的需求，周恩来曾于1970年提出，要在第四个五年计划期间加快远洋运输船队的建设，随着外交局面的打开和对外贸易的扩大，仅自主造船更显不足，周恩来的秘书顾明曾经回忆说，当时全球运输业受到石油危机的冲击，“八成新的船用原价50%就可以买到”，1973年3月，恢复国务院工作的邓小平，同样支持从国外买船。1974年，毛泽东有意进一步重用邓小平，“四人帮”便借风庆轮大做文章，1974年3月，“四人帮”在上海的亲信点名攻击交通部是“崇洋媚外”，其实就是影射当时领导国务院工作的周恩来和邓小平，1974年国庆前夕，远航至欧洲的风庆轮在出发150天后返回上海港，“四人帮”将国产巨轮成功远航视为砝码，授意大量的报刊一边鼓吹自力更生的胜利，一边将造船与买船对立，称买船是“爬行主义”“洋奴哲学”，邓小平也遭到类似的围攻。但经过努力，使用银行外汇贷款购买二手轮船从1972年开始实行到1975年4年期间，平均每年运力100万吨，我国自有远洋船舶从1971年底94万吨猛增到1975年底的500余万吨①。1975年邓小平重新复出，出任国务院第一副总理，着手整顿在“文化大革命”中受破坏的各方面工作，基本完成了“四五”计划所制定的指标，为后续改革开放发展奠定良好基础。民航发展方面，1972～1974年，民航总局根据周恩来总理指示，按照“积极准备开辟航线，合理调整既有航线，团结第三世界，争取第二世界，反对两个霸权”②的指导思想，我国民航先后与阿尔巴尼亚、罗马尼亚、南斯拉夫、土耳其、伊朗、意大利、挪威、丹麦、希腊、加拿大、瑞士、日本等国政府民航谈判并签订通航协定，为开辟国际航线进行了必要的组织准备。随后在1974年2月，我国承认1944年《国际民航公约》，同年9月当选国际民航组织理事国。1977年9月，中文被国际民航组织定为工作语言。

四、交通运输严重滞后经济发展

“三五”计划以后，运输的发展更落后于国民经济的发展，运能和运量的矛盾越来越突出了。1966年开始的“文化大革命”，致使我国国民经济出现全面倒退，1966～1975年工农业总产值平均每年增长约8%，而总货运量平均每年只增长4.2%，运输不适应国民经济的发展达到了最严重的程度。“六五”后期铁路客货运输只能满足运输需求的70%③。1975年，

---

① 陈永晓：《交通系统船舶工业和初期远洋船队建设的回忆片段》，载《交通建设与管理》2010年第3期。

② 王翔、李盛：《飞行63年，这家航空公司随国门而开放，从东方飞向世界》，载《文汇报》2020年1月7日。

③ 杨洪年：《我国交通运输业发展的目标模式及产业政策研究》，载《中国工业经济》1988年第9期。

周恩来主持中央日常工作，四届人大一次会议，任命邓小平为国务院副总理，对国民经济实行全面整顿，扭转经济下滑，形势有所好转。

“文化大革命”的冲击使全国铁路主要干线几乎濒临瘫痪，五千万师生通过铁路大串联，使铁路部门疲于奔命，运输秩序失控，货物运输量骤减。铁路局各自为政，上级调度失灵，1974 年发生行车重大事故和大事故 755 起，严重阻碍了津浦、京广、陇海、浙赣 4 条大干线的畅通，危及了整个工业生产和一些城市居民的正常生活。

邓小平第二次复出后，首先就把铁路作为全面整顿的突破口。1975 年 3 月 5 日，由中共中央发布《关于加强铁路工作的决定》，调整各铁路局领导，逮捕了一批破坏运输的派性分子，整顿铁路运输秩序，健全各项规章制度，确保运输安全正点，铁路运输状况好转。铁路问题的解决，促进了工业生产的回升。

“四五”计划（1971～1975 年）提出，“狠抓战备，集中力量建设大三线强大的战略后方，改善布局；大力发展农业，加速农业机械化的进程；狠抓钢铁、军工、基础工业和交通运输的建设；建立经济协作区和各自特点、不同水平的经济体系，做到各自为战，大力协同；大力发展新技术，赶超世界先进水平；初步建成我国独立的、比较完善的工业体系和国民经济体系，促进国民经济新飞跃。”，但在具体实施中，受到“林彪、江青集团”的干扰破坏，加之经济建设中出现的突出建设重工业、提高指标等倾向，后对规划内容进行了调整，如计划目标铁路货运量达到 8.9 亿元，但相关发展目标显然难以实现，调整目标后，完成率仅 80%①，且由于当时的历史条件所限，对计划不可能实行有力的调整措施。这一期间，交通

① 《中华儿女》编辑部：《1971～1975“四五计划”在困境中谋发展》，载《中华儿女》2016 年第 5 期。

运输规划协同整体发展规划要求对发展指标、规划实施等方面均进行了完善调整的尝试，但整体效果欠佳，国民经济主要比例严重失调，经济效益不断下降，人民生活问题积累成堆。“四五”计划也为后续交通运输发展规划积累了深刻的经验教训，制定计划必须经过充分的科学论证、调查研究，同时制定计划必须尽量符合经济规律和生产力水平。

五、简要结论

“文化大革命”造成国民经济发展处于停滞与徘徊状态，交通运输是运动的重灾区，不仅使运输陷于瘫痪，而且因管理失调导致事故不断，特别是因压港压船造成重大经济损失，影响对外贸易和国际形象。由于交通运输紧张，煤炭供应困难，又影响到基础工业，祸及其他经济部门，一系列连锁反应使整个国民经济都难以正常运转。虽然在交通基础设施建设方面通过“三线”建设显著改善了“三线”各省、区的交通网络状况，为以后的进一步发展奠定了基础。但整体上破坏了交通运输管理的基本秩序。

在运输管理上，虽然将交通部、铁道部和邮电部（邮政部分）三部调整为统一的交通部，但在内部管理和运行上仍然各自为政，没有真正形成统一的综合运输运行管理体系。在建设上，虽然在建设项目布局上考虑了铁路、公路、内河的合理分工和战争状态下的相互替代，但仅就项目论项目，没有上升到整体布局高度。在综合运输研究上，由于1974年我国将唯一的综合运输研究机构撤销，研究人员按专业被分配到铁道部和交通部，综合运输理论研究和应用研究被中断。综合运输发展处于理论停滞、管理与应用自然发展状态。

第四节　交通运输发展实践总结与综合运输思想的形成

新中国成立以来，在党和国家的高度重视与领导下，我国交通运输发展取得了辉煌成就。同时，积极探索实践联合运输和合理运输，着力加强我国综合运输科学研究工作，总结形成了“一个根据，两个综合，三个比例关系”的综合运输思想，开启了我国综合运输理论探索的新篇章。

一、新中国成立以来交通运输发展取得的成就

从新中国成立至 1978 年改革开放，中国交通运输发展成就，在经济实力薄弱、技术装备落后的条件下，依托计划经济体制集中力量办大事的制度优势，建立了较为完整的铁路、公路与水运网络，发展壮大了远洋运输和航空运输。

1. 初步形成较为完整的交通运输网络①

公路通车里程由 1949 年的 8.07 万公里到 1978 年公路通车里程达到 87.02 万公里；从 1952 年建成成渝铁路，我国以沟通西南、西北地区为重点，修建了大量铁路干线、支线和枢纽，到 1978 年铁路总里程增加到 5 万多公里，全国铁路网骨架基本形成。新中国成立初期，我国内河航道里程仅为 7.36 万公里，其中水深 1 米以上的航道仅 2.42 万公里，新中国成立后航道建设进入了稳步发展的新时期，从 1949 年 10 月到 1978 年间，内河

① 资料来源：根据《2019 年中国交通年鉴》统计资料整理。

航道通航里程达到13.5万公里，航道增长了84%，其中水深1米以上的航道达到了5.74万公里，增长了1.4倍。在港口建设方面，解放初期沿海港口稀少，设施落后，截至1976年，全国沿海主要港口共拥有生产性码头泊位311个，其中万吨级泊位133个，港口建设取得了巨大的成就。

客货运输持续发展，在国民经济中的地位明显增强。据统计，新中国成立初我国公路客运量为1809万人，旅客周转量为7.96亿人吨公里，货运周转量为8.14亿吨公里，到1976年公路运输量有了较快的发展，客运量和旅客周转量分别比1949年增长了81倍和64倍，货物周转量274.1亿吨公里，比1949年增长了32倍①。

2. 运输装备制造业从无到有并逐步形成工业化体系

新中国成立初期，我国拥有的全部民用汽车仅5万余辆，大多数是技术状况低下的破旧汽车。1953年7月，长春第一汽车制造厂开始动工兴建，这是由苏联援建的一项重点工程。同月，第一批12辆由毛泽东亲自命名的“解放”牌载重汽车试制完成，从此结束了我国不能生产汽车的历史，中国人真正开始了自己大批量生产汽车的时代。铁路机车也通过引进吸收苏联和东欧国家技术到立足自力更生设计生产，形成与铁路线路技术匹配，拥有不同功率、不同轴式、不同牵引定数等级配套的蒸汽机车、电力机车生产系统，国产机车初步形成系列化、型谱化。

3. 建立了完善的运输管理体系

从新中国建立开始成立交通部，经过30年的管理体制调整，形成了以铁路、公路、水运、航空和管道5种运输方式分属铁道部、交通部、民航局和石油部管道局领导和管理的独立管理体系。各部既是国家行政管理部门又直接经营与管理运输与建设企业。虽然这种把运输体系分开管理的体

① 资料来源：根据《2019年中国交通年鉴》统计资料整理。

制对整个交通运输缺乏全行业管理，不利于统筹规划和建设结构合理的综合运输体系，也影响相关交通工程项目的同步建设和影响综合运输能力的形成。但从历史的坐标看，在新中国建立初期交通较为落后、运输方式尚不完善的条件下，运输方式独立的管理体制和政企合一的管理制度可以运用好社会主义体制能够集中力量办大事这一优势，以全国一盘棋，集中力量，突出重点，加快发展，彻底改变交通运输落后的面貌。

二、计划经济时期我国综合运输实践经验总结

联合运输和合理运输是我国计划经济时期交通运输工作的重要任务之一，也是我国早期开展综合运输研究工作的核心内容之一。

早在“二战”期间，西方国家在经济生产组织中就出现以多式联运方式进行运输组织的综合运输构思，主要是通过铁路运输与公路运输的合作分工和紧密协作提升运输效率。在 20 世纪 50 年代，多式联运作为一种货物运输组织方式存在已久，集装箱的发明与广泛使用，对多式联运起到极大促进作用，使得多式联运在运作过程中真正形成紧密衔接一体化的运输模式，降低了运输交易成本和社会物流运作成本。

新中国成立 30 年来，我国联合运输发展经历了“三起三落”。20 世纪 50 年代初期的川粮东运、华东联运，50 年代末期的“一条龙”运输大协作和 60 年代中后期的“铁路、公路、航运、搬运部门实行上门取货、送货到家，银行统一结算”多部门联合服务，为我国联合运输发展积累了丰富而宝贵的经验。实践证明，川粮东运、华东联运对国民经济恢复时期加速城乡物资交流、促进工农业生产、改善人民生活起到了积极作用；“一条龙”运输大协作有效地缓解了运力紧张时期运量和运能、产、供、销、运之间的矛盾，为 20 世纪 80 年代联合运输事业的复兴打下了良好基础；

交通、银行等多部门探索实践提供联合服务，创造性拓展了联合运输的服务范围，深化了联合运输内涵，为后来货运代理业务的兴起、全过程运输服务的开展做出积极贡献。

从1954年开始，我国就先后在粮食、煤炭、木材、矿石、石油、盐、水泥、生铁和矿物性建筑材料等主要物资的运输中，推行分区产销平衡的合理运输制度，大力组织合理运输。1966～1976年，受“文化大革命”的冲击，合理运输的成果破坏殆尽，相关科学研究也几乎停滞。1978年，时任国家经委副主任郭洪涛在全国合理运输经验交流会议上对新中国成立近30年来开展合理运输的经验进行了总结，主要包括十个方面：一是搞好工业的合理布局是搞好合理运输的基础；二是大力组织各种运输方式的合理分工，充分利用水运；三是积极制定大宗物资的合理流向图；四是铁路要大力组织直达列车；五是有计划地推广水泥、粮食等物资的散装运输；六是积极发展集装箱运输；七是大力解决统配煤矿以及其他采矿、伐木等行业的整理列成组装车；八是充分发挥机关企业载货汽车的潜力；九是商业部门和物资部门都要按经济区域调拨物资；十是大力推广外贸物资合理运输。

联合运输成为综合运输最初的宝贵实践。在现代化运输工具不足、铁路网络覆盖不够的艰苦年代，中国共产党积极依靠群众、发动群众，积极发展内河运输，利用畜力车、木帆船等原始运输工具以水陆联合运输支援尚未完成的解放战争和城市经济恢复。在后来的运输组织中，水运推进“一条龙”运输大协作，以运输为中心，将港口、航务、船舶建造与维修集中统一指挥和管理，试行“一次托运、一次收费、一票到底、全程负责”的“三一”运输，形成新的联合运输组织方式，这些朴素的和初级的综合运输组织与管理方式奠定了我国综合运输发展的基础。

三、西方综合运输问题研究与中国综合运输研究机构的创建

综合运输问题源于对运输经济问题的探讨，最早可追溯至亚当·斯密的《国富论》中有关运输对城市和地区经济繁荣作用的论述。第二次世界大战后，美国和苏联围绕现代五种交通方式的关系分别建立起了各自的运输经济学理论体系。1940 年，美国宾夕法尼亚大学教授约翰逊（E. Johnson）出版了《交通运输：经济原理与实践》，开始全面讨论五种运输方式的运输经济问题以及他们之间的竞争与协作。20 世纪 50 年代，一些国家还专门成立了综合运输问题研究机构。例如，苏联建立综合运输问题研究所、英国建立了不列颠运输研究院、美国也先后成立了西北大学运输研究中心和综合运输体系科学技术研究中心等。

我国综合运输的概念及其付诸实践发端于 20 世纪 50 年代中期，主要借鉴了苏联的综合运输问题研究和经验。新中国成立之初，全国铁路总里程仅 2.26 万公里，有一半处于瘫痪状态；能通车的公路仅 8.08 万公里，民用汽车 5.1 万辆①；内河航道处于自然状态，主要运输工具还是畜力车和木制帆船等；航空、管道几乎空白。“一五”期间（1953～1957 年），国家面临社会主义改造和国民经济全面恢复阶段，各行各业百废待兴，其中极度落后的交通运输状况成为工农业生产的严重制约因素之一。在此背景下，一方面，国家有计划地进行交通运输建设，加大对交通运输领域的投资倾斜，陆续改造和新建了一批铁路、公路、港口码头，疏浚了主要内河航道；另一方面，借助苏联帮助我国设计建设一批重大基建和工业建设项目的机会，引进综合运输的思路来解决工业原材料、生产装备和产品的

① 资料来源：根据《2019 年中国交通年鉴》统计资料整理。

运输问题。

我国综合运输问题研究计划始于1956年制定并实施[①]的《1956－1967年科学技术发展远景规划纲要（修正草案)》（以下简称“十二年科技规划”)。该规划根据当时国家建设事业的需要和我国科学技术力量的现状及其可能的发展速度，并参考世界各科学技术先进国家，特别是苏联发展科学技术的经验和我国工业建设初期发展技术的经验，按照“重点发展、迎头赶上”的方针，从十三个方面提出了57项重要科学任务、616个中心问题。其中，在第35项重要科学任务“运输装备新技术的研究和综合发展运输问题”中，明确交通运输发展的首要中心问题（3501号）是：“在综合发展运输方面，必须着重研究货物和旅客运量以及流动方向的发展规律、制定全国运输网图的科学基础、有关联运的问题、各个运输业进行技术改造的途径等。”

1956年6月，根据“十二年科技规划”有关规定，国务院科学规划委员会[②]会同国务院原第六办公室、铁道部、交通部、中国科学院等有关部门负责同志，讨论通过了在中国科学院内成立综合运输研究所的建议。

1957年2月，国务院科学规划委员会批准了上述建议，并于1958年4月正式发文批示筹建中国科学院综合运输研究所（现国家发展和改革委员会综合运输研究所前身，其间随隶属机构变化先后更名为国家经济委员会综合运输研究所、国家计划委员会综合运输研究所，以下统一简称“综合运输研究所”)。

1959年3月，综合运输研究所正式成立，时任国务院第六办公室副主

① 1957年6月26日，周恩来在第一届全国人民代表大会第四次会议所作的《政府工作报告》中说：“一九五六年——一九六七年科学发展愿景规划已经制定，并且作为试行草案，付诸实施”。

② 1956年3月14日，国务院成立科学规划委员会；1958年11月，国务院科学规划委员会和国家技术委员会合并为国家科学技术委员会，负责领导全国科学技术工作。

任、国家经委副主任的张国坚同志兼任首任所长。需要特别说明的是，综合运输研究所从建议提出、筹建到建立，我国综合运输思想的积极倡导者和奠基人、两位时任国务院第六办公室副主任、国家经委副主任的郭洪涛和张国坚发挥了重要的积极推动作用。

1959～1965 年是综合运输研究比较活跃的时期，为便于以任务带学科建设，综合运输研究所向时任中国科学院副院长、国家科学技术委员会副主任张劲夫报告，提出研究所由负责国民经济生产任务的国家经济委员会与中国科学院共同领导，建制留在科学院。一方面，国家经济领导机关更有效地使用研究力量去解决生产中的关键问题；另一方面，可以使研究人员及时地了解经济发展动态，更有利于科学研究工作结合生产并带动学科研究，也有利于在生产中检验研究成果。

1966 年“文化大革命”开始后，综合运输研究受到极大影响，科研人员被大部分下放，研究工作中断；1970 年，由于主管综合运输研究所业务的国家经济委员会撤销并入国家计委，综合运输研究所被交通部［铁道、交通、邮电（邮政部分）三部合并后的交通部］接管，科研人员数量由 1960 年的 168 人缩减到 1973 年的 80 人。根据有关亲历者的回忆，由于直接业务主管领导机构撤销，加上“文化大革命”的影响，1970 年以后综合运输研究所已无法再按照以任务带研究的方式进行研究；虽然综合运输研究所希望能够继续开展综合运输研究工作，但机构在 1974 年还是被撤销了。至此，综合运输经历了长达 7 年（实际研究 3～4 年）的理论与应用研究，创建了中国综合运输研究方式与研究框架，形成了一批综合运输研究成果并得到应用，也锻炼与培养了一批综合运输研究人员。

1978 年 3 月，国家经济委员会恢复成立；同年，由原综合运输所科研人员建议，经郭洪涛、袁宝华等老一辈革命家的努力，经国务院批准恢复综合运输研究所，建制和业务统一归口国家经济委员会领导。

四、我国综合运输理论创立初期的核心思想

1958 年，按照“十二年科技规划”有关要求，参考苏联方面有关建议，综合运输研究所在筹建初期将主要研究任务拟定为：研究各种形式的运输（铁道、海运、河运、公路、民用航空、管道运输等）的综合性问题和技术经济问题，以及有关统一运输体系的问题。其主要范围有下列六个方面：（1）研究制定综合运输网规划图和客货流向分布图；（2）合理化运输；（3）提高运输速度；（4）运输枢纽；（5）联运业务；（6）运输业技术改造。这些研究任务的确定，一方面主要考虑解决我国交通运输网整体布局规划问题，另一方面前瞻性地将我国尚未形成体系的管道运输和民用航空纳入综合运输网内，形成了以五种运输方式（铁路、公路、水运、民航和管道）为主体的强调按比例综合发展的统一运输体系。同时，在研究范围上将合理化运输、联运业务和运输枢纽等推进运输各方式协调发展和衔接作为研究的主要内容，为未来我国综合运输研究和实践指明了方向。

1959 年，综合运输研究所在组建期间对主要研究任务进行了修订，并最终确定了 8 项任务：（1）结合生产力的发展和配置、生产和消费的关系，研究全国货物流量流向的规律性；（2）根据国民经济计划（按比例）发展法则研究交通运输业与国民经济各部门间、各种交通运输方式间、各种运输业内部各部分间的发展比例；（3）根据我国国民经济的发展，文化、国防的要求，以及我国的自然地理条件，研究出综合运输网合理的发展方案；（4）研究各种交通运输业的内在联系，找出协作配合、联合作业的合理途径；（5）根据“全党全民办交通”的方针，研究人民公社如何合理地、经济地办交通，研究人民公社交通运输的建设规划和组织管理方法；（6）研究各种交通运输工具、设备在大枢纽的合理配置及连续作业问

题，消除不合理现象；（7）依照技术经济效果，研究各种交通运输工具设备的新技术发展和技术改造问题；（8）研究各种交通运输企业的经验管理办法，怎样保证相互间协同配合的组织原则和措施。

新修订的研究任务在内容上有了更大的拓展和丰富，在进一步强调推动各种运输方式之间技术经济协调发展的同时，开始从国民经济发展的宏观角度去研究生产布局与各种运输方式的配置、各种运输方式间发展比例等问题。与筹建初期的研究范围相比，更加注重从国民经济发展角度研究交通运输发展和协调问题。

综合运输研究所成立后，郭洪涛、张国坚立足于当时我国发展阶段客观实际，以及交通运输落后条件和铁道、交通等部门分置管理的状况，从国民经济全局高瞻远瞩地关注交通运输发展，强调综合运输的发展要着眼于交通运输与国民经济关系、各种运输方式的综合发展、交通运输资源的综合利用和优化配置。在之后的研究中，时任综合运输研究所的张国坚所长和高原副所长将综合运输的研究方向、任务及工作主导思想概括为：一个根据，两个综合，三个比例关系。

1. 一个根据

即根据社会主义有计划按比例发展的经济规律，研究探索交通运输业发展和利用问题。这是开展综合运输研究工作的纲领、立足点和出发点，也是当时列入“十二年科技规划”重要科学任务及建立综合运输研究所的根据。

2. 两个综合

即综合发展、综合利用。综合发展侧重于规划方面，研究各种运输方式的发展规划及其协调配套建设，组成综合运输网。综合利用侧重于现代各种运输方式在运营和运行中的合理利用、互相贯通和衔接。例如组织合理运输、分流和组织两程以上的联运等，着眼于从统筹运营、不断挖掘运输潜力以及提高运输的综合能力。

3. 三个比例关系

一是交通运输业与国民经济的比例关系，主要是研究交通运输业在国民经济发展中地位、作用和相互关系，探索两者间建立良性循环的轨迹——交通运输业的投资在各个五年计划中占总投资的合理比重。二是各种运输方式间的比例关系，重点研究铁路、公路、水路、航空、管道等运输方式的技术经济特征，探索各自适应的吸引范围和各扬所长、协调发展，以及分流和投资比例等。三是各种运输方式内部的比例关系，促进同一运输方式的不同技术与装备的合理发展和结构优化配置。

1978 年，恢复后的综合运输研究所确定了新时期主要研究任务：（1）研究国民经济远期规划中铁路、水运、航空、管道等各种运输方式的合理配置；（2）研究编制综合运输网发展规划；（3）研究煤炭、矿石、木材、钢铁等大宗物资运输的合理流向和水陆运输的合理分工，以及各种运输方式的联合运输；（4）研究集装箱运输发展；（5）研究电子计算机在各种运输方式中的应用，综合有关科研部门研究交通运输方面的技术政策和新技术的采用等。

从设定的研究任务看，恢复后的综合运输研究所继承和发展了建所初期提出的“两个综合，三个比例关系”的综合运输核心思想，但在表述上弱化了“一个根据”，不再强调根据国民经济计划（按比例）发展法则研究交通运输业与国民经济各部门间、各种交通运输方式间、各种运输业内部各部分间的发展比例。在研究方向上，除延续建立时的对大宗物资合理化运输问题的研究，开始研究国家综合运输网的整体发展规划；在研究重点上，开始注重中长期的综合运输网络发展规划研究和对技术政策和新技术应用趋势发展进行研究。在恢复后并走向正常研究后，综合运输所研究内容又进行了新的调整，增加了旅客运输研究与城市交通研究和运输技术政策研究等内容。

五、简要结论

新中国成立以来，党和国家十分重视各种运输方式的综合发展、综合利用和综合运输科学研究工作。20 世纪 50 年代末苏联综合运输思想的引入和中国科学院综合运输研究所的成立，开启了中国综合运输问题理论的系统性研究。综合运输研究所作为那个时期唯一的综合运输研究机构，它的发展历程也折射和囊括了中国综合运输理论研究与实践的历程。

“一个根据，两个综合，三个比例关系”是计划经济时期我国综合运输理论的核心思想，是苏联综合运输发展理论的中国化，是我国科研工作者在党的领导下对解放战争时期的水陆联运和新中国成立初期大力组织联合运输、合理运输实践的理论总结。

在综合运输发展理论和相关科学研究工作的推动下，20 世纪 50 年代末至 60 年代中期我国联合运输、合理运输工作取得了显著成效，并积累了宝贵经验。这些经验是综合运输思想“综合利用、综合发展”在实践中的具体体现，也是对综合运输理论的发展和深化。20 世纪 60 年代中期至 70 年代中期，受“文化大革命”的影响，综合运输研究工作基本停滞。

总体上看，新中国成立 30 年来，我国在吸收、总结和创新中创立了符合中国国情的综合运输发展理论，并力图在实践中使用和发展。这一时期，我国综合运输理论研究工作的重点主要聚焦通过优化运输路径和改善运输组织技术来实现运能节约和运输效率提高。研究工作的特点主要表现在：（1）强调各种运输方式的技术经济特征，以运距为标准分类定位不同运输方式的基本功能。(2) 强调运输活动的经济性，加快推进铁路建设，优先发展大运量、低消耗运输方式。(3) 强调综合利用，大力发展铁路联运，促进运输方式的衔接。(4) 强化运输活动的计划性和严格的计划管理体制，限制不合理运输行为等。

第三章

改革开放后，交通运输从独立发展到综合发展的变迁（1978～2012年）

1978年12月召开的党的十一届三中全会，作出了把全党工作着重点转移到社会主义现代化建设上来、实行改革开放的历史性抉择，实现了新中国成立以来党的历史上具有深远意义的伟大转折，开启了改革开放和社会主义现代化建设新时期。改革开放至党的十八大召开30多年来，在中国共产党的领导下，我国交通运输领域发生了翻天覆地的变化，各种运输方式在独立加快发展中逐步走向综合协调。

第一节　交通先行——交通运输在独立发展中实现恢复和追赶

1978～1992年是我国改革开放的探索时期。交通运输业是国民经济发展的先行官，也是我国最早对外开放的领域之一。改革开放初期交通运输探索先行，逐步从封闭走向开放、从落后走向恢复和快速追赶，有力支撑了全面对外开放发展。

一、改革开放大潮推动交通运输各领域发展意识的觉醒

1. 开放交通运输领域先行先试

1978年，中国率先开放了临江、南坪、三合、开山屯等16个公路口岸；同年10月，交通部向中央报送了《关于充分利用香港招商局问题的请示》，提出招商局“冲破束缚，放手大干”。1979年，交通部驻港企业招商局在广东宝安建立蛇口工业区，在全国改革开放的棋盘上先行一步；同年，上海港开创了我国港口与国外港口建立友好港口的先例；1980年，

中美两国民航当局在经过艰苦谈判后正式签署航空运输协定；1981 年中国民航开航美国旧金山、纽约和洛杉矶。1981 年 5 月，蛇口港建设第一期工程竣工并投入使用；1983 年 9 月，经国务院批准，蛇口港成为国家正式对外开放口岸。1984 年，我国首批设立的 14 个沿海开放城市的港口成为对外开放的“窗口”。

2. 改革从解决交通运输全面紧张开始

改革开放之初，国民经济比例严重失调，其中能源、交通问题尤为突出。1979 年 4 月，中共中央会议提出了“调整、改革、整顿、提高”调整国民经济的新“八字方针”，并决定“从 1979 年起集中三年时间搞好整个国民经济的调整工作”。1982 年，党的十二大报告指出能源和交通紧张是制约我国经济发展的一个重要因素，提出为实现到 20 世纪末力争使全国工农业年总产值翻两番的经济建设总目标，最重要的是要解决好包括能源、交通问题在内的三大问题，首次明确把交通作为经济发展的战略重点写入党的全会文件，强调要“大力加强交通运输和邮电通讯的建设”①。

3. 鼓励发展联合运输缓解运输紧张局面

1979 年 4 月 26 日，人民日报刊发评论员文章《联合运输势在必行》，提出客运积极实施联程运输采取全程一次购票方式方便旅客运输，货运要开展铁水、公铁、铁公水、江河直达联运、江海直达联运等联运方式提高运输效率，并根据实施难点问题提出利用“经济合同”划分“经济责任”，用当时经济改革的主流模式“经济责任制”确定联运企业间、企业与员工间的责任。1980 年 5 月 30 日，《人民日报》社论《把交通运输放在先行地位》再次提出要解决运输紧张问题。文章提出“现代交通运输应该处于国

① 胡耀邦：《全面开创社会主义现代化建设的新局面——在中国共产党第十二次全国代表大会上的报告》，人民网，2012 年 8 月 29 日。

民经济的先行地位”的观点，表明了要优先解决交通“同国民经济的发展很不适应，成为一个突出的薄弱环节”问题，以及利用联合运输“合理利用各种运输工具……宜水则水，宜陆则陆……调整好交通运输内部的比例关系”解决策略。

4. 投融资体制改革交通领域重点突破

1981 年广东省为了解决大规模公路、桥梁经费短缺问题，提出借鉴国际上运用市场机制发展公路交通的成功经验，进行“贷款修桥修路，收费还贷”，先抓试点，后全省铺开。1984 年建成东莞中堂大桥收费站，成为全国第一个收费站，从体制上为我国路桥建设找到了新模式。国家充分肯定了这一改革尝试，并在 1984 年 12 月国务院常务会议上将“贷款修路、收费还贷”确定为促进公路事业发展的四项优惠政策之一，公路收费政策成为撬动整个交通投融资体制改革的试金石。

5. 民航政企分开拉开管理体制改革序幕

1980 年 2 月 14 日，邓小平提出“民航一定要企业化”①；同年 3 月，尘封已久的民航体制改革拉开序幕，把中国民航总局从隶属于空军改为国务院直属机构，主管民航事务，民航总局以中国民航名义直接从事航空业务，在各省（区、市）逐步建立了独立的经济核算制度，实行企业化管理。同年 8 月 4 日《人民日报》发表《民航要走企业化的道路》的社论，指出“民航要打开新的局面，必须走企业化的道路”。这期间中国民航局是政企合一，既是主管民航事务的政府部门，又是以“中国民航（CAAC）”名义直接经营航空运输、通用航空业务的全国性企业。

6. 扩权让利，搞活国有运输企业

1978 ~ 1984 年，在借鉴农村改革中扩大生产和经营自主权经验的基础

---

① 中共民航局党组理论学习中心组：《高举改革开放伟大旗帜　昂首阔步迈上新时代民航强国之路》，载《中国民航报》2018 年 12 月 14 日第 1 版。

上，中国开启了以扩大企业自主权的国有企业改革，重点是调整国家与企业的责权关系。1979 年，国务院颁布了《关于扩大国营工业企业经营管理自主权的若干规定》等管理体制改革文件，作出了扩大企业自主权的决定。从 1981 年开始，铁道部陆续对上海铁路局等 11 个部属企业进行扩大企业自主权试点，逐步将计划、财务、劳资、物资、人事等企业生产经营职能权力下放到下属路局，后来又进行了企业基金制、全额利润留成制、税后利润递增包干等制度性安排和调整①。

7. 动员全社会积极参与运输市场开放

1982～1984 年，交通部在全国交通工作会议上，分别提出了“要努力把交通搞通、搞活、搞上去”（1982 年）、“有河大家走船、有路大家走车”（1983 年）和“多家经营，鼓励竞争，各部门、各行业、各地区一起干，国营、集体、个人和各种运输工具一起上”（1984 年）。通过开放运输市场和提出一系列激励政策，打破了营业性运输长期由交通部门独家经营的局面，解放了交通运输生产力，交通运输管理体制的改革开始展开，初步实现了国家、集体、个人共同参与运输的多头“办交通”的局面。1979 年全国公路货运周转量为 745 亿吨千米，到 1984 年达到 1536 亿吨千米，年均增速达 15%。1979 年客运周转量为 603 亿人千米，截至 1984 年达到 1336.9 亿人千米，年均增速达 17%②。

8. 放开外贸运输管制，加快外贸航运运输发展

20 世纪 80 年代初期，交通部提出开辟国内国外两个市场，远洋运输要大力发展对外业务，为国家争取更多外汇收入。此时，外贸运输主要还是依靠中国远洋运输总公司等国有企业完成，但随着对外贸易发展加快，

---

① 周荷芳：《铁路体制改革若干问题的研究》，西南交通大学学位论文，2002 年。

② 资料来源：根据《2019 年中国交通年鉴》数据整理。

进出口货物运输呈现急速增长趋势。1983年全国交通工作会议上，从放宽搞活角度，提出了“支持各省市建立外贸运输船队”，但地方船队主要承运本地区的外贸物资，并且要求“与中远公司要配合好，一致对外”。1983年，交通部批准重庆、武汉等长江中上游港口开展外贸业务，以及南京、张家港等长江下游港口对外开放，1984年又进一步放开天津、上海等14个沿海港口城市，同时开始引入国外政府贷款和世界银行等外资进行港口建设。

二、确立交通运输在国民经济体系中的基础性战略定位

1981年，第五届全国人民代表大会第四次会议的政府工作报告指出，“能源、交通是当前经济发展的薄弱环节。我国国民经济今后能不能保持较快的增长速度，能不能出现一个新的发展局面，在很大程度上取决于能源、交通问题能否得到恰当的解决”“能源和交通的建设要结合起来进行，交通还应该先走一步”“若干年内中央的建设投资，应该首先考虑交通包括港口建设的需要”①。1982年，党的十二大报告明确提出，“在今后二十年内，一定要牢牢抓住农业、能源和交通、教育和科学这几个根本环节，把它们作为经济发展的战略重点”②。交通运输发展首次上升为国家经济建设战略。1983年，国务院着手组织“七五”计划的起草工作；1986年，国民经济和社会发展第七个五年计划纲要明确提出将交通运输放在优先发展的地位，强调“集中必要的财力物力和技术力量，高质量、高效率地建设一批能源、交通、通信和原材料工业的重点工程”“继续抓好铁路建设，

① 第五届全国人大历次会议中《当前的经济形势和今后经济建设的方针》的政府工作报告。
② 1982年9月，党的十二大中《全面开创社会主义现代化建设的新局面》的政治报告。

大力加强公路、水运和空运的建设，改善运输结构，促进运输的现代化和各种运输方式的合理配置，提高运输的效率和质量”①。

三、加快经济体制改革为交通运输发展注入生机与活力

1984 年 10 月，党的十二届三中全会通过的《中共中央关于经济体制改革的决定》明确提出：进一步贯彻执行对内搞活经济、对外实行开放的方针，加快以城市为重点的整个经济体制改革的步伐；增强企业活力，确立国家和全民所有制企业之间、职工和企业之间的正确关系；建立自觉运用价值规律的计划体制，发展社会主义商品经济；实行政企职责分开，正确发挥政府机构管理经济的职能；建立多种形式的经济责任制，认真贯彻按劳分配原则；积极发展多种经济形式。

1. 积极推行以政企分开为主的行政管理体制改革

1984 年，交通部提出以“转、分、放”和实现“两个转变”为主要内容的改革思路。“转”就是交通部门要从生产业务型转到行政管理型，发挥政府职能部门的作用；“分”就是要实行政企分开，简政放权；“放”就是把应该下放的企业放到中心城市，同时放权给企业；“两个转变”就是各级交通管理部门从主抓直属企业转变到面向整个交通运输业，从主抓直属企业转变到转好行政管理。1984 年 6 月，天津港开始实施中央和地方政府“双重领导，以地方为主”的体制改革试点。此后，交通部直属的 14 个沿海港口、26 个长江干线重点港口分批下放给地方政府，实行“属地管理，交通部行业管理”的管理体制。1986 年，国务院通过

① 《中共中央关于制定国民经济和社会发展第七个五年计划的建议》（一九八五年九月二十三日中国共产党全国代表会议通过），新华网，2007 年 6 月 14 日。

《民航管理体制改革的总体方案》，确定了民航改革实行政企分开，即地区民航局、航空公司分开，各地民航机场均为企业，实行服务收费制度，独立经营。1987 年，民航开启了以成都管理局为试点、以“政企分开”“机场与航空公司分设”为主题的行政管理体制改革，全国相继成立了民航西南管理局等 6 个地区管理局、中国西南航空公司等 6 家骨干航空公司和成都双流机场等 6 大机场，同时，民航各类企业、事业单位从民航局独立出来。民航地区管理局为政府职能部门，负责空中交通管制，管理通信导航、气象等部门及其设施、设备，对所属地区的民航事业实施行政管理和行业管理。骨干航空公司属国家大型骨干企业，为相对独立的经济实体，实行自主经营、独立核算，自负盈亏和总经理负责制。六大机场为国家直属的全民所有制企业，实行独立核算、财务包干的经理负责制，向所有航空企业开放，为其飞行活动提供保障和服务。

2. 国有企业改革开始从经营权向所有权层面过渡

1984 年底，国务院宣布经济体制改革实行“稳住一块，放活一块”的思路（所谓的“双轨制”）。在此政策推动下，1985 年后各种形式的承包制在国营工业企业中全面推开，国有企业改革开始从经营权向所有权层面过渡。1986 年，铁路部门明确了铁道部和铁路局的责任，开始实施“包投入、包产出、包以路建路”的“大包干”经济承包责任制，迈出了由国有国营向国有路营转变的第一步，这是对新中国成立以来国家高度集中的计划经济体制的一个重大历史性的突破。1987 年，公路水路行业启动推动国有运输企业经营机制改革，全面推行企业承包经营责任制。

四、交通运输加快发展必须依靠科学技术进步

1978 年邓小平指出："四个现代化，关键是科学技术现代化""没有科学技术的高速度发展，也就不可能有国民经济的高速度发展"①；1982 年，党中央提出了"科学技术必须面向经济建设，经济建设必须依靠科学技术"的科技发展方针（简称"面向、依靠"方针）②。交通运输是经济建设的基础，加快交通运输发展，需要充分依靠科学技术进步，发挥各种运输方式的比较优势，加快交通基础设施建设和交通运输技术改造，大幅度提高运输能力和经济社会效益。

1. 研究制定交通运输发展技术政策

1983～1985 年，根据国务院的统一部署，原国家科委、国家计委、国家经委联合组织了全国性的交通运输技术政策的论证工作，研究过程中有近百个单位、上千名专家和科技人员参加，撰写了大批具有较高水平的学术论文和研究报告。在此基础上，原国家科委科技规划办公室组织综合运输研究所等有关单位科研人员，经过多次反复讨论和修改，形成《中国技术政策—交通运输》，研究成果获得 1987 年国家科学技术进步一等奖。蓝皮书中有关交通运输技术政策要点最终形成国务院技术政策文件《交通运输领域的技术要点（草案）》③。该草案是我国第一次大规模地论证和制定的交通运输技术政策，也是指导我国交通运输发展的纲领性文件。

---

① 邓小平：《在全国科学大会开幕式上的讲话》（1978 年 3 月 18 日），《邓小平文选》第二卷，人民出版社 1994 年版。

② 操秀英：《从弱到强，科技计划体系应时而变——我国科技体制改革亮点回顾》，载《科技日报》2018 年 12 月 10 日第 1 版。

③ 参考《国务院办公厅关于印发十二个领域技术政策要点（草案）的通知》附件技术文件之二。

2. 电子信息技术开始在交通运输领域应用

1984 年，交通部成立了电子计算机应用领导小组，1986 年编制了交通部门第一个信息系统发展方案。1989 年 10 月，交通部成立了中国交通信息中心，部直属企事业单位和各省厅也相继成立了信息中心或类似职能部门，负责本地区部门的信息系统建设工作，开始全面推动交通运输行业信息化建设。铁路方面，铁路部门先后引进美国 DEC 公司的 PDP－Ⅱ型计算机、意大利 Olivetti 公司的计算机，并在参考借鉴加拿大国家铁路运营管理系统的基础上，开始着手“京沪圈铁路运营管理系统”的规划建设，正式迈出了铁路信息化建设步伐。航空方面，1985 年 8 月中国民航计算机服务公司成立，1987 年更名为中国民用航空计算机中心。此阶段我国交通运输信息化的主要特点是“重硬轻软”。伴随着我国改革开放的步伐加快，以及国内计算机技术和大规模集成电路技术的快速发展，微型计算机的普及应用，交通运输行业信息化迈上了快速发展征程。

五、各运输方式发展全面提速

改革开放的前十四年，在“解放思想、先行先试”方针和“放宽搞活、放权让利”政策指引下，我国交通运输取得了长足发展。1978 年，我国运输线路总里程只有 123.51 万公里，其中铁路 5.17 万千米，公路 89.02 万千米，内河航道 13.60 万千米，民用航空线路 14.89 万千米，管道 0.83 万千米。到 1992 年底，全国运输线路总里程达到 207.7 万千米，其中铁路 5.81 万千米，公路 105.67 万千米，内河航道 10.97 万千米，民用航空线路 83.66 万千米，管道 1.59 万千米①。1979～1991 年，全国等级公路由

① 资料来源：根据《1992 年中国交通统计年鉴》整理。

50.6 万公里增长到 76.5 万公里，增幅超过 50%；1990 年底沿海规模以上港口拥有万吨级以上泊位 284 个，是 1980 年的 2 倍多①。

（一）政策引领的公路建设

“要想富先修路”，四川眉山市一位县长朴素的语言和实干的做法，反映了 20 世纪 80 年代通过修路实现地区经济发展的建设历程。改革开放初期，在发展市场经济的带动下，城乡客货交流频繁，城市主要干线公路交通拥堵严重，郊区、农村普通公路缺乏，人们对公路交通运输的期望值猛增。交通部门在提出“有路大家走车”开放运输市场的同时，加快了公路建设步伐。

针对公路建设资金短缺的问题，国务院出台了提高养路费征收标准、开征车辆购置附加费以及“贷款修路、收费还贷”等对公路发展具有历史意义的三项重大决定；同时动用库存的粮棉布和中低档工业品，取代以往的以工代赈方式，帮助农村特别是贫困地区修建公路，有效地缓解了我国公路建设资本金严重不足的问题。特别是“贷款修路、收费还贷”政策，极大地提高了行业和地方政府建设公路的积极性，很快形成了“国家投资、地方筹资、社会融资、利用外资”的多元化筹资渠道。同时前瞻性和系统性地进行交通基础设施战略、规划研究，划定国家干线公路网，确定高速公路建设发展方向，为我国公路实现跨越式发展奠定了科学基础，开启了我国大规模建设公路的篇章。截至 1991 年，公路建设总投资达到 121.41 亿元，是 1978 年的 21 倍；公路总规模达到 104.11 万公里，比 1978 年增加了 15 万公里②。

---

① 《中国交通运输改革开放 40 年（综合卷）》，人民交通出版社 2018 年版，第 4 页。

② 资料来源：根据国家发展改革委综合运输研究所《中国交通运输发展改革之路》数据整理。

（二）简政放权的港口建设

改革开放初期，国家高度重视对外贸易的发展，确立了以发展加工贸易为重点、扩大劳动密集型产品出口的沿海发展战略，并且采取了建立经济特区、开放沿海城市、设立开发区等特殊经济区域政策；改革外贸管理体制，在进出口管理与经营、外汇等方面试点实行更灵活、更优惠的特殊政策，对外贸易迅速发展。进出口总额由1978年的206.4亿美元增长到1991年的1356.3亿美元①。对外贸易的快速发展，带来了对港口特别是沿海港口的急剧需求。

面对港口特别是沿海港口需求的快速增长，交通部门首先进行港口管理体制改革。一是通过下放管理权、政企分开等管理体制改革措施，扩大企业自主权。二是通过征收港口建设费，实行“以港养港，以收抵支”，调动企业和地方政府建设港口的积极性。三是实行“谁建、谁用、谁受益”政策，鼓励各工矿企业、物资部门和航运企业投资建设码头，为港口建设开辟新的集资渠道，开启了港口建设新模式，能源、矿石、粮食等专业化泊位建设很快进入到快速发展阶段。四是引进外资建设港口。1985年国务院制定和发布了《关于中外合资建设港口码头优惠待遇的暂行规定》，开启了我国利用外资建设港口的序幕，集装箱等专业化泊位建设速度提高，沿海港口能力不足的局面得到很大改善。截至1991年，全国水运建设投资达到40.45亿元，是1978年的8倍。沿海规模以上港口泊位数达到968个，比1978年增加了657个，其中万吨级以上泊位数296个，比1978年增加了163个②。

---

① 资料来源：根据《1992年中国统计年鉴》数据整理。

② 资料来源：根据国家发展改革委综合运输研究所《中国交通运输发展改革之路》数据整理。

（三）能力挖潜的铁路建设

改革开放初期，我国经济迎来了高速发展时期，GDP 增长幅度居世界首位。这一时期，我国经济发展的重点是加工工业，东部地区成为承载经济快速发展的区域，也成为人员交流的主要目的地。而我国幅员辽阔、资源分布很不平衡，东部快速发展地区需要大量的能源和原材料等生产资料，经济欠发达的西部蕴藏大量资源。各种大宗原材料长途运输的压力很大，运输能力同运输需求增长很不适应，铁路运输成为制约国民经济发展的一个重要原因。

面对铁路运输紧张和资金短缺的状况，铁路部门根据行业特征积极进行体制改革，实施“大包干”，同时进行投融资体制改革，允许多渠道集资修建铁路，并有合资铁路建设成效。但鉴于铁路建设投资、网络运营等特殊性，成效并不显著。这时铁路提出把基本建设的重点放在加强既有铁路的技术改造上，并适当安排一些必要的新线建设，提出“北战大秦，南攻衡广，中取华东”的战略，取得了一定的效果。但也有学者认为铁路大包干由于没有实际理顺政企关系，没有厘清铁路社会效益与企业经济利益关系，是以行政机制代替市场机制处理国家与企业在投资与运营关系，因而铁路大包干改革实际是不成功的。从实践来看，铁路建设发展速度明显低于其他交通方式。截至 1991 年底，铁路营业里程达到 5. 78 万千米，仅比 1978 年增加 0. 61 万千米①。

（四）开放搞活的机场建设

改革开放实施对外开放、对内搞活，国内、国际交往日益增多。机场

① 资料来源：根据国家发展改革委综合运输研究所《中国交通运输发展改革之路》数据整理。

既是改革开放的“窗口”和“名片”，又是经济发展的“发动机”和“助推器”，是经济发展招商引资的窗口，全国各地对机场建设的要求接踵而来。1980年2月14日，邓小平指出“民航一定要企业化”。民航接续实施了领导体制改革、政企分开、机场与航空公司分设等管理体制改革。在加快民航机场建设上，一是出台征收机场建设费等政策，为民用机场建设筹集稳定的资金；二是放开投资市场，先后允许地方政府、国内企业和公民投资民航企业和机场，并允许利用国外银行的优惠贷款进行机场建设，开启了政府投资、银行贷款和企业自筹资金等机场建设的市场化模式。

这些政策的出台，拓宽了民航机场建设资金渠道，大量外资与国内银行贷款一起涌入，民用机场建设加快。截至1991年，航空投资达到了43亿元，是1978年的22倍；民航机场达到106个，比1978年增加28个[①]。

（五）创新发展的输油气管线建设

国民经济的发展也使石油工业进入蓬勃发展阶段。作为支柱产业和出口创汇的重要来源，稳产一亿吨原油成为石油工业发展的紧迫任务。但当时正值改革开放初期，百废待兴，国家能够给予石油工业部的投资非常有限，管线建设资金缺口大。此时石油工业部向中央提出了一亿吨原油产量包干的改革建议并得到了批准，此后天然气开发也实施了包干政策，并实施储量有偿使用政策以及设立石油勘探开发专用基金，超产原油出口创汇留用，完善油田维护费的提取和使用办法，超产原油奖励基金实行免征奖金税等一项项改革措施。这些政策的落实推进，极大地调动了石油企业的生产积极性，缓解了发展资金短缺的矛盾，迅速摆脱了勘探建设开发资金不足的困境，使石油工业走上了自我积累、自我发展、自我壮大的轨道。

---

① 资料来源：根据国家发展改革委综合运输研究所《中国交通运输发展改革之路》数据整理。

东中部的胜利油田、辽河油田、华北油田、中原油田相继进入快速开发期，先后建成了秦京线、鲁宁线、东临线、东黄线、东黄复线、任沧线、任京线、沧临线、濮临线、中开线、中沧线、马惠线 12 条油气管道，总长度 3400 余千米，形成了我国东部油气管网。西部的塔里木盆地、陕甘宁盆地、四川盆地、柴达木盆地和沿海地区石油勘探取得重大突破，进一步加快了建设油气管道的步伐。截至 1991 年底，先后建成了 50 多条管道，长度达到近 4 万千米①，形成了连接我国西部和东部地区的油气管网大动脉。

在此期间，顺应国家体制改革大势，国务院撤销石油工业部，以其所辖主要资源和资产为依托，成立中国石油天然气总公司。中国石油天然气总公司作为我国大型国有企业，主要从事石油、天然气上游领域的生产业务，兼有部分政府管理调控职能，并承担起油气管网的建设任务。

六、简要结论

改革开放的伟大历史性转折，把工作重心转移到经济建设上来，拉开了交通运输加快发展的序幕。

改革开放之初，我国交通基础设施建设滞后，运输装备水平低、运输保障能力弱，严重制约了国民经济社会发展。为扭转这种局面，党的十二大确定把交通运输作为发展国民经济的三大战略之一。交通运输行业解放思想、先行先试，在基础设施、体制机制、运输服务和对外开放等领域进行了开创性探索，推出了一系列宏观放开、微观搞活的促进政策，交通运输发展取得了长足发展。

加快经济体制改革是改革开放初期改革的重点，增强企业活力是经济

① 资料来源：根据国家发展改革委综合运输研究所《中国交通运输发展改革之路》数据整理。

体制改革的中心环节。在此期间，交通运输行业开展了以“放权让利、放宽搞活”为主要内容的改革，极大地解放了交通运输部门的生产力。“放权让利、放宽搞活”重点集中在“所有权与经营权的适度分离”，具体体现在两个方面：一是转变政府职能，改革交通管理体制，全面推行承包经营责任制；二是引入市场机制，放宽搞活运输市场，初步形成了运输市场的竞争机制。

实行经济责任制是改革开放初期交通运输改革的主要实践，由经济责任制考核而形成的管理部门和企业的承包合同，到企业间经营而签署的企业经济合同和企业与员工间签署的劳动合同，经济合同初步涵盖了交通运输管理与经营各个层面，以经济合同形式固化经济责任制中“责、权、利”代替指令性或者计划性经营管理不仅成为交通试水改革的第一块石头，而且建立各级经济合同的机制培育了市场经济所需要的“契约”精神和市场理念，为市场经济制度下中国运输市场化改革奠定了基础。交通运输行业经过改革，扩大了运输企业的经营自主权，在传统的计划体制上打开了一个缺口，初步改变了过去只按国家指令性计划生产的局面。但是在旧的计划经济体制下，企业对政府的行政依附关系依然存在，在投资、资产处理、收益分配、人事任免等方面还是受制于政府的行政支配，政企尚未分开，企业市场主体地位尚未确立。

第二节　转型突破——综合运输体系建设成为交通运输发展的主轴

1992 年，邓小平南方谈话掀起了新一轮思想解放运动，党的十四大做出了建立社会主义市场经济体制改革的决定，为综合运输体系建设营造了良好的发展环境。党的十四大召开后的十年，在党的坚定领导下，交通运输行业进一步深化改革、加大对外开放力度，积极探索市场经济条件下的管理体制机制和现代化企业制度，积极培育和规范交通运输建设市场，初步建立系统完备的综合运输体系，有力地推动了交通运输转型发展。

一、综合运输体系建设纳入国民经济和社会发展计划纲要

在党的十三大召开以前，我国综合运输体系建设思路还不太成熟，国民经济和社会发展第六个五年计划尚未统筹考虑综合运输网络建设。1987 年，党的十三大提出要加快发展以综合运输体系为主轴的交通业后，交通运输领域积极探索综合运输体系理论与实践，并在 1991 年公布实施的国民经济和社会发展第八个五年计划纲要中明确提出“交通运输的建设要着眼于 2000 年或者更远一点时间国民经济发展对运力的需要，搞好综合运输体系的建设”，并确立了“统筹规划、条块结合、分层负责、联合建设”的发展方针。1996 年，国民经济和社会发展“九五”计划进一步提出要继续加强交通等基础设施和基础工业建设，“以增加铁路运输能力为重点，充分发挥公路、水运、空运、管道等多种运输方式的优势，加快综合运输体系的建设，形成若干条通过能力强的东西向、南北向大通道”“到 2010 年，形成大客运量的现代化运输通道，基本形成综合运输体系”①。

① 《中华人民共和国国民经济和社会发展“九五”计划和 2010 年远景目标纲要》（1996 年 3 月 17 日第八届全国人民代表大会第四次会议批准）。

二、以南方谈话为标志进一步激活交通运输体制机制改革

1992 年邓小平在南方谈话中指出："计划多一点还是市场多一点，不是社会主义与资本主义的本质区别。计划经济不等于社会主义，资本主义也有计划；市场经济不等于资本主义，社会主义也有市场。计划和市场都是手段"①。随后，党的十四大明确指出，我国经济体制改革的目标是建立社会主义市场经济体制，使市场在国家宏观调控下对资源配置起基础性作用。1993 年 11 月，党的十四届三中全会审议通过了《中共中央关于建立社会主义市场经济体制若干问题的决定》。这是党的十四大提出的改革目标和基本原则的具体化和系统化，它勾画出了社会主义市场经济体制的基本框架，制定了继续深化改革的总体蓝图，是我国社会主义市场经济体制的第一个总体设计，也是经济体制改革进程中一座重要的里程碑。在建立社会主义市场经济体制理论的指引下，交通运输改革原动力进一步激活，各行业继续推进政企分开，进一步理顺中央和地方政府的关系，转换交通运输企业经营机制，从而将交通市场化改革推进到一个新的阶段。

1. 探索政府职能定位，推进交通领域的政企分开、政事分开

在 20 世纪 80 年代简政放权的基础上，交通运输行业继续深入推进政企分开、政事分开，探索市场经济条件下交通行政管理部门的职能定位。铁路方面，1992 年 12 月，铁道部制订发布了《铁路企业转换经营机制实施办法》，进一步扩大了企业自主权；从 1996 年 8 月起，铁道部按照"整体规划，分步实施，调整管理跨度，减少管理层次，实现政企分开"改革

① 引自《在武昌、深圳、珠海、上海等地的谈话要点》，《邓小平文选》第三卷，人民出版社 2001 年版。

运输管理体制的设想，对部分铁路局实行新的铁路运输管理体制改革；1996 年 8 月成立南昌铁路局，1996 年 10 月撤销呼和浩特铁路局的包头、集宁两个分局，1997 年 4 月组建昆明铁路局，1997 年 11 月撤销柳州铁路局所属的南宁、柳州两个分局，均实行直接管理站段的新体制；1998 年，铁道部首先在昆明、呼和浩特、南昌、柳州 4 个铁路局、广州铁路（集团）公司及部属的非运输企业中开展了资产经营责任制试点；从 1999 年起，在 14 个铁路局（集团公司）全面实行资产经营责任制，进一步扩大了铁路局经营自主权，减少了铁道部对企业日常生产经营的干预；2000 年 4 月，经国务院批准，铁道部与中国铁路工程总公司、中国铁路建筑总公司、中国铁路机车车辆总公司、中国铁路通信信号总公司和中国土木工程集团公司实施政企分开。公路方面，1995 年交通部发布《交通部关于全面加强公路养护管理工作的若干意见》，提出要改革完善公路养护管理运行机制，确立了“管养分离、事企分开”的改革目标；水运方面，1999 年中远、中海、长航、中外运等中央直属大型国有航运集团公司与原来的企业主管部门交通部、外经贸部等脱钩，归属中央企业工委监管，中央派出监事会对企业进行监督；2003 年 3 月后，上述中央直属水运企业改由新成立的国有资产监督管理委员会监管；2000 年 8 月，交通部决定将部分职责转移（委托）给行业组织承担，其中：水运、港口、水运服务企业市场准入的资质初审工作，分别委托中国船东协会、中国港口协会和中国船代行业协会承担；港口行业有关技术、经济、管理等标准和规范工作，委托中国港口协会承担；组织水运货运调查和预测工作，转移给中国船东协会、中国港口协会和上海航交所承担；港航企业运输、装卸价格的调查、监督、协调工作，转移给中国船东协会与中国港口协会承担。

2. 进一步扩大地方管理权限，理顺中央和地方政府的关系

在 20 世纪 80 年代扩大地方政府管理权限的基础上，继续采取中央政府管理权下放、明确地方政府职责等改革措施，进一步理顺中央和地方政府的关系。铁路方面，1992 年 8 月国务院批转了原国家计委、铁道部发布《关于发展中央和地方合资建设铁路的意见》，强调“合资铁路是对传统的铁路建设和管理体制的一大突破，是深化铁路改革的一条新路”。国家的积极引导和大力支持，进一步调动了社会各界，尤其是地方政府投资建设铁路的积极性。公路方面，交通部将客运审批权限不断下放，2000 年以后省际客运班线的审批权逐步由交通部下放到省一级的运输管理机构。港口方面，2001 年国家经贸委、财政部、中央企业工委联合发布《关于深化中央直属和双重领导港口管理体制改革的意见》，将秦皇岛港以及中央与地方政府双重领导的港口全部下放地方管理，实施港口所在城市的属地化管理。港口下放后，实行政企分开，省级或港口所在城市人民政府港口主管部门按照“一港一政”的原则对港口实行统一的行政管理，港口企业不再承担行政管理职能，并按照建立现代企业制度的要求，成为自主经营、自负盈亏的法人实体。到 2003 年上半年，所有下放港口都已完成港口管理体制改革方案，成立港口行政管理机构，并实施政企分开。海事管理方面，1999 年国务院办公厅下发《关于转发交通部水上安全监督管理体制改革实施方案的通知》，明确界定了中央管理和地方管理水域，确定职责分工。机场方面，1994 年民航总局将上海虹桥机场正式下放上海市管理。

3. 推动交通运输企业转机建制，探索建立现代企业制度

党的十四届三中全会通过的《关于建立社会主义市场经济体制若干问题的决定》中提出，“要进一步转换国有企业经营机制，建立适应市场经济要求，产权清晰、权责明确、政企分开、管理科学的现代企业制度”。按照这一精神，交通运输行业积极推动企业转机建制，着力探索建立现代企业制度。铁路方面，1992 年国务院批准了中央和地方合资建设铁路的政策，提出投资各方按投资比例组成合资公司，共担风险、分享利益；1993 年 2 月，广州铁路集团和广州铁路（集团）公司正式挂牌成立，开始了国家铁路企业公司化、集团化经营改革的探索；1995 年 12 月，全国铁路第一家按照建立现代企业制度试点规范组建的公司——大连铁道有限公司正式挂牌成立；1995 年初，铁道部决定将广铁集团纳入现代企业制度试点单位，1995 年 12 月 14 日，原国家体改委作出了《关于设立广深铁路有限公司》批复；1996 年 5 月，广深铁路股份有限公司发行的 H 股和美国存托股份（ADS）分别在香港联合交易有限公司和美国纽约股票交易所正式挂牌交易，广深铁路股份有限公司成为了第一家在境外上市的中国铁路运输企业；1995 年，铁道部制订了《关于选择少量铁路企业进行现代企业制度试点的方案》，又确定大秦铁路、南宁铁路公司福州分局、机车车辆工业总公司、齐齐哈尔车辆厂以及第二、第十二工程局和中国土木工程公司为铁道部公司制试点单位。公路方面，1996 年交通部颁布了《公路经营权有偿转让管理办法》（以下简称《公路法》），1997 年全国人大将“国家允许依法设立收费公路”作为一项法律制度在制定的《公路法》中予以确立，并明确了民间资本与外资均可依法投资经营收费公路。水运方面，1993 年按照现代企业制度组建了中远集团、长航集团、大连、上海、广州海运集团等交通企业；1994 年，上海海运（集团）公司所属的上海海兴轮船公司进行股份制改造，在中国香港地区发售 H 股票并在全球配售，成为中国到境外上市的首家交通企业；自 1995 年起，交通系统建立现代企业制度试点工作全面开展，共有 48 家企业列入交通部、省、自治区、直辖市、计划单列市政府建立现代企业制度试点企业行列。民航方面，1993 年民航部门提出进行企业集团和企业股份制改造，扩大对外开放，吸收国内外资金；同年，国务院批准中央政府或地方政府可独资或联合投资建设机场飞行区、候机楼等机场设施，允许民间资本参与投资，但国有资本要占控股地位。1994 年，国家开始允许外商以合资、合作方式在我国投资建设民用机场；同年，中国东方航空公司和中国南方航空（集团）公司进行股份制改造和境外上市工作；随后，东方航空公司、南方航空公司、首都机场、中国航信等企业先后在香港、纽约等地上市，一批外商投资的飞机维修公司和配餐公司纷纷诞生（见表3－1）。

表3－1　20世纪90年代交通运输企业上市融资和利用外资的主要案例

融资方式	时间	内容
上市融资	1993年	深赤湾A、B股、珠海港在深圳证券交易所上市
	1996年	粤高速B股在深圳证券交易所上市；广深铁路、皖通高速在香港联合交易所上市；天津港在上海证券交易所上市；厦门机场在上海证券交易所上市
	1997年	盐田港、东莞控股在深圳证券交易所上市；宁沪高速、浙江沪杭甬高速、四川成渝高速在香港联合交易所上市
	1998年	上海机场在上海证券交易所上市
	1999年	华北高速、东北高速在深圳证券交易所上市、厦门港务在深圳证券交易所上市
利用外资	20世纪90年代	大连、秦皇岛、天津、青岛、上海、宁波等港口引进香港和记黄埔、新加坡港务集团、马士基等企业投资集装箱码头
	1992年	金温铁路与香港联盈兴业公司合作

资料来源：本书收集整理。

三、综合运输体系建设对实施“两个大局”战略的有力支撑

1988年9月12日，邓小平提出“两个大局”的战略构想。一个大局是：“沿海地区要加快对外开放，使这个拥有两亿人口的广大地带较快地先发展起来，从而带动内地更好地发展，这是一个事关大局的问题。内地要顾全这个大局。”另一个大局是：“发展到一定的时候，又要求沿

海拿出更多力量来帮助内地发展，这也是个大局。那时沿海也要服从这个大局。”①

20 世纪 80 年代末，在“第一个大局”战略的引导下，我国实施了以东部沿海地区为重点的非均衡区域经济发展战略，国家对东部实行投资倾斜、产业结构调整及系列优惠政策支持。在这一时期，我国交通运输发展的重点也集中在东部，特别是聚焦在沿海港口和沿海公路铁路等领域。如“六五”时期，铁路的发展重点是提高晋煤外运和出关铁路的运输能力、缓和东南沿海地区的运输紧张状况等，水运的重点则是加强 15 个沿海港口的煤炭、矿石、集装箱等深水泊位。

1992 年，邓小平在南方谈话中提出：“可以设想，在本世纪末达到小康水平的时候，就要突出地提出和解决这个问题（编者注：即第二个大局）。到那个时候，发达地区要继续发展，并通过多交利税和技术转让等方式大力支持不发达地区。不发达地区又大都是拥有丰富资源的地区，发展潜力是很大的。”②

1992 年 10 月，党的十四大确立了建立社会主义市场经济体制的目标，提出了加快改革开放、推动经济发展和社会全面进步的十个关系全局的主要任务，其第五项任务便是充分发挥各地优势，加快地区经济发展，促进全国经济布局合理化。这项任务明确要求，国家要在统筹规划下对西部地区给予支持③。党的十四大以后，中央在支持和推动西部发展方面投入了更多的精力，并先后开放了沿江、沿边、沿黄、沿陇海线等内陆地区，区域政策的重心由东部沿海地区的带状式发展演变为“以东部带中部及西

① 《邓小平文选》第三卷，人民出版社 1993 年版，第 277 ~ 278 页。

② 《邓小平文选》第三卷，人民出版社 1993 年版，第 374 页。

③ 《江泽民文选》第一卷，人民出版社 2006 年版，第 234 页。

部”的发展模式。

这一时期，我国的交通运输发展继续加快沿海地区主干线建设，如沿海运输繁忙地带的高速公路、汽车专用公路，与此同时，一方面加快了中西部地区的交通基础设施建设，其中最为引人注目的1996年纵贯中部地区的京九铁路开通；另一方面加大横亘东中西部的交通干线建设，“八五”“九五”期间东西煤运通道、西北和西南地区铁路干线，以及长江、珠江内河航运等得到大力发展。

进入20世纪90年代末，我国经济实力有了明显的增强，但是，东中西部地区的差距并没有缩小，反而仍然在逐步拉大，这时解决东中西部的发展差距问题已经成为中央政府制定区域政策的立足点，区域政策的重心放在了区域之间的公平问题上。1995年党的十四届五中全会提出要把解决地区发展差距，坚持区域经济协调发展作为一项战略性任务来抓。1999年党中央正式提出西部大开发战略，以此为标志中国区域政策的中心实现了第三次转移。

四、综合运输体系建设初见成效

党的十四大召开以后，在社会主义市场经济体制下，我国交通基础设施建设全面加速，运输供给能力显著改善，运输市场进一步开放，体制机制进一步理顺，综合运输体系建设取得了一定成效。

1. 交通基础设施建设全面加速

1992～2002年，交通部开始全面实施“三主一支持”交通长远发展规划，并确定了“五纵七横”国道主干线中首先建设“两纵两横和三个重要路段”的方针，开启了我国公路大规模建设的热潮。特别是1998年，为应对亚洲经济危机，我国开始实施积极的财政政策，把加快基础设施建设作为扩大内需的重点，公路被国家确定为优先发展建设投资领域，为改变我国公路交通滞后局面带来了极好的机遇。在此期间，铁道部确定了“快速、有序、优质、高效”的建设方针，以贯通我国南北的京九线，以及因经济发展迫切需要改善交通状况而修建的兰新复线等重点线路、能源干线为重点，突出干线通道建设，展开铁路建设大会战，1997 年起 5 年间实现 4 次铁路大提速，路网规模和质量显著提升；沿海港口发展迅速，并形成了集装箱、煤炭、客货滚装等三大运输系统的码头设施，基本形成了以大连、秦皇岛、天津、青岛、上海、深圳等主枢纽港为骨干、以区域性重要港口为辅助，地方中小港口为补充的层次分明的沿海港口布局；民航基础设施建设基金、铁路建设基金、内河航运建设基金先后成立，油气管网建设加速建设。截至 2002 年，全国公路总里程（不含农村公路）达到 176 万公里，比 1991 年增加 72 万公里；铁路营业里程达到 7. 2 万公里，比 1991 年增加 1. 41 万公里；沿海规模以上码头泊位数达到 1473 个，比 1991 年增加 505 个，其中万吨级以上泊位数 547 个，比 1991 年增加 251 个；民用机场达到 141 个，比 1991 年增加 35 个；输油气管线里程达到了 2. 98 万公里，比 1991 年增加 1. 36 万公里①。

2. 运输市场进一步开放规范

1992 年，交通部发布了《关于深化改革、扩大开放、加快交通发展的若干意见》；1995 年，交通部制定实施了《关于加快培育和发展道路运输市场的若干意见》，提出到 20 世纪末初步建立全国“统一、开放、竞争、有序”的道路运输市场体系的目标；在全面建设现代企业制度的要求下，交通部在 1997 年初印发了《关于深化改革加强管理搞好公有制大中型汽车运输企业的若干意见》，国有大中型道路运输企业改革进入新阶段。客

① 资料来源：根据国家发展改革委综合运输研究所《中国交通运输发展改革之路》数据整理。

运方面，1996 年民航总局提高市场准入门槛，鼓励航空公司兼并和重组，民航客运走向寡头垄断的市场结构；1998 年铁道部出台《铁路局资产经营责任制的实施办法》，铁路局资产经营责任制在铁路局全面推开，路局成为铁路运输的市场主体。2000 年铁路组建铁路客运公司，探索“网运分离”，但由于客运公司的大额亏损被迫中止，客运职能重回路局。货运方面，随着快递服务市场需求的日益增长，特别是大量高时效性物流需求的出现，一些民营快递企业开始出现，1993 年申通、顺丰等快递企业分别在浙江和广东成立，但碍于政策法规的限制，民营企业无法获得营业牌照，在政策夹缝中发展。

3. 政企分开，现代企业制度初步建立

1996 年 8 月，广东省高速公路发展股份有限公司发行的 1. 35 亿股境内上市外资股（B 股）成功地在深交所挂牌上市，成为国内第一家公路上市公司，拉开了公路企业上市的序幕。1998 年，交通部和直属企业全面脱钩，推动国有交通运输大型骨干企业建立现代企业制度，地方各级交通运输主管部门也陆续推进改革；组建了信息产业部管理下的国家邮政局，实施政企分开、邮电分营、电信重组。2001 年，启动新一轮港口管理体制改革，将由中央管理的港口和双重领导的港口下放地方管理，港口行政管理和生产经营实现政企分开；铁道部根据“政企分开、企业重组、市场经营”的总体部署，不断推进主辅分离、干支分离、客运货网分账核算等改革。

五、简要结论

1987 年党的十三大提出要加快发展以综合运输体系为主轴的交通业，标志我国交通运输发展进入了以构建综合运输体系为发展目标和核心任务的新阶段。这一时期，随着铁路、公路、水运等建设的快速推进，交通运输紧张状况明显缓解，为更好地发挥各运输方式“1 +1≥2”的交通运输整体作用，综合运输体系思想与建设开始初见端倪。

围绕系统建设的思想，依托“六五”以来交通运输的发展积累，在运输体系骨架基本确立的基础之上，综合运输大通道的思想逐步成型，充分发挥多种运输方式的技术和经济优势，提升设施的覆盖度，构建经济区发展的依托，建成与国民经济发展相适应的基础设施。同时，开始统筹安排多种运输方式，服务国家大宗、重要物质运输系统配套建设，结合“货运高效化、客运高速化”相关要求，在继续推进运输基础设施的同时，注重运输装备的技术研发和水平。交通运输也从过去的封闭和垄断走向开放和竞争，运输方式之间、运输方式内部的竞争局面开始形成，竞争使运输服务质量有了明显提高。以铁路干线、公路干线、长江、南北沿海航线为骨架的包括铁路、公路、水运、民航、管道五种运输方式在内的综合运输体系初具规模。

第三节　综合协调——21世纪全面开放背景下综合运输实现跨越式发展

2002年党的十六大确立了全面建设小康社会的目标，2003年党的十六届三中全会提出了完善社会主义市场经济体制的主要任务。围绕全面建设小康社会的战略部署，交通运输行业以科学发展观为指导，积极探索实践科学发展之路，着力转变发展理念，加快推进节约、环境友好型交通运输业建设，完善基础设施网络，提升运输服务效率，促进区域协同发展，深化体制机制改革，加快构建基础设施配套衔接、技术装备先进适用、运输服务安全高效的现代综合运输体系。

一、规划引领综合运输体系建设和跨越式发展

2001 年，原国家计委编制印发了《综合交通体系发展“十五”重点专项规划》，这是我国第一部独立的综合交通运输专项计划，首次将交通运输发展的布局安排和发展考虑以专项规划形式在国民经济和社会发展五年计划纲要中体现，也标志着交通运输专项计划正式成为国民经济和社会发展五年计划正式的配套专项规划。该规划以“深化改革、扩大网络、优化结构、完善系统、提高质量、开放西部”为方针，提出了“以市场经济为导向，以可持续发展为前提，建立客运快速化、货运物流化的智能型综合交通体系”的发展目标。

从 2003 年开始，我国从计划体系全面转变为发展规划体系，旨在通过规划“阐明国家战略意图、明确政府工作重点并引导市场主体行为，作为政府履行经济调节、市场监管、市场管理和公共服务职责的重要依据”①。

2003～2005 年，交通相关部门陆续制定实施了《中长期铁路规划》《国家高速公路网规划》《农村公路建设规划》《全国沿海港口布局规划》《国家公路运输枢纽布局规划》《全国内河航道与港口布局规划》《全国船舶航路总体规划》等国家级规划，初步形成了交通中长期发展规划体系，有效地指导了全国交通运输的快速发展。

2006 年，国家发展改革委编制印发了《“十一五”综合交通体系发展规划》。该规划以发展为主题，着力全面提升综合交通体系有效供给能力

① 资料来源：《中华人民共和国国民经济和社会发展第十一个五年规划纲要》。

和服务水平，突出抓好铁路体制创新和机制创新；坚持效率优先，兼顾公平，突出抓好综合运输大通道的建设；坚持以科技应用创新为动力，加快信息化和智能化建设，提升运输质量和服务水平，推进交通增长方式的转变；到2010年初步形成布局更合理、结构更完善、能力更充分、质量更可靠的综合交通体系。该规划首次出现了考核发展目标执行情况的预期性指标，与可量化约束性指标等共同构成发展指标体系。

2007年，国家发展改革委组织编制并印发了我国第一部面向中长期的《综合交通网中长期发展规划》，这在我国综合交通运输规划发展历史上具有里程碑意义。该规划首次提出了“五纵五横”运输大通道网络布局，并明确了交通基础设施网络2020年发展目标、网络总体规模与构成、综合运输大通道和综合交通枢纽布局方案，以及发展重点和政策措施。

2012年7月，由国家发展改革委组织编制的《“十二五”综合交通运输体系规划》成为第一部由国务院印发的交通运输领域五年发展专项规划。该规划中第一次在国家政府文件中明确了综合交通运输的概念构成，即综合交通运输体系包括基础设施、运输服务、技术装备三大部分。由此，规划围绕网络设施配套衔接、技术装备先进适用、运输服务安全高效等要求，统筹多种运输方式，从基础设施、技术装备、运输服务、安全保障、节约环保等五个方面做出发展部署。

二、综合交通运输体制机制改革迈出重大步伐

1. “大部制”改革取得实质性进展

2008年国务院推行机构改革，在原交通部的基础上组建交通运输部，将原交通部、中国民用航空总局的职责、建设部指导城市客运职责，整合划入交通运输部。组建国家民用航空局、国家邮政局，归口交通运输部管

理。保留铁道部，继续推进改革。此次机构改革适应了“大交通”发展的趋势和要求，为加快构建形成便捷、高效、安全、绿色的现代综合运输体系提供了运行机制保障。交通运输领域推行“大部制”行政管理体制改革，不仅实现了管理由多头向专业集中管理发展，而且有利于综合利用政策与市场手段规范交通投资与运输市场，综合交通规划引领交通发展的理念更加利于贯彻、政策引导手段更加完善。以政策标准化推进综合交通运输体系构建，以标准化提升管理与服务水平，强化大部制改革下的综合创新工作机制，促进铁路、公路、水运、民航和邮政融合发展。大部制改革使综合运输管理体制更加完善，管理体制改革实现通过综合布局规划和产业政策引导促进客运枢纽衔接一体化、供应链物流衔接无缝化、运输服务多元化等综合运输体系发展。虽然此次机构调整铁道部没有并入交通运输部，但是“大交通”概念已经形成。

2. 运输市场化改革深化推进

2003 年，铁道部开始推进主辅分离改革，先后将中铁物资总公司、铁通公司、部属勘测设计院和 38 家铁路局属的甲级设计院、一级施工企业全部移交国资委管理，将铁路 1116 所中小学、幼儿园和 208 家医院全部移交地方政府管理；2003 年 12 月 28 日，集装箱、特货、行包三个专业运输公司正式挂牌成立，标志着铁路专业运输管理体制改革取得实质性进展；2004 年 10 月，成立中国铁路建设投资公司，主要履行铁路大中型建设项目出资人代表职能，这是改革铁路建设投资体制、构建铁路市场化融资平台的重大举措；2005 年 3 月，经国务院批准，撤销了所有 43 个铁路分局（公司），实行了铁路局直接管理站段的新体制；2006 年 8 月 1 日，大秦铁路公司成功上市，12 月 22 日，广深铁路公司首发 A 股成功，铁路股改试点取得重大突破。港航方面，根据 2001 年国务院下发《关于深化改革中央直属和双重领导港口管理体制改革意见的通知》，2002 ~ 2004 年期间全国38个港口包括由中央管理的秦皇岛港和中央与地方双重管理的港口全部下放到地方管理，原则上由港口所在城市人民政府管理；2004年3月，国务院同意按照政企分开的原则，撤销长江口航道建设有限公司，组建长江口航道管理局，作为交通部长江航务管理局的事业单位。民航方面，2002～2004年民航系统进行了“航空运输企业联合重组、机场属地化管理”为主要内容的第三阶段改革；对原民航总局直属的9家航空公司进行联合重组，成立了中国航空集团公司、中国东方航空集团公司和中国南方航空集团公司，交由国务院国有资产管理委员会管理；对原民航总局直接管理的航空运输服务保障企业进行改革重组，分别成立了中国航空器材进出口集团公司、中国航空油料集团公司和中国航空信息集团公司，交由国务院国有资产管理委员会管理。除首都机场和西藏区内机场外，原民航总局直属的机场全部移交地方政府管理。

3. 交通财税体制改革进行的重大突破

2009年，我国实施成品油价格和税费改革。通过提高成品油消费税单位税额，取消公路养护费、航道养护费、公路运输管理费、公路客货运附加费、水路运输管理费、水运客货附加费等6项收费。交通专项资金使用实行国库集中支付制度，规范转移支付和资金拨付，制定了产业引导性扶持补助政策。按照“调整结构、控制规模、撤并站点、合理收费、政府主导、严格监管”的思路，有序推进取消政府还贷二级公路收费工作。截至2012年底，全国共21个省区市取消了政府还贷二级公路收费，撤销收费站2383个，减少收费公路12.4万公里①。

① 中华人民共和国交通运输部《中国交通运输改革开放40年》丛书编委会：《中国交通运输改革开放40年（综合卷）》，人民交通出版社2018年版，第15页。

三、国家区域战略调整倒逼交通运输系统优化发展

自1999年国家正式提出西部大开发战略，进入21世纪后，国家又相继提出振兴东北地区等老工业基地，中部崛起等区域开发战略。这一时期中西部等地区成为交通重点建设区域，交通运输得到快速发展：公路提出建设西部8条省际通道，21世纪前十年2/3左右的高速公路都是西部大开发提出以后建成的；铁路提出拓展内外通道、强化技术改造、提高运输能力、适应发展要求的加快中西部铁路建设的总体要求，青藏铁路等重大建设项目建成；民航明确要突出支线机场建设并向西部倾斜；管道运输建成了西气东输管线。

2002年，我国正式提出“三农”问题，对农村大幅投入资金，农村基础设施开始进入大规模、规范化建设阶段。此阶段，国家级主干线交通网基本形成，政府开始注重农村交通建设。在政府对农村倾斜政策、提供资金的条件下，农村公路开始系统性、标准化、高等级地建设，农村公路进入了快速发展阶段。道路路面标准逐渐形成柏油路、水泥路为主，农村公路通行基本实现从“走得了”向“走得通”转变。农村常见的运输工具也发生显著变化，摩托车、面包车等私人交通运输工具逐渐增多。农村物流、红色旅游等产业也因农村公路的改善而逐渐开始发展。

但在这个阶段，交通运输对区域协调发展的支撑仍存在一些不足。一方面，此时我国面向全球的交通正在加快发展，但还存在诸多短板，需要加快谋划构建。既有陆上通道布局不尽完善，出印度洋等战略性陆路通道缺失，中蒙、中哈、中吉、中塔、中巴、中印等通道设施建设滞后。另一方面，在当时建设社会主义新农村政策的推动下，农村交通有了长足发

展，但是农村交通从规模和质量上还不能满足需求，运输服务需求的满足还落后于交通基础设施的发展。农村经济社会的发展和农村城镇化的进程加快，使农村交通运输仍将是接下来交通运输发展的重点。

四、综合运输体系实现跨越式发展

21 世纪初，老百姓买票难、出行难是当时的经济社会发展一大痛点。在规划引领、体制机制改革等有力推动下，到“十二五”初期，我国交通运输能力紧张状况已总体缓解，面对全社会日益扩张、不断提升的交通运输需求与资源环境承载力之间的矛盾。

（一）交通基础设施建设迈上新台阶

这个阶段的综合交通建设，一方面，加快高速铁路、高速公路等高等级基础设施建设和提升存量基础设施技术等级，继续完善各种运输方式的网络布局；另一方面，加强方式之间的协调与衔接，强化运输组织与服务，推进区际、城际、城市、农村等各领域交通系统构建，在更高水平上，满足经济社会多样化的运输需求。

1. 创新模式的铁路建设

针对铁路运输仍然不能适应经济社会日益增长的运输需求状况，国家作出加快发展铁路的重要部署。2004 年初，国务院批准了《中长期铁路网规划》，提出“铁路跨越式发展”战略。以此为标志，以建设客运专线、区际大能力通道、西部开发性新线为重点，展开了大规模铁路建设。其间国家除加大投资外，铁路投融资体制改革取得重大突破。按照“政府主导、多元化投资、市场化运作”的思路，加大合资建路力度，铁道部与各省市自治区广泛开展合资建路战略合作，仅 2003 ~ 2008 年，全路就新组建合资铁路公司76家，并与31个省、市、自治区签订了铁路建设战略合作协议，吸引了地方政府、战略投资者的大量资金，改变了铁路建设仅靠中央政府投资的模式。特别是2008年在应对国际金融危机中，中央把铁路建设作为扩内需、保增长的重点，进一步加大投资力度，扩大建设规模，掀起了铁路建设新高潮，高速铁路从无到有。到2012年底铁路营业里程达到9.8万千米，比2002年增加2.6万千米①。电气化铁路电气化率、复线率均达到50%以上，跃居世界第二，高速铁路运营里程高居世界第一，建设规模与速度，走在世界前列。铁路主要通道实现客货分线运输，发达完善的铁路网初具规模，铁路运输的“瓶颈”制约基本缓解，铁路在经济社会发展中的作用更为突出。

2. 跨越突破的公路建设

在基本解决公路建设资金和建设模式逐渐成熟的状况下，公路建设投资大幅增加。重点实施《国家高速公路网规划》，基本建成了国家高速公路网骨架；长江三角洲、珠江三角洲和京津冀地区形成了较完善的城际高速公路网；中部地区基本建成了比较完善的干线公路网，承东启西、连南接北的高速公路通道基本贯通；西部地区公路建设取得突破性进展。截至2012年底，公路总里程达到423.8万千米，比2002年增加247万千米，其中高速公路11.3万千米，比2002年增加10.7万千米②。公路建设的快速发展，显著改善了我国公路整体技术水平，对提高经济运行效率、增强发展活力、提升国民生活质量、保障国家安全做出了突出贡献。

3. 全面开放的港口建设

2001年我国正式加入WTO，开始快速融入世界经济。随着外贸经营权的逐步下放，对外贸易规模剧增。2003～2011年，我国货物进出口贸

①② 资料来源：根据国家发展改革委综合运输研究所《改革开放与中国交通运输发展》整理。

易年均增长21.7%[①]，截至2011年底我国货物贸易进出口总额已跃居世界第二位。外贸进出口的迅速增长，为港口水运带来新的发展机遇。同时，我国进一步深化改革港口管理体制，核心是实行港口属地化管理、政企分开和开放投资市场。国际大型班轮公司及大型港务公司成为我国港口投资的主力，投资大幅上升，专业化、大泊位、大吨位码头进入快速发展期。这些政策和措施的实施，彻底扭转了沿海港口建设长期徘徊不前、港口能力严重不足的被动局面，港口建设步伐明显加快，有力地支撑了外向型经济的快速发展。截至2012年底，沿海规模以上港口码头泊位数达到5623个，比2002年增加4150个；其中万吨级码头达到1517个，比2002年增加970个[②]。

4. 放宽管制的机场建设

随着我国人民生活水平不断提高，旅游外贸加速发展，促进了航空运输需求的快速增长。面对巨大的需求，国家在民航发展上仍以深化管理体制改革为重点。2002年国家开启了以"政资分开""机场属地化"为主要内容的改革措施。机场实行属地化管理，成为独立的市场经济主体，融资渠道得到进一步放宽，充分调动了机场所在地人民政府的积极性，修建机场的积极性大大提升。同时从政策上给予支持。相继出台《外资投资民用航空业规定》和《国内投资民用航空业规定》，放宽民用航空领域限制，允许外资和民营资本进入，新的投融资体制形成，更加促进机场建设的井喷发展，投资大幅上升。截至2012年底，全国民航机场达到183个，比2002年增加42个[③]。

5. 企业联合的油气管线建设

始于2002年的西气东输是我国油气管道建设的标志性工程，该工程

---

① 资料来源：根据《中国统计年鉴》数据整理。

②③ 资料来源：根据国家发展改革委综合运输研究所《改革开放与中国交通运输发展》整理。

的顺利建成标志着我国在油气管道设计、施工、管理等方面已经整体上达到了20世纪末的世界先进水平。以西气东输工程为契机，三大国家石油公司又开始了西气东输二线、川气东送、中俄石油管道、中亚天然气管道以及中缅油气管道等工程项目建设。截至2012年，中国油气管网长度已达到6.5万千米，比2002年增加3.52万千米①。

（二）运输服务质量和效率全面提升

从客运看，自从加入世界贸易组织（WTO）、扩大高等教育招生人数的教育改革政策实施和居民收入水平的持续增长，我国客运市场发生了重大变化，外出务工、外出求学、外出旅游、商务出行等多流叠加，带动了我国客运市场的繁荣，2002年之后的10年我国客运量年均增速达到了7.44%，增速高于加入WTO之前10年，客运市场需求结构发生了重大变化②。

2003年人均国内生产总值（CDP）超过1000美元，标志着我国经济发展和人民生活水平提上新台阶，客运需求结构也在发生重大变化，一是出行目的发生变化，旅游、商（公）务、探亲成为客运市场的主体；二是出行方式和要求发生变化，对出行的时效、舒适、便捷等都提出了更高要求；三是出行的地域结构上发生变化，西部地区及农村客运需求提上日程。高速公路网的形成，铁路客运的六次大提速，京津城际开通，标志着我国客运服务从传统的数量增长向速度和质量提升方向转变（见表3-2）。

①② 资料来源：根据国家发展改革委综合运输研究所《改革开放与中国交通运输发展》整理。

表 3 -2　　2002 年与 2012 年不同运输方式客运量比较

年份	总量（亿人次）	分方式客运量							
		铁路（亿人次）	占比（%）	公路（亿人次）	占比（%）	水运（亿人次）	占比（%）	民航（亿人次）	占比（%）
2002	160.82	10.56	6.57	147.53	91.73	1.87	1.16	0.86	0.53
2012	380.40	18.93	4.98	355.70	93.51	2.58	0.68	3.19	0.84
年均增速	8.99%	6.01%		9.20%		3.26%		14.03%	

从货运看，货运市场在经历了加入 WTO 前十年低速增长期后重回快速增长轨道，2002 ~2012 年的十年间，我国货运量年增速接近 10%。不同运输方式均实现了 1 ~3 倍的增长，各种运输方式均衡快速增长在我国货运市场发展历史绝无仅有。国际贸易的快速增长、产业的扩张发展、城镇化的加快推进均为我国货运市场的繁荣创造了条件。市场经济改革不断深化、路网规模扩大和条件改善、运输技术设备日新月异均为货运市场快速增长提供了有力支撑。

传统的运输服务开始向物流服务转型发展，铁路货运区域性供给过剩、道路运输局部供大于求，客观要求传统的运输业向现代物流转型发展。第三方物流开始兴起，为户主企业开始提供全程物流服务，业务也由原来单一的运输开始向仓储、配送、流通加工等物流服务环节延伸。公路零担快运、快递等业态快速发展，成为货运物流行业的新亮点（见表 3 -3）。

表3－3　　2002年与2012年不同运输方式货运量比较

年份	分方式货运量									合计（亿吨）
	铁路（亿吨）	占比（%）	公路（亿吨）	占比（%）	水运（亿吨）	占比（%）	管道（亿吨）	占比（%）	民航（万吨）	
2002	20.50	13.82	111.63	75.25	14.18	9.56	2.01	1.36	202	148.3
2012	39.04	9.52	318.85	77.78	45.87	11.19	6.12	1.49	545	409.9
年均增速	6.66%		11.07%		12.45%		11.77%		10.4%	10.7%

（三）技术装备规模数量质量大幅跃升

从技术装备看，在这个阶段技术装备现代化进程明显加快，在大型船舶、铁路机车、高铁等领域取得的重大技术突破和重要成就，推动装备数量和质量的大幅跃升。

加入WTO后，大量外资汽车制造企业以合资身份进入中国市场，促进了汽车制造技术进步和汽车生产成本降低，在居民收入水平持续提高等因素作用下，我国民用汽车保有量实现了高速增长。与此同时，我国长距离、高速化运输需求的快速扩张和外汇储备的飞涨，为机队规模扩张提供了良好保障。

而铁路机车和铁路客货运量依然保持较低增速，年均增速均小于4%，低于铁路客运量和货运量的年均增速。船舶的保有量在“八五”“九五”期间快速下降后在此阶段依然有一定下滑，但总体降速明显放缓，船舶大型化、多样化趋势明显，杂货船、散货船、集装箱船、滚装船、油船、液化气体船等大吨位、专业化船舶大规模生产，传统驳船数量和吨位数明显下降。船舶装备的大型化、规模化、专业化较好适应了我国外向型经济的高速发展，船舶工业在这一时期综合实力和竞争力也显著增强（见表3－4）。

表3－4　　2002年与2012年不同运输方式技术装备比较

年份	铁路机车（万台）	铁路客货运车辆（万辆）	民用汽车（万辆）	运输飞机（架）	机动船（万艘）
2002	1.6	50	2053	602	16.5
2012	2.1	73	10933	1764	15.8
年均增长率	2.76%	3.86%	18.20%	11.35%	－0.43%

（四）城乡交通发展阶段分化

从城市交通看，进入21世纪以来，我国私人小汽车保有量开始快速增长，到2012年，我国汽车产销量双双超过1900万辆，汽车保有量突破1亿辆，其中私人汽车所占比例高达80.8%①。小汽车数量的急剧增长，给城市交通带来持续、巨大压力，各大中城市开始面临前所未有的交通拥堵，从做足增量转向有增有减和改善结构，从中央到地方的施策也开始转变。

一是加强城市道路建设。多数城市为求缓解交通拥堵，第一反应是通过大规模建设环路、大型立交、高架道路，不断加大交通供给满足交通需求的快速增长。然而城市道路面积的增长速度远远赶不上私人汽车保有量增长速度。同时，由于道路通行空间和路权被小汽车侵蚀，步行和自行车交通不断降低。

二是优化道路交通控制。由于大规模的城市道路建设并未有效缓解

① 资料来源：根据国家发展改革委综合运输研究所《改革开放与中国交通运输发展》整理。

小汽车出行急剧增多而导致的交通拥堵，城市交通管理者转而将工作重点放在提升城市道路整体通行能力上，主要措施包括优化道路交叉口信号控制、优化快速路分（合）流区交通组织、优化道路渠化及指路标志设置等。

三是通过公共交通优化发展结构。要缓解城市交通拥挤，靠修路和优化控制已经无法满足日益增长的小汽车交通需求，需从优化出行结构上找出路。2005 年 9 月，国务院办公厅转发《建设部关于优先发展城市公共交通的意见》，正式明确了公共交通在城市交通中的战略地位，城市公共交通的发展重点开始从单纯的公交车转移到大运量、高速度的轨道交通上。2005 年我国共有 10 个城市开通轨道交通，线路总长度为 444 千米，截至 2012 年末已有 17 个城市共 2064 千米运营里程①。

四是调控城市居民出行需求。各大城市出台了机动车限购政策、机动车限行政策、卫星城疏解城市人口、公共交通引导城市发展等一系列出行需求管理政策，以期更好地实现城市交通出行需求总量、结构和布局的优化。

从农村交通看，这个阶段农民出行活动增加，农村交通工具升级，农民外出务工现象普遍。为了全民共同富裕、补齐农村短板，政府对农村问题的重视上升到前所未有的高度，投入大量资源做足发展增量。

1. 农村交通地位显著提升

中央和各级政府加大了农村公路建设的投资力度，并相继出台了促进农村公路发展的若干政策文件。2005 年，国家修改了农村公路定义，明确“农村公路（包括县道、乡道和村道）是全国公路网的有机组成部分，是农村重要的公益性基础设施”，将村道纳入农村公路中。

---

① 资料来源：根据国家发展改革委综合运输研究所《改革开放与中国交通运输发展》整理。

2. 农村交通设施快速成网，实现“县县通公路”

2003～2007年，是农村公路改善最显著的五年，新改建农村公路130万千米，其中水泥路88.7万千米，是中华人民共和国成立前50多年的近三倍①。此外，在此期间我国还全面实施了乡镇农村客运站建设工程、农村公路新改建工程、交通精准扶贫工程等重大工程建设。2013年西藏墨脱公路通车，标志着我国实现县县通公路。

3. 农村物流、红色旅游加快发展

为满足农村对散货运输的需求，一些地方尝试将乡镇客运站改造为客货一体站，发展农村网点作为货运公交停靠点，结合固定配送、流动配送和预约配送等模式，促进农村货物高效流转。此外，由于私家车逐渐普及，城区居民休闲出游需求大幅增加，国家从红色旅游开始引导农村旅游业的发展。

4. 农村公路覆盖率、连通率大幅提升

在国家政策、资金的支持保障下，此阶段通乡通村油路快速增加，农村公路通镇率、通村率大幅提高，等级和质量也得到改善。截至2012年底，我国农村公路里程达367.8万千米，通硬化路的乡（镇）占全国乡（镇）总数97.43%，通硬化路面的建制村占全国建制村总数86.46%②。

五、简要结论

2002年党的十六大确立了全面建设小康社会的目标，2003年党的十六届三中全会提出以人为本、全面、协调、可持续的科学发展观，2006年党

①② 资料来源：根据国家发展改革委综合运输研究所《改革开放与中国交通运输发展》整理。

的十六届六中全会提出构建社会主义和谐社会，标志着我国由长期以来的注重经济增长向可持续发展、以人为本的全面发展转变，这是我国经济社会发展理念的一次重大转变，为我国加快构建现代综合运输体系建设和实现交通运输科学发展提供了指引。

2002～2012年，是我国交通运输与时俱进、科学发展的十年，交通运输发展从主要依靠基础设施投资建设拉动向建设、养护、管理和运输服务协调拉动转变，从主要依靠增加物资资源消耗向科技进步、行业创新、从业人员素质提升和资源节约环境友好转变，从主要依靠单一运输方式的发展向综合运输体系发展转变。这一阶段，交通建设在规划引领下实现跨越式发展，运输服务效率和质量水平显著提升，交通大部制改革迈出重大步伐，交通运输对外开放和国际合作向深度和广度推进，交通运输发展基本适用经济社会发展需求。

第四节　社会主义市场经济体制下综合运输发展理论总结与演进

改革开放以来，综合运输理论伴随着实践不断地深化和发展，既适时释放了具有比较优势的交通运输方式的快速发展，又兼顾了经济发展、产业布局、对外开放，对不同运输方式需求基础上的多种运输方式的局部改善，最终形成了由供给、需求双牵引的综合运输体系的建设和完善，使交通运输发展成为经济发展的重要支撑保障和拉动经济的引领领域，极大地拓展了传统交通运输理论所不具备的双重功能。

一、什么是综合运输体系

20 世纪 80 年代末 90 年代初期，特别是 1992 年党的十四大确定建立社会主义市场经济体制后，我国综合运输理论研究主要围绕什么是综合运输体系，以及如何从规划和政策层面上实现综合运输而进行，综合运输理论研究从此进入综合运输体系理论的建立与完善过程。这个过程是我国整个交通运输发展理论的一次大的飞跃，形成了许多至今仍在指导交通运输发展的基本理念和政策措施。

（一）综合运输体系概念的提出

综合运输体系概念在我国源于对“统一运输网”“综合运输网”或“运输体系的综合发展”的理论研究和实践总结。20 世纪五六十年代，我国借鉴苏联综合运输研究工作开展了“统一运输网”和“运输体系的综合发展”研究工作；“六五”和“七五”期间，社会各界重点聚焦综合运输网建设工作。时任国务院总理赵紫阳在关于“七五”交通建设方针的重要讲话中指出：“交通运输结构在我国是一个没有很好解决的重要问题。过去以条条为主，各自强调成网，只分别考虑铁路网、公路网、水运网、空运网，没有从整体出发来建设综合运输网。这样各行其是的结果，造成的浪费极大，因此要搞综合运输网，务期在‘七五’计划和以后的长期规划中，尽快解决这个问题。”①

1985 年，国务院办公厅印发的《交通运输领域的技术要点》（草案）②

---

① 杨洪年：《关于发展运输网的若干问题》，载《综合运输》1986 年第 1 期。

② 《国务院办公厅关于印发十二个领域技术政策要点（草案）的通知》附件技术文件之二。

中首次在政策文件中提出综合运输体系概念，要求“逐步调整运输结构，尽快建立经济合理、协调发展的现代化综合运输体系”。1987 年，党的十三大报告明确提出要发展“以综合运输体系为主轴的交通运输业”，要把加快发展综合运输体系作为今后相当长时期内调整和改造交通产业结构的基本方向，成为我国综合运输发展的里程碑。1988 年，在七届全国人大政府报告中又指出，必须加快交通运输事业的发展，积极发展综合运输，把铁路、公路、水运、航空和管道等运输设施有机结合起来，适当分工、合理分流，努力提高运输的综合效率。1990 年，党的十三届七中全会再次提出，交通运输业发展要“着眼于搞好综合运输体系建设”。在党和国家文献中确定综合运输体系的发展方针，对推进交通运输的综合发展起到了至关重要的作用，也为后来的综合运输体系理论的建立和完善指明了方向和奠定了基础。

（二）综合运输体系的内涵构成

关于综合运输体系的内涵国内至今一直存在不同的认识和理解。20 世纪 80 年代中期，有的人认为综合运输体系就是各种运输方式的联合运输系统，特别是集装箱运输系统；有的人认为是政府干预和调节各种运输方式发展和经营的总政策；有的认为是各种运输方式的总体或总和等①。20 世纪 90 年代，综合运输发展的重点和研究视角从加快发展各种运输方式，提高其基础规模和实力，缩小各种运输方式发展水平的差距，逐步转向关注于各种运输方式及其内部在竞争环境下结构优化和效率效益问题，如高速

① 杨洪年：《关于发展综合运输体系的若干问题》，中国交通运输发展战略与政策研究《专题研究汇编》第 8 集，1990 年 3 月；杨洪年：《关于综合运输科学研究的几个问题》，载《综合运输》1990 年第 1 期。

公路客运、铁路提速后的优质客运、民航运输、“五定”货运班列、大城市轨道交通等。同时，交通运输与资源利用、能源消耗、生态环境影响等可持续发展问题开始进入综合运输研究的视野。在不断丰富的交通运输发展实践基础上，以综合运输研究所王德荣、杨洪年等老一辈专家对综合运输的内涵及综合运输体系建设进行了理论概括，其核心思想是：综合运输体系是相对各种单一运输方式的运输体系而言，它包含各种现代运输方式，按照其各自的技术、经济特征，在统筹规划下，形成布局合理、分工协作、协调发展、连接贯通、运输高效的现代化的交通运输综合体。它主要由三大系统组成：一是综合运输网及其结合部（枢纽）系统，这是构成综合运输体系的物质基础，要求系统内布局合理、诸运输环节互相衔接贯通，技术装备先进并成龙配套，运输网络四通八达。二是综合运输生产系统，这个系统要调度指挥灵敏，便于组织全程联运，实现运输高效率、经济高效益和优质服务，充分体现各种运输方式在综合利用中的优越性。三是综合运输管理、协调系统，这个系统既要有利于宏观间接调控，实行统筹规划和组织协调各种关系，又要发挥市场对资源配置的基础性作用。

进入 21 世纪后，我国交通运输的发展出现了新的变化和形势，随着交通运输基础设施和运输服务规模的扩大，原有的偏于体系结构方面对综合运输体系的表述，不能适应提高整个交通运输系统发展水平与效率的需要，国内一批专家学者对综合运输体系理论进行了探索和完善。原国家发展计划委员会交通运输司王庆云提出：综合运输体系是市场经济发展到一定阶段，在科技创新和制度创新的共同作用下产生的一种现代化交通运输组织形式，是为满足国民经济和社会发展的需要以及客货用户的要求，将铁路、公路、水运、民航、管道五种运输方式作为一个有机整体进行系统研究、系统规划和系统建设，形成整体的系统能力，并以市场经济为导向，以高新技术为基础，在充分发挥各种运输方式比较优势的前提下，为人类经济发展和社会进步及客货运输用户提供安全、快捷、方便、舒适、经济优质服务的综合系统。北京交通大学荣朝和教授从狭义和广义两个角度对综合运输概念进行了划分，狭义上的综合运输是指综合集成各种运输方式与系统的功能，一体化高效率地完成人与货物的空间位移，其中多式联运和一体化是综合运输的核心内容；广义上综合运输是交通运输系统内各组成部分之间，以及交通运输系统与其外部环境之间形成一体化协调发展的状态。综合运输研究所新一代专家罗仁坚同志（2003）认为，综合运输体系是指符合于一个国家或地区的经济地理特征，适应国民经济发展和人们生活水平提高的要求，各种运输方式分工协作、优势互补，采用现代先进技术在物理上和逻辑上实现一体化的交通运输系统的总称。其内涵主要体现在以下几个方面：一是发挥比较优势、合理利用资源。不同运输方式具有不同的技术经济特征和适应不同层次的需求，交通运输的发展应根据资源条件和需求引导的要求，充分发挥各种运输方式的比较优势，进行规划布局和优化组合，在有效满足运输需求的情况下，实现资源的最合理利用和节约。二是各种运输方式之间、基础设施与使用系统之间要协调发展和有机配合。各种运输方式在布局和能力衔接上要协调发展，同时各种运输方式的运行使用系统与交通网络供给系统要形成有机匹配，实现系统整体高效用和高效率。三是连续、无缝衔接和一体化运输。交通基础网络在物理上要形成一体化连接，运行使用系统在运输服务、市场开放、经营合作、技术标准、运营规则、运输价格、清算机制、信息以及票据等方面要形成一体化的逻辑连接，运输全过程实现一体化的运输服务。四是现代先进技术的应用：智能化。以先进技术、信息化、智能化提高系统整体发展水平和管理及服务水平，实现能力供给增加、安全保障性提高以及经济、环保等。

二、如何建设综合运输体系

综合运输体系理论的逐渐完善，使我国交通运输整体发展从此进入综合发展阶段，交通运输内部协调和交通运输与经济社会、资源利用等方面的关系成为综合发展的重要内容，与国家主流发展理念相融合，为综合运输发展问题上升到国家政策奠定了理论基础。

（一）综合运输要在“综”字上做文章

1979 年，时任综合运输研究所所长李清（1982 年任交通部部长）在一次全所会议上有一段给人留下深刻印象的讲话，大意是：大家从事不同的运输专业，但希望在研究和考虑建设运输网络时，不要姓“铁”、姓“公”或姓“水”，也不要姓“（航）空”或姓“管”，而一定要姓“综”，在“综”字上做文章，要把“综”字作为研究的立脚点和出发点①。李清关于综合运输研究姓“综”的通俗比喻，与 20 世纪 50 年代末我国综合运输理论创立初期的核心思想“综合发展、综合利用”一脉相承，也代表了改革开放初期综合运输理论研究工作重心的回归。

这个“综”字，最初狭义地讲可理解为要树立全方位的思维方式，后来扩延为广义的统筹国民经济和社会发展中方方面面所提出的有关交通运输问题。它有着丰富的内涵：既从宏观着眼，又从微观入手；既研究国民经济的发展与运输的关系，又研究各种现代运输方式间协调发展的关系；既包括客、货运输经营，又包括交通硬、软件建设；既从纵向的历史长河

① 《李清——生平纪实与论交通改革》编写组：《李清——生平纪实与论交通改革》，人民交通出版社 2020 年版。

中思考交通运输的演变，分析各个历史时期交通运输的发展水平及其运量增幅的大小，又从横向的角度分析、比较各种运输方式完成的客货运输量结构的变化；既考虑各种运输方式线路、枢纽等基础设施的衔接、配套，又考虑组织全程运输的联运；既研究交通运输的发展规划设想，又研究从法律上、政策上营造交通项目社会运作和实施的外部环境；既跟踪各时期交通运输的形势特点及分析变化趋势，又研究市场经济条件下建立现代企业制度中的体制改革和转换经营机制；既考虑城市交通，又顾及农村道路建设，等等。1996 年在八届人大会议上通过的《中华人民共和国国民经济和社会发展“九五”计划和 2000 年远景目标纲要》（以下简称《纲要》）中，涉及有关交通运输的文字，遍布于《纲要》的 14 个小节中。可以说《纲要》中涉及交通之多之广，超过任何产业。

（二）规划统筹引领综合运输体系建设

1989 年 6 月，邓小平在谈我们党新的领导集体的当务之急时指出：“我建议组织一个班子，研究下一个世纪前五十年的发展战略和规划，主要是制定一个基础工业和交通运输的发展规划”。[①]

1991 年党的十三届七中全会通过《关于制定国民经济和社会发展十年规划和“八五”计划的建议》明确提出，交通运输业的发展“要着眼搞好综合运输体系的建设”；同年，第七届全国人民代表大会第四次会议批准的《中华人民共和国国民经济和社会发展十年规划和第八个五年计划纲要》进一步指出：“交通运输的建设要着眼于 2000 年或者更远一点时间国民经济发展对运力的需要，搞好综合运输体系的建设，以增加铁路运力为

① 《第三代领导集体的当务之急》（1989 年 6 月 16 日），引自《邓小平文选》第三卷，人民交通出版社 1993 年版，第 312 页。

重点，同时积极发挥公路、水运、空运、管道等多种运输方式的优势，并使各种运输方式衔接配套。”

1996 年，第八届全国人民代表大会第四次会议通过的《关于国民经济和社会发展“九五”计划和 2010 年远景目标纲要》指出：“以增加铁路运输能力为重点，充分发挥公路、水运、空运、管道等多种运输方式的优势，加快综合运输体系的建设，形成若干条通过能力强的东西向、南北向大通道”，为跨世纪我国交通运输发展指明了方向。

1997 年，李鹏撰文《建设统一的交通运输体系》再次指出：“我国交通运输业应以铁路为骨干，公路为基础，充分发挥水运，包括内河、沿海和远洋航运的作用，积极发展航空运输，适当发展管道运输，建设全国统一的综合运输体系”。

2001 年，朱镕基《关于国民经济和社会发展第十个五年计划纲要的报告》提出“要加强公路、铁路、港口、航道、机场、管道系统的建设，建立健全畅通、安全、便捷的现代综合运输体系”。并首次提出运用现代经营方式和服务技术，改造交通运输等传统服务业，提高服务质量和效益。不仅把综合运输体系的发展方向确定为现代化，而且将运输服务纳入其中，丰富了综合运输体系的内涵。

2006 年，《中华人民共和国国民经济和社会发展第十一个五年规划纲要》以专门章节提出“优先发展交通运输业”，提出要统筹规划、合理布局交通基础设施，做好各种运输方式相互衔接，发挥组合效率和整体优势，建设便捷、通畅、高效、安全的综合运输体系。以及优化运输资源配置。强化枢纽衔接和集疏运配套，促进运输一体化。开发应用高速重载、大型专业化运载、新一代航行系统等高新技术，推广集装箱多式联运和快递服务。应用信息技术提升运输管理水平，推广智能交通运输体系。对综合运输体系的特性进行了定位，并加进了智能化内涵。

2011年，《中华人民共和国国民经济和社会发展第十二个五年规划纲要》第十二章“构建综合交通运输体系”中提出：按照适度超前原则，统筹各种运输方式发展，基本建成国家快速铁路网和高速公路网，初步形成网络设施配套衔接、技术装备先进适用、运输服务安全高效的综合交通运输体系。并从完善区际交通网络、建设城际快速网络、优先发展公共交通、提高运输服务水平四个方面提出发展要求。交通运输“适度超前”的发展原则得到明确，其基础性、先导性、战略性产业地位得到国家和社会认同。

目前，各省（区、市）地市在五年或十年计划中，普遍按建立综合运输体系的目标来部署交通发展规划。面对现代化的交通运输发展，建立综合运输体系的概念已经得到了政府、企业及各个阶层人士的赞同和确认。综合运输体系建设已成为我国及世界各国交通运输发展的目标和政策方针。

（三）重点把握体系建设的两个着力点

综合运输通道和综合交通枢纽是综合交通运输体系的重要组成部分，二者共同构成了交通运输网络的主骨架。

1. 综合运输通道

综合运输通道的形成是一个长期的历史过程，是多种条件与因素长期作用的结果。随着其形成条件与因素的变化及其相互作用，综合运输通道的空间地位和重要程度也将随之变化。从客观上看，综合运输通道的形成与经济社会活动的空间优化密切相关，是经济社会活动在交通基础设施影响下“点—轴”式集聚与扩散的过程。

（1）综合运输通道概念形成及其内涵。

综合运输通道概念是在运输通道的认识基础上逐渐形成的。“运输通道”（transportation corridor）的概念最早产生于20世纪60年代的美国，是交通运输产业发展到综合运输阶段的必然产物。20 世纪 60 年代末 70 年代初，运输通道理论引入中国，我国才开始了对运输通道方面的研究。1991 年，原北方交通大学系统工程研究所的张国伍教授在参考国内外有关论述的基础上，对交通运输通道的概念、类型、研究意义等方面进行了系统分析，成为国内较早在运输通道做出较为详细介绍的学者。2001 年，中国科学院地理科学与资源研究所的张文尝研究员在《运输通道系统分析》中对运输通道进行了系统分析，为进一步研究运输通道的相关问题打下了良好的理论基础。此后，我国学者在运输领域进行了大量与运输通道相关的研究，不同学科领域研究运输通道的侧重点也不尽相同。运输经济学者与经济地理学者侧重于研究运输通道对区域经济发展的影响，并提出了“交通经济带”的概念及相关理论；交通运输工程学者则侧重于运输通道交通系统本身的研究，如通道内运输需求分析、通道内运输线路布局以及通道系统配置等。部分专家学者对综合运输通道进行了定义，譬如曹小曙、阎小培（2003）认为，综合运输通道由巨大的综合交通枢纽和多条基本平行的高效率交通干线组成，承担所有空间相互作用的廊道状地域空间系统。毛敏（2005）认为，综合运输通道指在一定的地域范围内，由发达的、线路走向基本相同的交通设施联结不同地域，通过相应的运输组织输送达到一定规模的、共同的、稳定的交通流的系统。尽管以上定义由于研究侧重点不同对综合运输通道的称谓和理解也有所不同，但 2007 年国务院批准印发的《综合交通网中长期发展规划》中正式采纳“综合运输大通道”概念，标志综合运输通道已成为综合运输理论和实践的重要内容之一。

（2）国家综合运输通道布局方案演进。

1985 年，原交通部在《2000 年水运、公路交通科技、经济和社会发展规划大纲》中提出，全国综合运输网建设应着力于开发完善不同运输方式组成的八条运输大通道；1986 ~ 1989 年，中国科协组织一大批专家完成的“中国交通发展战略研究与建议”，提出了全国六组通道建设方案。在此基础上，张文尝（2002）等人在国家自然科学基金项目《交通经济带的发展机理及其模式研究》中将我国运输通道按运输分区划分为六组；2003年，中国工程院研究提出要在2020年建成9条运输通道。2007年，国家发展改革委员会在《综合交通网中长期发展规划》中明确提出，到2020年建成“五纵五横”综合运输大通道和国际区域运输通道，其中：“五纵五横”综合运输大通道指南北沿海运输大通道、京沪运输大通道、满洲里至港澳运输大通道、包头至广州（湛江）运输大通道、临河至防城港运输大通道、西北北部出海运输大通道、青岛至银川运输大通道、陆桥运输大通道、沿江运输大通道、上海至瑞丽运输大通道；国际区域运输通道指东北亚国际运输通道（含中蒙通道）、中亚国际运输通道、南亚国际运输通道和东南亚国际运输通道（见表3－5）。

表3－5　我国各时期具有代表性的国家综合运输通道规划研究

研究项目	数量	通道名称
1985年交通部《2000年水运、公路交通科技、经济和社会发展规划大纲》	8	进出山海关通道、南北通道、京广通道、沿江通道、陇海通道、东西向南方通道、西北西南通道、晋煤外运通道
1986～1989年国家科协“中国交通发展战略研究与建议”	6	进出山海关通道、东部地区南北通道、中部地区东西通道、西南地区外运通道、西北地区外运通道、能源基地煤炭外运通道
2002年国家自然科学基金项目——交通经济带的发展机理及其模式研究	6	东北地区对外通道、东部地区的南北向通道、东部北方的横向通道、东部南方地区的横向通道、西北地区对外通道、西南地区的对外通道
2003年中国工程院《“十一五”及2020年综合交通网络规划思路》	9	京哈通道、京广通道、京沪通道、沿海通道、西部出海通道、路桥通道、沿江通道、西南通道、煤炭外运通道

续表

研究项目	数量	通道名称
2007年国家发改委《综合交通网中长期发展规划》	10	南北沿海运输大通道、京沪运输大通道、满洲里至港澳运输大通道、包头至广州（湛江）运输大通道、临河至防城港运输大通道、西北北部出海运输大通道、青岛至银川运输大通道、陆桥运输大通道、沿江运输大通道、上海至瑞丽运输大通道

资料来源：丁金学：《综合运输通道发展理论与实践》，人民交通出版社股份有限公司2019年版。

2. 综合交通枢纽

综合交通枢纽是在单一方式交通枢纽出现、发展和成熟的基础上形成的，受自然条件、交通区位、经济社会、人口城镇等多方面因素长期作用和影响。随着其形成条件与因素的变化及其相互作用，综合交通枢纽的空间地位、功能作用和重要程度也将随之变化。

（1）综合交通枢纽概念形成及其内涵。

综合交通枢纽概念是在交通枢纽、运输枢纽的认识基础上逐渐形成的。从人类社会发展历史看，交通枢纽伴随社会分工、商品交换、城镇起源或发展而形成，经历了从无到有、从简单到复杂、从低级到高级的形成发展过程。从古驿站、漕运码头到现代沿海港口、火车站、汽车站、机场等枢纽节点，交通枢纽的发展经历了漫长的演变过程。

目前，国内学术界对交通枢纽、运输枢纽等概念的认知尚未完全统一。胡列格（2004）等认为，交通枢纽又称运输枢纽，是几种运输方式或几条运输干线交汇并能办理客货运输作业的各种技术设备的综合体。胡思继（2005）认为，交通枢纽是指在两条或者两条以上交通运输线路的交汇、衔接处形成的，具有运输组织与管理、中转换乘及换装、装卸存储、信息流通和服务等功能的综合性设施。罗仁坚（2012）则认为“交通枢纽与运输枢纽在内涵、功能、作用以及布局上有很大的不同，应区分所指，引导规范使用”“交通枢纽指交通网和通道上主要节点，关注的重点是节点对外连通和在通道网络中的地位；运输枢纽是指依托交通基础设施网络建立的运输网络的重要节点和在节点提供运输组织与服务的主要场站和设施，关注的重点是节点的设施场所和能力及服务水平”。

综合交通枢纽概念最早提出的时间和含义难以考证，直到20世纪90年代末，国内一些专家学者开始从不同角度尝试对综合交通枢纽开展研究。在此之前，受苏联统一运输网发展理论的影响，我国交通运输领域更倾向于称之为综合运输枢纽。杨洪年（1989）认为，综合运输枢纽是两种或两种以上的现代运输方式的衔接点，是办理长途及城市客货运输业务而设置的各种运输设施（包括铁路、水运、公路、航空、管道以及城市交通的运输设施）的综合体①。2007年，国务院印发的《综合交通网中长期发展规划》从国家综合交通网整体空间格局的角度对综合交通枢纽概念进行了界定，首次在政府文件中明确“综合交通枢纽是在综合交通网络节点上形成的客货流转换中心”。综合交通枢纽一般位于国家综合运输大通道或区域运输通道的重要交汇点，依托城市和重要城镇，在跨区域、区域人员和物资运输中具有重要的集散中转功能，有一定的吸引和辐射范围，对国家、区域和地区综合交通网络的合理布局、顺畅衔接和高效运行具有重要作用和影响②。

（2）国家综合交通枢纽布局方案演进。

1989年，原交通部在公路、水运“三主一支持”发展战略构想中提出

---

① 杨洪年：《我国的综合运输体系现状》，《中国交通运输要览》，经济科学出版社1989年版。

② 吴文化、向爱兵、毛科俊等：《我国枢纽经济发展理论与实践》，经济科学出版社2019年版。

建设“港站主枢纽”，具体指 19 个沿海港口、23 个内河港口和 48 个公路主枢纽。虽然主枢纽的表现形式仍然是单一运输方式，但其在布局过程中统筹考虑了全国性交通运输大通道的布局建设①。

2007 年，国务院批准印发的《综合交通网中长期发展规划》按照交通枢纽节点城镇所处的区位、功能和作用，衔接的交通运输线路的数量，吸引和辐射的服务范围大小，以及承担的客货运量和增长潜力，将综合交通枢纽分为全国性综合交通枢纽、区域性综合交通枢纽和地区性综合交通枢纽三个层次。全国性综合交通枢纽与当时“五纵五横”综合运输大通道共同构成我国综合交通网络骨架，并首次在全国范围内确定了 42 个全国性综合交通枢纽。

三、运输经济学学科建设的贡献

综合运输理论的形成与发展与运输经济学学科建设和发展密切相关。运输经济学是应用经济学的分支，西方经济学、政治经济学、管理学、系统工程学等共同构建形成综合运输的理论渊源和发展基础。

运输经济问题一直是经济学家关注的焦点之一。1776 年，亚当·斯密在《国富论》(*An Inquiry into the Nature and Causes of the Wealth of Nations*) 中论述过运输对城市和地区经济繁荣所起的促进作用，政府在交通设施方面的开支等问题。19 世纪中期，马克思在《资本论》中用大量篇幅论述了铁路和航运对资本主义大工业的作用，并深刻论述了有关运输性质、运输

① 1988 年，原交通部在《2000 年水运、公路交通科技、经济和社会发展规划大纲》提出“三纵五横”八条运输大通道的基础上，进一步提出了建设全国性综合交通运输大通道、大骨架、大枢纽的战略构想，并于 1989 年系统性提出我国公路、水运发展“三主一支持”的战略构想。

业投资、运输业对资本主义大工业和商品经济的影响、运输工具对社会经济发展影响等思想。20 世纪 30 年代，美国经济学家洛克林著作《运输经济学》的问世，标志着运输经济学理论体系的初步建立和运输经济学成为一门独立的学科。

我国从 20 世纪 20 年代后期和 30 年代开始引进西方的运输经济学，主要介绍运价、运输成本、财务会计和运输统计等原理；新中国成立后，我国主要借鉴吸收苏联运输经济理论，其中代表性的著作有：哈恰图罗夫的《运输经济学》① 和哈努哥夫主编的《铁路运输经济学》② 等。这些运输经济知识为我国 20 世纪 50 年代末创建综合运输理论框架奠定了坚实的基础。

20 世纪 70 年代末 80 年代初，我国进入了从计划经济向市场经济过渡的经济转轨时期，国内专家学者陆续出版了《铁路运输经济》《公路运输经济学》《航运经济》《中国运输布局》《中国交通经济分析》《中国的交通运输问题》等一批著作，其中一些分别讨论各部门内部的运输经济、管理活动和体制改革，另一些则反映了当时对综合性宏观运输经济问题进行研究的成果，这为改革开放初期我国综合运输理论跨越式的提升奠定了坚实的研究基础。同时，在市场经济思想的引导下，我国运输经济学科体系开始形成③，运输经济学术平台开始建立④，在交通运输发展理念转变和综合运输理论提升过程中发挥了重要作用。

---

① ［苏］哈恰图罗夫著，北京铁道学院经济系译：《运输经济学》，科学出版社 1960 年版。

② ［苏］哈努哥夫著，凌祖佑译：《铁路运输经济学》，中国铁道出版社 1985 年版。

③ 1981 年，原北方交通大学获运输经济学和管理科学与工程硕士学位授予权；1986 年，原北方交通大学再次获运输经济学博士学位授予权。

④ 1979 年，原国家经济贸易委员会综合运输研究所发起并组织了新中国成立以来首次全国运输经济学术研讨会，并在此次会议上成立了中国运输经济研究会。

20 世纪 80 年代末至 21 世纪初期，我国运输经济学学科理论体系逐渐完善，涌现了一批有关运输经济的译著、专著和学科教材，譬如：1989 年赵传运等翻译罗依．桑普森的《运输经济——实践、理论和政策》、1993 年冯宗宪翻译肯尼思．巴顿的《运输经济学》等译著；1993 年荣朝和的《论运输化》、1994 年韩彪的《交通运输发展理论》等专著以及 1993 重庆交通学院乔乐中主编的《运输经济学》、1995 年许庆斌等主编的《运输经济学导论》、1998 大连海事大学赵锡铎的《运输经济学》、1999 年上海海运学院陈贻龙和长安大学邵振一主编的《运输经济学》、2002 年长沙交通学院管楚度主编的《新视域运输经济学》和北方交通大学荣朝和主编的《西方运输经济学》等教材。我国运输经济学科体系的建立和西方运输经济理论的引入、吸收和借鉴，为后来我国社会主义市场经济体制下综合运输理论体系的建立和发展奠定了基础。

四、简要结论

1978 年 5 月，刚刚结束“文化大革命”的中国从围绕真理标准问题的讨论开始，在全国范围内掀起了一场解放思想的浪潮；同年 12 月，党的十一届三中全会确立了解放思想、实事求是的思想路线，把党和国家工作重心转移到经济建设上来，决定进行改革开放。实践证明，“解放思想是前提，是解放和发展社会生产力、解放和增强社会活力的总开关。没有解放思想，我们党就不可能在十年动乱结束不久作出把党和国家工作中心转移到经济建设上来、实行改革开放的历史性决策，开启我国发展的历史新时期”①。

---

① 2013 年 11 月 12 日习近平总书记在党的十八届三中全会第二次全体会议上的讲话。

改革开放以来我国综合运输理论的发展最大突破也在于思想的解放。一是打破各种运输方式“以我中心”的封闭落后思想，综合运输发展不姓“铁”、姓“公”或姓“水”，也不姓“（航）空”或姓“管”，而是姓“综”，需要在“综”字上做文章。二是强调科学技术对综合运输发展的巨大推动作用。改革开放初期指导我国交通运输业发展的纲领性文件《交通运输技术政策要点（草案）》，正是在“科学技术是生产力”思想解放的大背景下研究编制形成的。综合运输是一种先进的技术经济思想，需要技术政策革新推动综合运输发展。三是打破了计划经济制度下只能根据社会主义有计划按比例发展的固定模式，开始探索按市场经济规律推动综合运输发展。尤其是 1992 年邓小平南方谈话后，社会各界不再纠结“计划”和“市场”“姓资”还是“姓社”，“计划和市场都是经济手段”，国内交通运输科研工作者进一步解放思想，主动学习借鉴欧美、日本等发达国家先进的实践经验、思想理论和研究方法，以实事求是、博众家之所长的态度积极开展综合运输理论研究工作。总的来看，改革开放 30 多年来我国在计划经济和市场经济结合与转轨的不同环境中，走出了一条中国特色的综合运输体系建设道路，发展综合运输已成为全社会的共识。

第四章

综合运输发展进入新时代（2012年至今）

党的十八大以来，在以习近平为核心的党中央领导下，我国牢牢把握交通基础设施优化布局、加速成网的关键机遇期，乘势而上，综合交通网络规模和质量实现跃升，覆盖广度和通达深度不断提升，运输方式合理分工和一体衔接水平持续提高，重大工程建设取得显著成绩，书写了新时代综合交通运输发展新篇章。在我国整体迈进“强起来”的新时代，交通运输走进建设交通强国的新时代，进入“适度超前”进而“引领发展”的新阶段，进入发展方式由“高速度增长”转向“高质量发展”的新时代，进入由“国内发展”转向“全球拓展”的新时代。

第一节　创新成为引领发展的第一动力

一、综合运输管理体制深化改革创新

改革开放后，我国逐步进行运输市场管理体制改革和以政企分开、政资分开、所有权与经营权分离的行政管理改革及国有企业改革，运输市场和交通建设市场基本建成以市场化为基础的运输资源要素配置和以政府引导配置基础运输服务功能的管理体制，保障了交通运输发挥其在国民经济中的基础性和支撑性作用。但是，也要清晰地看到，交通运输领域长期存在诸多结构性、功能性失衡矛盾，其根源在于资源要素配置方式的失衡甚至扭曲，特别是垄断性领域、公益性领域以及可竞争领域等缺乏针对性的有效的资源要素配置方式，必须结合发展实际正确处理和调整政府与市场的关系，更加充分更加广泛地深化交通运输要素资源

市场化改革，推动形成市场决定要素配置的运行机制和循环机制，加快建设与现代化经济体系、现代化城镇体系、全面开发体系以及实体经济、科技创新、现代金融、人力资源协同发展的产业体系相适应的综合交通运输发展机制。

党的十八大以来，针对制约交通运输转型升级的体制机制障碍，交通运输领域进一步深化综合运输行政管理体制改革，逐步形成了以创新为引领的交通高质量发展的体制机制。

多年来，铁路实现了跨越式发展，保障了国民经济平稳运行和人民生产生活需要，但也存在政企不分、与其他交通运输方式衔接不畅等问题。为推动铁路建设和运营健康可持续发展，保障铁路运营秩序和安全，充分发挥各种交通运输方式的整体优势和组合效率，有必要实行铁路政企分开，加快推进综合交通运输体系建设。2013 年，十二届全国人大一次会议审议通过了《国务院机构改革和职能转变方案》，决定实行铁路政企分开，完善综合交通运输体系，提出将铁道部拟订铁路发展规划和政策的行政职责划入交通运输部；组建国家铁路局，由交通运输部管理，承担铁道部的其他行政职责，负责拟订铁路技术标准，监督管理铁路安全生产、运输服务质量和铁路工程质量等；组建中国铁路总公司，承担铁道部的企业职责，负责铁路运输统一调度指挥，经营铁路客货运输业务，承担专运、特运任务，负责铁路建设，承担铁路安全生产主体责任等。自此，在原 2009 年组建新交通运输部的基础上将铁道部拆分合并成具有历史意义的、全面管理我国交通运输领域的交通运输部。通过职能整合、机构合并减少了职能交叉，精简了机构和人员，提高政府工作效率，增强政府公共服务能力，同时，通过整合管理各种运输方式的职能可以合理利用资源，发挥组合效率，推进综合运输体系建设。

处理好政府和市场的关系是改革开放以来政府适应以市场为主体的

管理职能转变的改革主线，贯穿于改革的各个时期。通过改革从管企业、管运行、管市场的管理型政府转变为精简管理事项、建立市场规则、维护市场公平、建立诚信体系的服务型政府。2014 年交通运输部《关于加快转变政府职能深化行政审批制度改革的意见》中明确提出“充分尊重市场在资源配置中的决定性作用，最大限度减少交通运输部门对微观经济事务的管理，把该放的权力放到位”。行政体制改革把简政放权、放管结合作为“当头炮”和“先手棋”，交通运输部在逐步取消和下放行政审批事项的基础上，以“双随机、一公开”“一单二库”（随机抽查清单、抽查事项建立一个市场主体名录库、检查人员名录库）监管机制推进事中事后监管。

在经济增速转入中高速增长新常态后，传统的交通运输投融资模式难以满足发展需要，特别是不能适应国家深化财税体制改革的要求，政府投资主体作用不强、公共财政投入不足，各级政府交通事权不清晰、支出责任不明确，融资政策不完善、社会资本投入动力不足，政府举债不规范、债务负担较重等问题需要以新的交通运输基础设施投融资模式破解。2015 年，交通运输部《关于深化交通运输基础设施投融资改革的指导意见》提出，建立和完善交通运输发展“政府主导、分级负责、多元筹资、规范高效”的投融资管理体制，加快形成中央领导、权责清晰、财力协调、区域均衡、监管有力、运转高效的交通运输领域财政事权和支出责任划分模式。2017 年开始，在金融市场高杠杆率、高负债率和高流动性背景下，交通等基础设施投融资开始重点以防控地方政府债务风险为总基调。针对地方政府融资不畅而大量变相举债的现象，财政部分别从政府投资基金、政府和社会资本合作（PPP）融资、政府购买服务、PPP 项目库等方面颁布多个文件，促进地方政府融资的规范发展。国家发展改革委要求进一步规范地方融资平台发行的企业债券，财政部要求金融企业规范对地方政府和国有企业的投融资行为，以及加强 PPP 示范项目规范管理。

长期以来交通基础设施处于不充分状况，为推进交通基础设施尽快发展，中央地方处于相互捆绑的发展状态，各自主体负责领域没有明确划分，传统的“中央投资、地方筹资、社会融资、利用外资”投融资模式在部分地区和领域存在社会融资与利用外资渠道不畅、利用不充分问题。同时，在交通基础设施建设依然是拉动地方 GDP 的推动下，地方政府规划和建设交通的热情比较高，收费公路、高速铁路和支线机场等方面在各个五年规划中都形成了一批大的基建项目，部分地区出现项目收益不高、债务负担较重的现象。2019 年，国务院办公厅印发《交通运输领域中央与地方财政事权和支出责任划分改革方案》，在中央统一规划的前提下，通过增强中央政府事权逐步完善国家主干运输通道和对中西部、老少边穷、集中连片特困地区以及农村公路通畅工程等民生工程支持倾斜，并依照规定下放部分事权，提升地方支出责任。这些改革措施有利于解决交通运输领域发展不平衡不充分问题。

2020 年，交通运输部发布《关于推进交通运输治理体系和治理能力现代化若干问题的意见》，提出构建系统完备、科学规范、运行有效的交通运输制度体系，完善跨领域、网络化、全流程的交通运输现代治理模式，提升系统治理、依法治理、综合治理、源头治理水平，形成全社会共建共治共享的交通运输治理格局，把制度优势更好转化为行业治理效能。

二、交通运输新业态新模式蓬勃发展

习近平指出，推进供给侧改革，必须牢固树立创新发展理念，推动新技术、新产业、新业态蓬勃发展，为经济持续健康发展提供源源不断的内生动力[①]。交通运输新业态、新模式是交通运输与经济社会深度融合发展产生的业态模式，也是创新驱动引领产生的新的经济形态。交通新业态、新模式带动了新增就业，催生了新消费，方便了群众生产生活，促进了关联产业的蓬勃发展。交通运输领域的互联网经济、共享经济、平台经济、电商快递等新业态、新模式存在广阔的发展空间，如电商、快递、移动支付、互联网共享交通等新业态、新模式，大幅提升了人民群众的幸福感和获得感。

1. 发展动力决定发展速度、效能、可持续性

推动交通运输高质量发展必须坚定不移推进供给侧结构性改革，大力破除无效供给和低效供给，强化供需有效匹配，以此为发展基点着力培育形成并壮大新动能，促进新旧动能加快接续转换，加快推动交通运输现代化发展，更好地支撑现代化经济体系建设。

近年来，我国互联网技术、产业与交通融合方面取得积极进展，但在市场应用、基础条件、技术支撑、政策环境等方面仍然存在许多制约，难以满足发展智能交通、培育新业态的需要。2015 年，国务院印发《关于积极推进“互联网 +”行动的指导意见》，首次提出发展“互联网 +”便捷交通，加快互联网与交通运输领域的深度融合，通过基础设施、运输工具、运行信息等互联网化，推进基于互联网平台的便捷化交通运输服务发展，显著提高交通运输资源利用效率和管理精细化水平，全面提升交通运输行业服务品质和科学治理能力。2016 年，国家发展改革委、交通运输部印发《推进“互联网 +”便捷交通促进智能交通发展的实施方案》指出，交通与互联网融合发展有利于方便旅客出行、优化资源配置、提高综合效

---

① 《习近平在省部级主要领导干部学习贯彻党的十八届五中全会精神专题研讨班上的讲话》，载《人民日报》，2016 年 5 月 10 日。

率，也是培育交通发展新动能、提升发展水平的重要方面。提出以旅客便捷出行、货物高效运输为导向，全面推进交通与互联网更加广泛、更深层次地融合，加快交通信息化、智能化进程，创新体制机制，优化营商环境，充分发挥企业市场主体作用，增加有效供给，提升效率效益，推动交通供给侧结构性改革。《“十三五”现代综合交通运输体系发展规划》明确提出，拓展交通运输新领域新业态、积极引导交通运输新消费，打造交通物流融合新模式；明确鼓励企业发展城市定制公交、农村定制班车、网络预约出租汽车、汽车租赁等新型服务，稳妥推进众包服务，鼓励单位、个人停车位等资源错时分享使用；构筑资源分享的交通物流平台，创新发展模式，实现资源高效利用等。2017 年，国家发展改革委印发《关于促进分享经济发展的指导性意见》，旨在加强预期引导，优化发展环境，促进分享经济发展。

随着互联网等新技术的快速发展，网约车、共享单车、共享汽车、互联网物流等交通运输领域新业态呈现井喷式发展，对满足公众多样化出行需求、培育经济发展新动能发挥了积极作用，但运营安全责任落实不到位、各方权益难以有效保障等问题也日渐显现。为加强交通运输新业态监管、形成工作合力，促进行业持续稳定健康发展，2018 年，经国务院同意，建立交通运输新业态协同监管部际联席会议制度。2020 年，交通运输部印发《关于加强和规范事中事后监管的指导意见》，强调对于网约车、共享单车、汽车分时租赁等新业态，按照鼓励创新、趋利避害、规范发展、包容审慎原则，分领域量身定制监管规则和标准，积极培植发展新动能，维护公平竞争市场秩序，促进新老业态深度融合发展；坚守质量和安全发展底线，严禁简单封杀或放任不管，对出现的问题及时引导或处置。对潜在风险大、可能造成严重不良后果的，依法严格监管。

党的十八大以来，交通基础设施信息化智能化水平全面提升，交通运输成为先进技术试验应用载体和新兴产业孵化成长平台，交通运输新兴客货服务产品层出不穷。

2. 交通“新型基础设施”蓬勃发展

新一代国家交通控制网、智慧公路试点、智慧港口示范工程、E 航海示范工程、交通旅游服务大数据试点工作有序实施。基础设施数字化、路运一体化车路协同、北斗高精度定位综合应用成效显著。北京、福建、广东、河北等 9 个省（区、市）作为第一批试点单位取得初步成效。北斗系统在通用航空、海上应急救援等领域的应用不断完善。围绕形成“数字化 + 供应链”全链路物流服务，物联网、人工智能、云计算、大数据、区块链等技术，无人仓、无人机、无人车、无人港、无人驾驶、物流机器人等装备，智能客服、智能仓等迅速普及，网络货运、共享经济等平台模式，持续深化在物流和供应链领域的应用，加快推动我国物流供应链形成数字化、智能化、网络化发展新动能。

3. 传统交通基础设施智能化升级加快

“互联网 + ”交通技术应用业务领域不断深化扩展，主要集中在行政执法、出行服务、行业监管、安全应急以及基础设施管理等。互联网在公路、铁路、民用航空上得到逐步应用。高速公路电子不停车收费系统（ETC）基本实现了全国联网，截至 2019 年底，ETC 客户累计将近 2 亿人①。铁路实现了网上售票、刷脸进站、高铁 WIFI 等服务环节的智能化，“复兴号”高速铁路列车实现 WIFI 全程覆盖；民航实现“万米高空通 WIFI”，东方航空在 75 架宽体机上提供空中接入互联网服务。云计算、大数据技术以及人工智能技术在行业监管、安全应急、行政审批等应用较广，人工智能与基础设施建设、运输装备研发应用、运输服务以

① 资料来源：2020 年全国交通运输工作会材料。

及行业治理等深度融合。北京、深圳、杭州、南京等城市交通运行协调指挥中心加快建设，搭建信息共享与服务平台，动态运行监测和协同服务水平不断提高。

4. 客运共享出行探索精细化运营

网约车、共享单车、共享汽车等客运线上线下新消费快速发展。经过几年的发展，共享出行行业转向精细化运营，提高自身“造血”能力，不断尝试新的盈利方式和必要的策略调整，企业业务保持可持续发展。滴滴顺风车和快车拼车分享座位超过 10 亿人，滴滴升级共享汽车业务并将开展共享汽车开放平台的小桔车服作为主要发展方向。滴滴、高德、美团积极探索聚合模式，高德打车、美团打车接入了曹操出行、神州专车、首汽约车等主流出行服务商，滴滴新增“第三方”入口，用户可选择秒走打车、如祺出行等。国铁集团、民航公司的网站、应用程序（App）、公众号售票系统通过迭代优化，更好地满足了旅客订票、选座、出行需求。铁路互联网售票办理比例达到 70%。

5. 货运物流新模式快速涌现

以互联网、5G、人工智能等为代表的先进信息技术应用为货运物流注入了发展新动能。货运物流积极融入“互联网 +”进程，形成了各种新技术、新业态和新模式，创新了货运物流组织方式。铁路互联网网上货运业务办理比例达到 70%；以满帮、易货嘀、路歌、G7 等为代表的车货匹配、车辆管理平台的建设，有力地促进货运资源整合；以菜鸟网络、顺丰集团、京东物流等为代表的平台企业实现了电商物流、快递信息的跟踪与查询，提升了客户体验；达达、闪送等城市快送和外卖配送等通过 App 下单，实现上门取货和送达，成为城市即时配送的新亮点。2019 年 229 家无车承运人试点企业整合货运车辆 211 万辆，车辆利用率提高约 50.0%，较传统货运交易成本降低了6至8个百分点①。传化智联、满帮等公路智能物流平台和一达通、舱位宝等航运订舱平台快速发展，网络货运新业态新模式不断涌现。

三、装备技术水平快速进步

制造业是国民经济的主体，是科技创新的主战场，是立国之本、兴国之器、强国之基。党的十八大以来，全球制造业发展格局和我国经济发展环境发生重大变化，以习近平总书记为核心的党中央紧紧抓住难得的战略机遇，强调突出创新驱动，优化政策环境，发挥制度优势，实现中国制造向中国创造转变、中国速度向中国质量转变、中国产品向中国品牌转变。

2015年，国务院印发我国实施制造强国战略第一个十年的行动纲领《中国制造2025》，提出坚持“创新驱动、质量为先、绿色发展、结构优化、人才为本”的基本方针，坚持“市场主导、政府引导，立足当前、着眼长远，整体推进、重点突破，自主发展、开放合作”的基本原则，通过“三步走”实现制造强国的战略目标。明确了提高国家制造业创新能力的十大重点领域，其中包含航空航天装备、海洋工程装备及高技术船舶、先进轨道交通装备、节能与新能源汽车等交通运输技术装备领域，几乎占据“半壁江山”。

我国高速动车组实现从技术跟随到技术引领的转变，关键之处就在于创新。2015年，由中国南车集团公司和中国北车集团公司重组合并而成的中国中车集团公司正式宣告成立。在吸取国内很多行业技术引进失败的教训后，中车在高铁引进过程中创造性地提出了“两条腿”走路的战略：一

① 国务院新闻办公室：《中国交通的可持续发展》白皮书，2020年。

条“腿”是杜绝重复引进，在引进了时速200千米的动车组之后，拒绝再引进时速300千米的动车组，避免了陷入“引进—落后—再引进—再落后”的圈子。另一条“腿”则是在消化引进技术的同时，开始自主开发时速300千米动车组。最终，中车在引进了第一代动车组之后，自主开发了第二代动车组“和谐号”CRH380系列，其中CRH380A获得了美国戴维斯律师事务所及知识产权局的专利评估，打开了通向世界高铁市场的大门。2017年6月，中车研发的第三代动车组“复兴号”中国标准动车组正式下线，建起了中国标准技术体系，让中国高速动车组真正实现了由“技术跟随”到“技术引领”的跨越。自2014年首次登陆美国以来，“中车制造”在3年内连续进入波士顿、芝加哥、洛杉矶、费城4大城市，共计获得1359辆地铁及通勤客车的订单①。

大型客机研发和生产制造能力是一个国家航空水平的重要标志，也是一个国家整体实力的重要标志。在全球合作程度极高的民用大飞机领域，牢牢把握自主创新和核心竞争力的意义更为重要。2014年5月23日，习近平来到中国商用飞机有限责任公司设计研发中心，走进综合试验大厅，登上自主研制的C919大型客机展示样机。他强调，要做一个强国，就一定要把装备制造业搞上去，把大飞机搞上去，起带动作用、标志性作用。2017年5月5日，C919首飞成功，标志着中国航空产业和大飞机事业的起飞。由此，我国不但掌握了研发和生产大飞机的关键技术，更实现了大飞机技术集群式突破，形成了大飞机和航空产业参与未来国际竞争的核心竞争力。C919的顺利首飞，是实现中华民族百年“大飞机梦”的历史突破。在C919一飞冲天的背后，是中国商飞多年来的不懈努力。从2008年5月11日正式挂牌成立，到2017年5月5日C919完成首次试飞，中国

① 《迎接党的十九大特刊：向世界展示中国成就的“亮丽名片”》，载《经济日报》2017年10月8日。

商飞在短短不到十年的时间内，完成了国产大飞机的设计、研发、生产、测试和首飞，不但探索出一条自主创新的航空产业发展新路，还以研发C919为契机，全力打造出了一个日渐成熟的航空产业发展集群，为未来我国航空产业迈入国际先进水平奠定了牢不可破的基础。

复兴号动车组的运行，C919飞机全面试飞，大型船舶和汽车装备制造能力进一步提升，为我国交通运输高质量发展提供了坚实支撑。高速铁路、重载铁路、深水筑港、大型飞机、北斗卫星导航、海工设备等技术装备取得突破，形成了一系列“大国交通重器”，见证了中国综合国力的飞跃。

1. 铁路轨道交通装备制造技术取得重大突破

以高速动车组、大功率机车、重载铁路货车、城市轨道车辆为代表的轨道交通装备系列产品，整体技术达到国际先进水平，部分指标国际领先，已形成全系列、谱系化产品设计制造能力。铁路重载运输技术达到世界先进水平，大秦铁路成功试验3万吨组合列车，创造了世界铁路重载运输的奇迹。铁路信息化水平不断提高，建成了传输网、交换网和数据通信网三大基础网络，以现代数字通信取代了模拟通信，大幅提高了运营效率和安全性。轨道交通运输装备智能化成果凸显，在高速磁浮技术领域实现重大突破，时速600千米高速磁浮试验样车在青岛下线，世界首条智能高铁“京张线”开张，复兴号智能动车组可实现350千米时速下自动驾驶、自动发车、区间自动运行等智能功能。神朔铁路开行我国首列智能重载列车，实现万吨列车自动驾驶等功能。深圳地铁11号线成功试行全球首创5G车地通信技术，可将车载数据向车站、车辆段、停车场等属地进行及时传输。

2. 新能源汽车与国际先进水平基本同步发展

随着公路网络不断完善，我国汽车业发展迅猛，产销量自2009年起连续10年稳居全球首位。围绕电动化、网联化、智能化、共享化，新能源汽车发展与国际先进水平基本保持同步。2018 年我国新能源汽车产销量首次突破 100 万辆，2019 年新能源汽车产销分别完成 124.2 万辆和 120.6 万辆[①]，全国新能源公交车突破 34 万辆，占城市公共汽电车总数的 51%[②]。

3. 新一代智能网联汽车技术取得新进展

汽车企业与电子、通信、互联网等企业开展跨界融合合作，智能网联汽车应用场景和技术发展不断突破。以自动驾驶、智能网联为代表的新一代智能信息产业加速发展，全球首张自动驾驶商用牌照在国家智能网联汽车（武汉）测试示范区发放，华为、阿里、腾讯、百度等企业发布车联网解决方案，通过网联与智能结合，智能车与智慧路结合，构建立体智能交通体系；上海临港、江苏泰兴和湖北襄阳被认定为智能网联汽车自动驾驶封闭场地测试基地。智能网联汽车作为解决交通安全、道路拥堵、能源消耗、环境污染等问题的重要手段，带动了汽车产业技术变革和加速升级。

4. 船舶港机技术国际领先

我国已成为全球最大的港口机械制造国、使用国和出口国，连续 20 年稳居世界首位。大型专业化码头装卸设备制造、海工机械特种船舶、集装箱成套设备制造技术领先世界，300 米饱和潜水取得创新性突破。成功开发出世界首创的双 40 英尺集装箱起重机、采用 GPS 技术的集装箱起重机等。集装箱等主要港口大型装卸设备产销量和技术水准牢牢居于世界第一的位置，并支撑起外向经济发展和世界第一制造大国的发展。造船完工量、新接订单量、手持订单量三大指标稳居世界前列，其中 90% 左右的船舶产品出口国际市场。开发了一批标准化、系列化品牌船型，主流船型实现全系列研发制造，特别是大型液化天然气 LNG 船、超大型汽车运输船、

① 中国汽车工业协会信息发布会，2020 年 1 月 13 日。

② 2019 年绿色出行宣传月和公交出行宣传周启动仪式上交通运输部副部长刘小明的讲话。

"雪龙二号"破冰科考船等实现国内建造"零"的突破。长江流域船型标准化加快推进，建造三峡库区大长宽比示范船和LNG动力船65艘。自主研制的首艘自主航行货船"筋斗云0号"装载着岛上特产在珠海东澳岛首航，该货船采用电力推进系统及数字化控制，具备自主航行、远程监控和报警功能，成为我国智能船舶技术进步和产业发展的重要平台。

5. 飞机制造自主化水平大幅提升

以CR929远程宽体客机、C919大型客机、ARJ21－700涡扇支线飞机和新舟系列涡桨支线飞机为代表的"两干两支"民用飞机产品格局正在形成。我国首架拥有自主知识产权的涡扇支线喷气客机ARJ21－700飞机适航取证试飞成功，国产大飞机C919已完成初步设计方案并多次试飞，中国成为世界上为数不多的能够自主研制大飞机的国家。AG600水陆两栖飞机实现陆上和水上首飞。

6. 管道及特种设备制造技术日趋成熟

随着多条长输油气管道的兴建，我国在大流量输气管道设计、油气输送管道运行、管道工程建设施工等方面取得重大技术进步，长输油气管道建设已达到或接近国际先进水平。大口径、高压力管道设计施工和装备制造技术日趋成熟，高钢级管材、自动焊装备、大型压缩机组等主要材料、关键设备自主化水平不断提高。

四、基础设施工程举世瞩目

习近平总书记十分关心国家工程、国之重器建设。他指出，在他亲历的全长36千米的杭州湾跨海大桥这一工程不仅促进了当地从交通末梢到交通枢纽的飞跃，更通过物流、资金流、信息流的汇聚和扩散影响了经济社会发展的各个领域，促进了苏浙沪经济圈发展①。在港珠澳大桥开通仪式上，习近平指出，港珠澳大桥的建设创下多项世界之最，非常了不起，体现了一个国家逢山开路、遇水架桥的奋斗精神，体现了我国综合国力、自主创新能力，体现了勇创世界一流的民族志气②。

党的十八大以来，我国高速铁路、高寒铁路、高原铁路、重载铁路技术达到世界领先水平，高原冻土、膨胀土、沙漠等特殊地质公路建设技术攻克世界级难题。离岸深水港建设关键技术、巨型河口航道整治技术、长河段航道系统治理技术以及大型机场工程建设技术世界领先。世界单条运营里程最长的京广高铁全线贯通，一次性建成里程最长的兰新高铁，世界首条高寒地区高铁哈大高铁开通运营，大秦重载铁路年运量世界第一，世界上海拔最高的青海果洛藏族自治州雪山一号隧道通车。川藏铁路雅安至林芝段开工建设。港珠澳大桥、西成高铁秦岭隧道群、洋山港集装箱码头、青岛港全自动化集装箱码头、长江口深水航道治理等系列重大工程举世瞩目。中国在建和在役公路桥梁、隧道总规模世界第一，世界主跨径前十位的斜拉桥、悬索桥、跨海大桥，中国分别有 7 座、6 座、6 座，世界最高的 10 座大桥中有 8 座在中国。

我国高原冻土、膨胀土、沙漠等特殊地质的铁路、公路建设技术不断克服世界级难题，高速铁路、高寒铁路，高原铁路、重载铁路技术等迈入世界先进行列。特大桥隧建造技术达到世界先进水平，离岸深水港建设关键技术、长河段航道系统治理技术以及大型机场工程建设技术世界领先，涌现了一大批国家级重大工程。

---

① 《习近平让工程科技造福人类、创造未来——在 2014 年国际工程科技大会上的主旨演讲》，载《人民日报》2014 年 6 月 4 日。

② 《习近平出席开通仪式并宣布港珠澳大桥正式开通》，载《人民日报》2018 年 10 月 24 日。

1. 铁路工程技术跨越发展

世界上运输量最大、效率最高的重载铁路——大秦铁路，屡破运力极限，最高载重已达到3万吨①。我国东西向线路里程最长、速度等级最高、经过省份最多的高速铁路——沪昆高速铁路全线正式通车。拥有完全自主知识产权的高速铁路系统成为中国名片，人民群众出行体验极大改善。京张高速铁路作为国家“八纵八横”京兰通道的重要组成部分开通运营，是北京冬奥会重要的配套基础设施工程，也是目前世界上最先进的时速350千米的智能高速铁路。

2. 桥隧技术不断突破纪录

我国公路、铁路桥梁建设屡创世界奇迹，一大批具有世界先进水平、举世瞩目的大型、特大型公路、铁路工程和特大桥隧建造技术，在世界公路铁路桥梁隧道建设史上留下了光辉足迹。2018年通车的港珠澳大桥作为世界级跨海大桥，是公路建设史上技术最复杂、施工难度最大、工程规模最大的桥梁工程，其最长的海底沉管隧道和深埋沉管隧道工程为世界海底隧道工程技术提供了独特的样本和宝贵的经验，被誉为“世界桥梁建筑史上的巅峰之作”，标志着我国走向跨海桥梁强国。G7京新高速公路是世界穿越沙漠最长的高速公路，双跨连拱为世界高速铁路跨度最大。垂直高度565米的北盘江特大桥是世界第一高桥梁，矮寨特大悬索桥创造了四项世界第一，大胜关公铁大桥是世界首座六线铁路桥，沪通长江大桥是世界上首座跨度超过千米的公铁两用斜拉桥。

3. 港口航道工程领先全球

我国集装箱等主要港口大型装卸设备产销量和技术水准牢牢位居世界

① 方立新、刘学奎、姜锦铭：《“重载”奔跑三十岁大秦铁路日夜不息为中国经济“输能”》，新华网，2018年12月28日。

第一。厦门港、青岛港等相继建成全自动化集装箱码头，上海与浙江共同推进小洋山北侧江海联运码头建设，宁波—舟山港鼠浪湖中转码头等一批大型现代化码头投入使用。2017 年 12 月 10 日，全球最大单体自动化智能码头和全球综合自动化程度最高的码头——上海洋山港四期码头正式开港，标志着我国港口在运营模式和技术应用上实现了里程碑式跨越升级。内河航道工程取得了一系列成绩，长江南京以下 12.5 米深水航道主体工程完工，中游荆江河段航道整治工程竣工验收。

4. 大型机场建设技术不断进步

2019 年北京大兴国际机场正式通航，成为世界上建设规模最大的国际航空枢纽，被誉为“新世界七大奇迹”之首，这座世界上规模最大、技术难度最高的单体机场航站楼不仅代表了北京未来的发展方向，更是艺术设计、科学技术、勤劳智慧的结晶，完美诠释了中国基建实力的新高度，是中国面向世界的新国门。

5. 城市轨道工程技术走向成熟

城市轨道交通工程技术装备谱系不断丰富，智能化水平显著提升，适应各种类型城市、各种出行特征和施工条件的轨道交通投入运营。2017 年 12 月 30 日全自动无人驾驶——北京地铁燕房线投入使用，全自动运行系统的稳定性、安全性、舒适性要比目前的技术提高一个层级。长沙磁浮快线是中国国内第一条自主设计、自主制造、自主施工、自主管理的中低速磁悬浮系统，采用中低速磁浮列车，常导电磁铁悬浮、直线感应电机牵引，设计最高速度为 100 千米/小时。中低速磁浮列车在各种环境下的电磁辐射均低于国际标准规定的安全限制，而噪声值在近距离处仅相当于正常对话的音量。

五、简要结论

创新是引领发展的第一动力，是建设现代化经济体系的战略支撑。我国现代化涉及十几亿人，走全靠要素驱动的老路难以为继。物质资源必然越用越少，而科技和人才却会越用越多，必须及早转入创新驱动发展轨道，把科技创新潜力更好地释放出来。交通运输是一个崇尚创新、勇于创新的行业。我国特大桥隧、离岸深水港、大型机场工程建设技术在世界领先，一大批运输装备达到世界先进水平，正是抓住了创新这个增强发展动力的核心。交通运输行业贯彻落实党中央、国务院关于实施创新驱动发展战略的总体部署，紧密结合交通运输发展的中心任务，切实把握交通运输行业创新发展规律，以提高交通运输发展的质量和效益为核心，深化体制机制改革，加快建立以企业为主体的科技创新体系，充分调动全行业全社会创新发展的积极性和主动性，努力开创交通运输创新发展的新局面。在新时代推动交通运输高质量发展、建设交通强国，必须要坚持把创新摆在更加突出的位置，在更高层次推进交通运输创新发展，支撑引领经济社会高质量发展。

全球新一代信息技术、制造技术、新材料等世界新一轮技术革命，尤其是互联网、大数据、区块链、物联网、人工智能、云计算的发展催生了交通运输服务的革命，如精准定位诊断、动态方案形成、实时监管、智慧交通和物流的应用广度和深度。平台、共享、生态体系等新业态新模式的大量涌现，以及技术创新速度不断加快，发展途径发生显著变化。我国持续推动交通与新产业之间的融合发展，结合新一代信息技术，大力发展数字交通，推进货、车（船、飞机）、场等要素数字化，拓展北斗在道路收费、自动驾驶等领域的应用发展，交通运输迎来了一次全方位的革命。

第二节　构建综合协调发展新格局

一、构建区域协调发展新格局

我国幅员辽阔、人口众多，各地区自然资源禀赋差别之大在世界上是少有的。新中国成立后，我国生产力布局经历过几次重大调整。从“一五”时期苏联援建的156项重点工程过渡至20世纪60年代中期开展的“三线”建设，到改革开放实施的设立经济特区、开放沿海城市等一系列重大举措，再到20世纪末21世纪初逐步形成西部开发、东北振兴、中部崛起、东部率先的区域发展总体战略。

党的十八大以来，党中央提出了京津冀协同发展、长江经济带发展、粤港澳大湾区建设、推进海南全面深化改革开放、长三角一体化发展、黄河流域生态保护和高质量发展等区域发展战略，既为新增长极培育提供了空间载体，也为促进东西和南北平衡提供了着力点。我国已逐步探索出一条具有中国特色的多元、渐进式的区域协调发展道路，并取得了显著成效，呈现出差距相对缩小的良好态势。

交通是区域协调发展的骨干系统和关键落脚点，能有效促进区域间分工协作与协调联动，推动区域协调布局和协调质量的共同优化。便利的交通网络能够降低区域合作成本以及增加区域发展的机会。为促进区域协调发展向更高水平和更高质量迈进，2018年11月中共中央国务院《关于建立更加有效的区域协调发展新机制的意见》印发实施，明确了区域协调发展的战略重点与方向，强调基本公共服务均等化、基础设施通达程度比较均衡、人民基本生活保障水平大体相当。

为适应新形势，打造新时代综合交通运输发展新格局，党的十八大以来，国家陆续出台构建区域协调发展交通新格局的各项规划政策措施，强化区域发展总体战略交通支撑。2017 年，国务院印发《“十三五”现代综合交通运输体系发展规划》，提出系统构建布局横贯东西、纵贯南北、内畅外通的“十纵十横”综合运输大通道；以高速铁路、高速公路、民用航空等为主体，构建服务品质高、运行速度快的综合交通骨干网络；以普速铁路、普通国道、港口、航道、油气管道等为主体，构建运行效率高、服务能力强的综合交通普通干线网络；以普通省道、农村公路、支线铁路、支线航道等为主体，通用航空为补充，构建覆盖空间大、通达程度深、惠及面广的综合交通基础服务网络。按照区域发展总体战略要求，西部地区着力补足交通短板，强化内外联通通道建设，改善落后偏远地区通行条件；东北地区提高进出关通道运输能力，提升综合交通网质量；中部地区提高贯通南北、连接东西的通道能力，提升综合交通枢纽功能；东部地区着力优化运输结构，率先建成现代综合交通运输体系。

2014 年，《长江经济带综合立体交通走廊规划（2014 - 2020 年）》发布；2015 年，《京津冀协同发展交通一体化规划》发布；2020 年，《长江三角洲地区交通运输更高质量一体化发展规划》《粤港澳大湾区城际铁路建设规划》《海南现代综合交通运输体系规划》陆续公布实施。其中，长江经济带、黄河流域具有大空间尺度和跨区域的典型特征，肩负解决上中下游地区不协调问题、构筑新型城镇化高质量空间载体等多重重大使命。在共抓大保护、不搞大开发的前提下，要加快建设高质量、综合立体、绿色互连交通走廊。为加快构建多中心网络型国土开发格局，要建立以中心城市引领城市群发展、城市群带动区域发展新模式，加快提升京津冀、粤港澳大湾区、长三角等一体化水平和辐射带动能力，构建更加协同高效的一体化交通网络。

综合交通网络的总体规模和覆盖水平是一个国家交通运输发展现代化的重要标志之一。经过改革开放四十多年的建设发展，我国综合交通网络规模和覆盖程度持续提升，网络密度和能级水平已位居世界前列，高速铁路营业里程、高速公路通车里程、城市轨道交通运营里程均位居世界第一。“五纵五横”综合运输大通道基本贯通，“十纵十横”综合运输大通道加快建设，横贯东西、纵贯南北、内畅外通的综合交通主骨架逐步形成。高速铁路、高速公路网覆盖范围进一步扩大，内河高等级航道加快建设，长江干线航运能力不断增强，普通铁路有序建设，沿边、沿海、重点战略地区、城市群拥堵地区等普通国道改造升级成效明显，“四好农村路”建设大力推进，农村公路实现通村畅乡。

我国加速进入高品质交通时代。截至 2019 年底，京沪、京港、杭福深、沪汉蓉、沪昆等“四纵四横”高速铁路主通道基本贯通，主骨架网基本形成。“首都连接省会、省会彼此相通，连接主要地市、覆盖重要县市”的国家高速公路网络已经建成。民用运输机场达到 238 个，年旅客吞吐量达到千万人次的 39 个，年货邮吞吐量达到万吨的 59 个，平均每 10 万平方千米拥有 2.5 个运输机场，每百万人口拥有机场 0.2 个①。

服务京津冀协同发展、长江经济带发展、粤港澳大湾区建设等区域协调发展战略，加强交通运输布局，提供基础支撑。加快构建以首都为核心的多节点、网格状世界级城市群交通体系，加快建设雄安新区一流的综合交通运输体系。强化干线铁路、城际铁路、市域（郊）铁路、城市轨道交通的高效衔接，推动“四网融合”，着力打造“轨道上的京津冀”。全面推

① 交通运输部：《2019 年交通运输行业发展统计公报》，载《交通财会》2020 年第 6 期。

进干线航道系统化治理，提升长江黄金水道功能，疏解三峡运输“瓶颈”制约，建设长江经济带综合立体交通走廊。畅通大湾区经粤东西北至周边省区的综合运输通道，构建连接泛珠三角区域和东盟国家的陆路国际大通道，推动粤港澳大湾区现代化综合交通运输体系建设。以“海澄文（海口、澄迈、文昌）”一体化经济圈、大三亚旅游经济圈为重点，打造多节点、网格状、全覆盖的铁路、城际轨道和骨架公路网，全面支撑海南自由贸易港建设。以上海、南京、杭州、合肥、苏锡常、宁波等为节点，构建对外高效联通、内部有机衔接的多层次综合交通网络，推进长三角区域交通运输更高质量一体化发展。契合全流域生态保护和国土空间开发，加快形成黄河流域“通道＋枢纽＋网络”联动发展格局。差异化完善区域各板块交通网络，增强了对区域战略的交通支撑。

二、支撑新型城镇化高质量发展

城镇化是现代化的必由之路。推进城镇化是解决农业、农村、农民问题的重要途径，是推动区域协调发展的有力支撑，是扩大内需和促进产业升级的重要抓手，对全面建成小康社会、加快推进社会主义现代化具有重大现实意义和深远历史意义。

城镇化地区是国家主体功能区划中优化开发和重点开发区域，人口密集，产业聚集，经济社会发展水平相对较高，交通运输呈现出高强度、多样化、高频次、强时效等需求特征。习近平指出，我国经济发展的空间结构正在发生深刻变化，中心城市和城市群正在成为承载发展要素的主要空间形式。产业和人口向优势区域集中，形成以城市群为主要形态的增长动力源，进而带动经济总体效率提升，这是经济规律①。2014年，中共中央、国务院印发《国家新型城镇化规划（2014—2020年）》，明确提出“以城市群为主体形态，推动大中小城市和小城镇协调发展”的新型城镇化发展思路。我国“19+2”的城市群总体格局已初步形成，19个城市群地区以约25%的国土面积，集聚了超过75%的人口、创造了近90%的GDP②。随着城镇体系规模的不断扩大，以城镇群为主体形态，推进大、中、小城市和小城镇协同发展，城际间及城市群之间的运输需求不断扩大。与此同时，城市群内部、城市内部的运输需求增幅将十分显著。新型城镇化中心是人的城镇化，中心城市和城市群等经济发展优势区域的经济和人口承载能力空间进一步增强，对城市群运输需求也提出了挑战，交通运输发展需要与之适应。

2015年12月，《城镇化地区综合交通网规划》印发，提出重点建设城镇化地区城际铁路网，完善国家高速公路网，适度建设地方高速公路，强化国省干线公路，畅通、衔接干线公路与城市道路。《“十三五”现代综合交通运输体系发展规划》提出加快形成以轨道交通、高速公路为骨干，普通公路为基础，水路为补充，民航有效衔接的多层次、便捷化城际交通网络，以及加快建设大城市市域铁路，有效衔接大中小城市、新城新区和城镇等。党的十八大以来，在一系列国家战略和政策的推动下，京津冀、长江三角洲、粤港澳大湾区等城镇化地区城际骨干通道初步形成，运输能力显著提高，部分城镇化地区围绕核心城市的快速通勤服务初现成效，旅客出行选择性、便捷性不断增加，货运效率持续提升，运输安

---

① 习近平：《推动形成优势互补高质量发展的区域经济布局》，载《求是》2019年第24期。

② 米果：《中国19个城市群以25%土地集聚75%人口，创造全国88% GDP》，中国企业报，2021年5月16日。

全性和通达性明显增强。2019 年 2 月，国家发展改革委《关于培育发展现代化都市圈的指导意见》明确了都市圈是城市群内部以超大特大城市或辐射带动功能强的大城市为中心、以 1 小时通勤圈为基本范围的城镇化空间形态，也是城市群发展的主要支撑区域，补全了不同尺度空间发展战略的选择。

城市群一体化交通网络初步构建。京津冀交通一体化加快发展，京张高速铁路、延崇高速等建成，京唐城际铁路、京秦高速公路等一批重大项目启动实施。京津冀区域道路客运联网售票系统基本建成，70 个客运站完成联网。交通“一卡通”互联互通加速推行，津冀港口协同发展加快推进，京津冀民航协同发展迈出坚实步伐。雄安新区综合交通运输体系建设有序推进。长三角地区综合交通运输体系初步建成，交通一体化发展取得明显成效，总体适应区域经济社会发展需要。一体连通的综合交通网络初步成型，形成了以高速铁路、高速公路和长江黄金水道为主的多向联通对外运输大通道和城际综合交通网络，高速铁路、高速公路发展水平和民用机场覆盖率处于全国领先水平。粤港澳大湾区在继续实施并优化原珠江三角洲地区城际轨道交通网规划基础上，进一步加大城际铁路建设力度，做好与大湾区内高铁、普速铁路、市域（郊）铁路等轨道网络的融合衔接，形成“轴带支撑、极轴放射”的多层次铁路网络，构建大湾区主要城市间 1 小时通达、主要城市至广东省内地级城市 2 小时通达、主要城市至相邻省会城市 3 小时通达的交通圈，打造“轨道上的大湾区”，完善现代综合交通运输体系。

都市圈同城化效益逐步显现。2019 年 2 月，经国务院同意，国家发展改革委印发《关于培育发展现代化都市圈的指导意见》，明确指出都市圈是城市群内部以超大特大城市或辐射带动功能强的大城市为中心、以 1 小时通勤圈为基本范围的城镇化空间形态。培育发展现代化都市圈正式成为国家层面推进新型城镇化的重要战略选择。据中国城市轨道交通协会统计，截至2018年底，我国陆地地区城市轨道交通开通运营线路里程达5761.4公里，开通城市轨道交通运营城市35个。城轨交通运营线路共有7种制式，地铁4354.3公里，占比75.6%；市域快轨656.5公里，占比11.4%；轻轨、单轨、现代有轨电车等其他制式占比13.0%。其中，青岛、南京市域快轨里程占比最高，青岛运营的市域快轨占总运营里程的70.0%，南京运营的市域快轨占总运营里程的50.9%，在建的市域快轨占总在建里程的47.2%①。

三、推动各种运输方式综合协调发展

交通运输发展是一个系统性工程，强调发挥各种运输方式比较优势，需要将铁路、公路、水运、民航、管道五种运输方式作为一个有机整体进行系统研究、系统规划和系统建设。在交通运输瓶颈制约严重时期，各种运输方式相对独立发展，有一定程度的竞争有利于各方积极性。但是，在我国交通运输总体适应经济社会发展的新阶段，各种运输方式协调不足是制约我国综合运输效率提高的关键问题，必须着力予以解决。加强综合交通衔接协调，是提高交通运输整体效率和服务水平、降低物流成本的有效途径，是优化运输结构、实现交通运输战略转型的迫切需要，是集约利用资源、节能环保的客观要求。习近平总书记多次强调各种交通运输方式要统筹协调发展、降低运输成本、提高综合运输效益。哪里适合公路，哪里适合铁路，不要造成浪费，要做最合理的交通工具②。在客运方面，各种

① 中国城市轨道交通协会：《城市轨道交通2018年度统计和分析报告》，2019年3月。

② 李忠发：《习近平同俄罗斯总统普京同乘中国高铁赴天津》，央广网，2018年6月8日。

运输方式尚未充分实现运力衔接和组织协同，不同方式客运枢纽在规划、建设、运营、管理中统筹不足，一体化衔接程度需要进一步提升。在货运方面，各种交通运输方式衔接协调不畅，彼此结构不平衡不合理，是我国物流费用偏高的重要原因。

综合交通枢纽是衔接多种运输方式、辐射一定区域的客、货转运中心。2016 年，国家发展改革委印发《关于打造现代综合客运枢纽提高旅客出行质量效率的实施意见》，强调在加快发展各种交通方式的同时，需要更加强化方式间的衔接与协作，更加注重提升综合交通枢纽现代化水平，使之成为资源要素高效流转的载体，设施网络与一体化服务衔接的纽带，交通运输与新兴业态融合的平台，增加有效服务供给，满足运输需求。近年来，我国建成了一批以机场、铁路车站等为代表的大型综合客运枢纽，改善了运输服务质量，方便了旅客出行。通过实施立体化换乘、同站场布置，使其连通性不断提高，枢纽服务品质得到明显改善，对周边区域辐射带动作用显著增强。29 家机场试点“行李直挂，一票到底”的联程值机服务，北京大兴机场实现航空、高速铁路、地铁、客运班线、私家车等多种交通方式立体换乘。北京南站、南京南站、广州南站等 18 个铁路客运站提供“高速铁路 + 共享汽车”服务。围绕客运枢纽的城市综合商业开发日益得到重视，不断推进以 TOD 导向的轨道交通枢纽综合开发，加强用地立体综合开发，引导城市紧凑型发展，逐步走出了具有中国特色枢纽——城市联动建设开发模式。2019 年 9 月，习近平总书记在北京大兴国际机场综合交通中心听取了机场综合交通体系建设情况介绍，当了解到大兴国际机场配套建设了现代化的立体交通体系，不仅在机场内部实现了公路、轨道交通、高速铁路、城际铁路等不同运输方式的立体换乘、无缝衔接，而且在外部配套建设了“五纵两横”的交通网络，他对新机场配套交通设施建设表示肯定。习近平总书记指出，建设内外部连通的综合交通体系，是提高机场运行效率的关键。要树立先进管理理念，运用现代信息技术，提高管理运营智能化、便利化水平①。

习近平总书记指出，我们国家物流费用成本偏高，这其中就有运输效率不高问题，究其原因，主要是各种运输方式各自为政发展，各种交通运输方式衔接协调不畅、彼此结构不平衡不合理导致的②。

2015 年，交通运输部、国家发展改革委发布《关于开展多式联运示范工程的通知》，强调随着我国交通基础设施的不断完善，交通运输行业已进入构建综合交通运输体系的关键时期，提高不同运输方式的一体化衔接和协作水平，提升综合运输服务整体效能已成为当前工作的重要任务。通过开展多式联运示范工程，充分发挥不同运输方式的组合优势，实现运输资源的高效整合和运输组织的无缝衔接，是加快构建综合交通运输体系的重要举措。此后，国家先后开展四批多式联运示范工程。2020 年，国务院办公厅转发国家发展改革委交通运输部《关于进一步降低物流成本的实施意见》，强调进一步破除多式联运“中梗阻”，中央和地方财政加大对铁路专用线、多式联运场站等物流设施建设的资金支持力度，研究制定铁路专用线进港口设计规范，促进铁路专用线进港口、进大型工矿企业、进物流枢纽，以多式联运示范工程为重点，推广应用多式联运运单，加快发展“一单制”联运服务。

在国家政策的指引下，我国铁路、公路、水路、航空等运输物流体系日益完善，多式联运、甩挂运输等先进运输组织模式以及冷链等专业物流快速发展，城乡物流配送信息化、集约化程度明显提升。2019 年，全社会

---

① 《习近平出席投运仪式并宣布北京大兴国际机场正式投入运营》，载《人民日报》2019 年 9 月 26 日。

② 习近平：《在深入推动长江经济带发展座谈会上的讲话（2018 年 4 月 26 日）》，载《人民日报》2018 年 6 月 14 日。

物流总费用与 GDP 比率由 2012 年的 18.0% 下降至 14.7% 左右①。

1. 港口集疏运系统建设取得长足进步

港口、物流园区、大型企业铁路专用线建设明显加快，港口大宗货物“公转铁”工程、工矿企业大宗货物“公转铁”工程、集装箱铁水联运拓展工程等“九大工程”成为货运枢纽建设的重点，打通了铁路运输“最后一公里”，实现铁路干线运输与重要港口、大型工矿企业、物流园区等的高效联通和无缝衔接，铁路“微循环”系统日益畅通。

2. 货运物流组织模式不断创新

国家物流枢纽网络化建设有序推进，推动形成“枢纽 + 通道 + 网络”现代物流体系。智慧港口加快建设，“高铁极速达”“当日达”“次晨达”“当日达即送”等产品不断丰富，运输时效性明显提升。铁路集装箱下水周转，唐山港等推行 20 英尺 35 吨敞顶集装箱的公铁水联运模式，煤炭、粮食等货物“散改集”运输和江海联运深入推进。公路绿色货运配送加快推进，城市物流统仓统配、共同配送、集中配送等模式不断推广，273 个城市出台了规范快递车辆通行政策，辽宁等 12 个省份实现全覆盖。农村物流初步形成“公司 + 互联网 + 农户”产供销一体化的服务模式，物流服务质量有效提升。

3. 专业化货运物流服务快速发展

党的十八大以来，多式联运、甩挂运输等先进运输组织模式及大宗货类、集装箱、商用车、冷链等专业服务快速发展，货运物流服务品质再上新台阶。多式联运物流园区以及港站枢纽集疏运体系建设加快推进，2016 ~ 2018 年先后开展三批试点 70 个多式联运示范工程，完成集装箱

---

① 国家发展改革委、中国物流与采购联合会：《2019 年全国物流运行情况通报》，2020 年 4 月。

多式联运量超过480万标箱①。2019年，我国港口完成煤炭及制品吞吐量26.3亿吨，石油、天然气及制品吞吐量12.1亿吨，金属矿石吞吐量2.2亿吨，有力保障了重点物资运输②。海上运输承担了90%以上的外贸货物运输量以及98%的进口铁矿石、91%的进口原油、92%的进口煤炭和99%的进口粮食运输量③，支撑起我国对外贸易发展和重要能源资源外贸进口，有效保障产业链供应链稳定。2019年铁路集装箱、商品汽车、冷链完成运输分别为3.3亿吨、657万台和218万吨，分别比2012年增长2.7倍、5.4倍和2.8倍。95条重点铁路专用线建成投用④。

4. 物流降本效果明显

多措并举降低物流行业运输成本，结构性降本、制度性降本、技术性降本、管理性降本落实到各个领域。高速公路的差异化收费全面推广，鲜活农产品运输绿色通道和ETC非现金支付等优惠政策进一步落实，通行费增值税发票开具不断优化，减免货车通行费564亿元左右。制定实施港口降费政策，对货物港务费、引航（移泊）费等政府定价收费标准进一步下调，最高降费幅度达到20%，规范港口、班轮企业等收费行为，减少相关收费约34亿元。深化“放管服改革”，降低制度性成本，推进落实普通货车的“三检合一”，加快推进无车承运人发展，减轻企业负担约23亿元⑤。

---

① 交通运输部：《2021年全国交通运输工作会议》。

② 交通运输部：《2019年交通运输行业发展统计公报》，2020年5月12日。

③ 国务院新闻办公室：《中国交通运输发展》白皮书，2016年。

④ 丛书编写组：《加快构建现代综合交通运输体系》，中国市场出版社、中国计划出版社2020年版。

⑤ 交通运输部新闻发布会，2019年12月27日。

四、交通运输与经济社会深度融合发展

交通运输发展首要解决的问题是供需关系问题，即协调交通运输和经济社会的关系问题。交通运输体系是运输能力的供应者，其他经济、社会部门是运输能力的需要者，供需双方必须平衡，才能促进经济社会持续发展。交通需求本质上是派生需求，交通需求产生于对最终消费品和服务的需求，以及对原材料和中间产品的需求。运输经济学原理表明，为有效满足派生性的运输需求，可以在供给侧通过扩展交通基础设施网络、加密运输线路和提升运输服务能力等方式来实现。但交通基础设施建设具有一定的时滞性，应在满足当前经济社会发展水平下，充分考虑未来一定时期经济社会发展所产生的运输需求，为未来发展留有余量。换句话说，交通运输发展要“适度超前”。“适度超前”重点要把握交通运输与经济社会发展之间供需平衡的“度”，既要恰到好处地满足经济社会发展对综合交通运输的需求，又不能过度发展，防止造成运输能力虚糜、资源能源浪费。

在交通运输“瓶颈”时期，交通基础设施建设投资不足形成了对经济社会发展的制约。“交通先行”意在打破交通运输与经济社会之间的恶性循环陷阱，为经济起步腾飞创造基础条件。当经济发展到一定水平阶段，交通运输处在相对一个更高水平的供需平衡状态时，应充分考虑基础设施建设的时滞性，未雨绸缪，保持适当的超前量，留有余地平衡供需、稳定运行、确定标准、预留接口、推进建设，尽最大可能满足未来经济社会发展派生的各类运输需求。当前，我国交通运输已经总体适应经济社会发展需要，交通运输供需矛盾逐渐从长期运量与运能之间“规模不适应”转化为运输需求与交通供给之间“结构不匹配”。在此背景下，应重点围绕供需之间的有效匹配，正确把握好交通运输适度超前先行发展的“度”的问

题。“先行发展”与“适度超前”是我国交通运输和经济社会发展供需关系的经验总结，是交通运输科学发展和演进的客观规律，反映了新时期交通运输供求的时代特征，体现了我国交通运输先行官历史新定位的时代内涵。

在“先行发展、适度超前”融合联动理念指导下，近年来我国交通运输与物流、旅游、新能源、产业以及军民交通等领域融合发展进程加快，互联网＋交通、物联网＋物流等平台型服务模式不断颠覆传统运输组织模式，为融合发展提供了全新的实践案例和理论突破关注点。各地依托骨干交通通道、综合枢纽、物流园区等培育形成高铁经济、临空经济、临港经济、口岸经济等多种交通导向型经济，“四好农村路”进一步向资源路、旅游路、产业路拓展，“交通＋产业”“交通＋旅游”“交通＋电商”等模式初具形态。“融合”成为体现交通与经济社会发展关系的新趋势，成为解锁“交通强国”、把握交通运输业发展转型升级的一把金钥匙。

1. 交通与旅游形成深度互动新格局

汽车营地、邮轮游艇、通用航空、公共自行车、观光小火车等发展提速，助推了新消费，增强了交通运输服务经济、服务民生的能力。伴随着旅游业的发展，自驾车旅游、专列旅游、低空飞行、邮轮旅游、慢行交通等旅游交通获得了长足发展，交通与旅游融合大势已成，成效显著。公路、铁路、民航等与旅游业联动发展，打造了旅游公路、风景道、休闲步道、旅游专列等。各地政府将旅游交通发展作为经济增长新动能，海南省大力建设多样化特色旅游交通体系，延伸滨海火车旅游专列，推动邮轮游艇旅游发展。新疆发挥地区交通路网与旅游资源优势，规划和建设进出疆通道、南北疆经济走廊带、交通枢纽、旅游景区等的特色主题综合服务区，推出环北疆旅游专列、相约敦煌旅游列车等产品，着力提升“坐着火车游新疆”的品牌影响力。北京铁路局陆续新开或增开由京津冀始发，开往江西井冈山、重庆、贵州遵义、新疆和田、内蒙古乌兰察布、湖南韶山、黑龙江哈尔滨等地的100余列旅游专列。搭乘旅游专列，促进休闲游或深度游发展。河北省高品质建设了国家1号风景大道，贯穿围场满族蒙古族自治县、丰宁满族自治县两个国家深度贫困县，助推6.2万贫困人口脱贫致富①。

2. 枢纽经济不断培育壮大

枢纽经济是交通、物流、信息与经济社会深度融合下新经济、新业态的典型代表，是深化供给侧结构性改革、培育经济发展新动能的重要载体。当前我国交通运输与枢纽经济融合发展势头迅猛，高铁经济和临空、临港等枢纽经济蓬勃发展，形成了交通运输驱动经济增长新动能。以郑州国际航空港为例，郑州航空枢纽迅速构建全球航线网络，在34条全货机航线中，国际航线有29条，覆盖全球主要经济体，每周约100架全货机在郑州机场起降，通过营造航空货运便利性和价格优势环境，临空产业加快发展②。其中智能终端产业园集聚了159家智能终端全产业链企业，2019年郑州移动通信手持机产量2.1亿部，全球每8部新手机就有1部“郑州造”，精密机械、生物医药、商贸会展等产业也加快集聚③。

3. 交通与制造业融合发展水平不断提升

随着个性化、定制化等服务要求提高，依托协同创新，交通运输与制造业融合领域不断拓展，交通物流与汽车、消费品、电子信息、生物医药等制造业深度融合，为制造业采购、生产、销售和售后等提供全程供应链服务。制造企业和货运物流企业进行合作，仓配一体化、入厂物流、国际

①②③ 丛书编写组：《加快构建现代综合交通运输体系》，中国计划出版社、中国市场出版社2020年版。

供应链、海外协同等融合发展逐渐成熟，引导供应链流程优化，提供综合解决方案。多式联运装备、智能物流仓储系统等装备不断向高端化、智能化、绿色化方向发展，创新能力不断向生产、研发及推广于一体的更高产品形态延伸发展，交通与制造业深度融合发展水平持续提升。

五、简要结论

交通运输是国民经济中基础性、先导性、战略性产业，是重要的服务性行业，是社会生产、流通和消费得以正常进行的重要环节，与国民经济其他部门普遍联系。在现代信息技术应用、资源利用方式变革和商业模式创新的推动下，我国交通运输与经济社会发展关系正在发生巨大变化，交通运输逐步融入现代经济社会发展创新之中，基于设施空间布局、装备创新应用、运输服务模式重塑、信息化智能化等多维组合，成为引领产业发展、经贸流通、城镇国土开发的战略性行业。我国实施“三大战略”与“四大板块”重大战略，推进西部开发、东北振兴、中部崛起、东部率先发展，随着“一带一路”倡议、京津冀协同发展、长江经济带发展、粤港澳大湾区建设、黄河流域生态保护和高质量发展等战略的贯彻落实，我国区域间互补性逐渐增强，跨区域产业和梯度转移进一步推进，产业关联度更加深入，运输联系更加紧密，区际运输需求保持旺盛增长态势。单纯满足运输需求不再是运输发展动力机制的全部，有针对性地提供个性化、多样化、高质量、高效率运输服务，并带动产业发展和产业组织模式创新，成为驱动产业创新和经济高质量发展的重要力量，更加强调不同区域间、运输方式间、客运货运间、设施服务间等统筹协调发展。

第三节　绿水青山就是金山银山

一、推进运输结构调整

“绿水青山就是金山银山”，坚持绿色发展就是最大财富。习近平总书记在《求是》发表署名文章《推动我国生态文明建设迈上新台阶》特别强调了交通运输的绿色发展问题，强调运输结构调整的重要性。交通运输领域作为能源和资源消耗大户，必须重视和解决绿色发展问题。从交通运输能源消费结构来看，我国交通运输可再生能源、清洁能源消耗占比较低，落后于美国、德国等发达国家。我国城市公交出行比例偏低，交通污染已经成为空气污染的重要来源，北京、上海等特大城市和东部人口密集区，移动源对细颗粒物（PM2.5）浓度的贡献率达到10%至50%。我国交通运输发展模式仍粗放，资源集约节约利用水平和环境保护能力有待提升，运输结构不合理问题较突出。我国“交通节能”“低碳交通”“绿色交通体系”发展需求迫切。

2018年9月，国务院办公厅印发《推进运输结构调整三年行动计划(2018－2020年)》，强调以深化交通运输供给侧结构性改革为主线，以京津冀及周边地区、长三角地区、汾渭平原等区域为主战场，以推进大宗货物运输“公转铁、公转水”为主攻方向，不断完善综合运输网络，切实提高运输组织水平，减少公路运输量，增加铁路运输量，加快建设现代综合交通运输体系，有力支撑打赢蓝天保卫战、打好污染防治攻坚战，更好地服务建设交通强国和决胜全面建成小康社会。截至2020年，全国货物运输结构明显优化，铁路、水路承担的大宗货物运输量显著提高，港口铁路集疏运量和集装箱多式联运量大幅增长，重点区域运输结构调整取得突破性进展，将京津冀及周边地区打造成为全国运输结构调整示范区。从2017年起在全国范围实施6大行动。

1. 铁路运能提升行动

加快干线铁路建设和改造，提高既有铁路综合利用效率，加快铁路专用线建设，力争到2020年大宗货物年货运量在150万吨以上的工矿企业和新建物流园区接入比例达到80%以上①。加快铁路市场化改革，建立灵活的运价调整机制，规范铁路专用线收费，推动铁路运输企业与大客户签订运量互保协议。

2. 水运系统升级行动

加快完善内河水运网络，增强长江干线航运能力，大力推进集疏港铁路建设，2020年沿海重要港区铁路进港率达60%以上②。推动大宗物资集疏港运输向铁路和水路转移，在环渤海、山东、长三角地区，2018年底，沿海主要港口、唐山港、黄骅港的煤炭集港改由铁路或水路运输；2020年采暖季前，沿海主要港口、唐山港、黄骅港的矿石、焦炭等大宗货物原则上主要改由铁路或水路运输。

3. 公路货运治理行动

深化公路货运车辆超限超载治理，优化主要物流通道超限检测站布局，大力推进货运车型标准化，加快淘汰更新老旧货车，实施机动车排放检测与维护制度。深化“互联网 + 货运”，推动道路货运行业创新发展和转型升级。

---

①② 资料来源：参见国务院办公厅印发《推进运输结构调整三年行动计划（2018－2020年）》。

4. 多式联运提速行动

加快多式联运枢纽建设，完善节点设施布局；推动联运装备改造升级，促进集装化、厢式化和标准化应用。推进集装箱铁水联运发展，鼓励铁路运输企业增加集装箱保有量，提高集装箱在铁路货运中的使用水平，提高沿海港口集装箱铁路集疏港比例。推进多式联运示范工程向更高质量、更深层次发展。开展商品车滚装运输、全程冷链运输、电商快递班列等多式联运试点。

5. 信息资源整合行动

推进铁路货物在途、到达以及港口装卸、船舶进出港等信息共享，2019 年底，规模以上港口与辖区铁路企业之间全面实现联运信息无障碍交换。着力打通各类信息孤岛，推动政府资源信息开放，加快建设多式联运公共信息平台。

6. 城市绿色配送行动

推进城市绿色货运配送示范工程建设和城市生产生活物资公铁联运。制定新能源车辆便利通行等政策，加大新能源配送车辆推广应用力度。

当前，在推进运输结构调整工作中，着力建设京津冀及周边地区运输结构调整示范区。在该地区率先实施铁路专用线建设、铁路货运服务提升、港口大宗物资“公转铁”、工矿企业大宗物资“公转铁”、集装箱铁水联运拓展、高速公路入口称重检测、老旧柴油货车淘汰更新、城市配送新能源车推广、生产生活物资公铁联运九大工程。

推进运输结构调整三年行动计划是贯彻落实党中央、国务院关于调整运输结构决策部署的一项重大举措，随着各项政策措施的落地实施，必将对提高我国综合运输效率、打赢蓝天保卫战、打好污染防治攻坚战和推动经济高质量发展产生重大而深远的影响。

二、打造绿色低碳交通运输体系

绿色是生命的象征、大自然的底色，更是美好生活的基础、人民群众的期盼。绿色发展是新发展理念的重要组成部分，是全方位变革，是构建现代化经济体系的必然要求。资源开发利用既要支撑当代人过上幸福生活，也要为子孙后代留下生存根基，要解决这个问题，就必须在转变资源利用方式、提高资源利用效率上下功夫。

2013 年，交通运输部印发《加快推进绿色循环低碳交通运输发展指导意见》，提出以节约资源、提高能效、控制排放、保护环境为目标，以加快推进绿色循环低碳交通基础设施建设、节能环保运输装备应用、集约高效运输组织体系建设、科技创新与信息化建设、行业监管能力提升为主要任务，以试点示范和专项行动为主要推进方式，将生态文明建设融入交通运输发展的各方面和全过程，加快建成资源节约型、环境友好型交通运输行业，实现交通运输绿色发展、循环发展、低碳发展。

2017 年，交通运输部印发《关于全面深入推进绿色交通发展的意见》，提出以深化供给侧结构性改革为主线，着力实施交通运输结构优化、组织创新、绿色出行、资源集约、装备升级、污染防治、生态保护等七大工程，加快构建绿色发展制度标准、科技创新和监督管理等三大体系，实现绿色交通由被动适应向先行引领、由试点带动向全面推进、由政府推动向全民共治的转变，推动形成绿色发展方式和生活方式，为建设美丽中国、增进民生福祉、满足人民对美好生活的向往提供坚实支撑和有力保障。

党的十八大以来，我国交通运输严格实施能源消费总量和强度双控制度，着力提升交通运输综合效能，全国铁路电气化比例达到 71.9%，新能源公交车超过 40 万辆，新能源货车超过 43 万辆，天然气运营车辆超过 18

万辆，液化天然气（LNG）动力船舶建成290余艘，机场新能源车辆设备占比约14%①，飞机辅助动力装置（APU）替代设施全面使用，邮政快递车辆中新能源和清洁能源车辆的保有量及在重点区域的使用比例稳步提升；着力推动交通资源利用方式由粗放型向集约型、节约型转变，结合国土空间规划编制和三条控制线划定落实，推动铁路、公路、水路、空域等通道资源集约利用，提高线位资源利用效率；强化大气与水污染防治，在沿海和长江干线等水域设立船舶大气污染物排放控制区，加快老旧和高能耗、高排放营运车辆、施工机械治理和淘汰更新。中央财政采取“以奖代补”方式支持京津冀及周边地区、汾渭平原淘汰国Ⅲ及以下排放标准营运柴油货车。全面开展运输结构调整三年行动，2012～2019年，全国机动车污染物排放量下降65.2%②；严守生态保护红线，交通基础设施建设全面实行“避让—保护—修复”模式，推进生态选线选址，强化生态环保设计，避让耕地、林地、湿地等具有重要生态功能的国土空间。

三、倡导绿色出行的生活方式

习近平总书记多次就交通节能、绿色出行作出重要指示要求，要倡导简约适度、绿色低碳的生活方式，反对奢侈浪费和不合理消费；推广绿色出行，通过生活方式绿色革命，倒逼生产方式绿色转型。要全面推动重点领域低碳循环发展，加强高能耗行业能耗管理，强化建筑、交通节能，发展节水型产业，推动各种废弃物和垃圾集中处理和资源化利用。

2020年，交通运输部和国家发展改革委印发《绿色出行创建行动方案》，明确通过开展绿色出行创建行动，倡导简约适度、绿色低碳的生活

①② 国务院新闻办公室：《中国交通的可持续发展》白皮书，2020年。

方式，引导公众优先选择公共交通、步行和自行车等绿色出行方式，降低小汽车通行量，整体提升我国绿色出行水平。提出要以直辖市、省会城市、计划单列市、公交都市创建城市、其他城区人口100万以上的城市作为创建对象，鼓励周边中小城镇参与行动。该方案提出：到2022年，力争60%以上的创建城市绿色出行比例达到70%以上，绿色出行服务满意率不低于80%。

2013年，国务院发布《关于城市优先发展公共交通的指导意见》，明确提出按照资源节约和环境保护的要求，以节能减排为重点，大力发展低碳、高效、大容量的城市公共交通系统，加快新技术、新能源、新装备的推广应用，倡导绿色出行。通过提高运输能力、提升服务水平、增强公共交通竞争力和吸引力，构建以公共交通为主的城市机动化出行系统，同时改善步行、自行车出行条件。要发展多种形式的大容量公共交通工具，建设综合交通枢纽，优化换乘中心功能和布局，提高站点覆盖率，提升公共交通出行分担比例，确立公共交通在城市交通中的主体地位。

近些年来，随着我国城镇化进程的不断加快，我国城市规模迅速增长，人口规模不断扩大，城市居民的出行总量和出行距离呈现大幅增长。同时，城市交通结构也发生了显著变化，机动化出行比例迅速上升，非机动车出行比例持续下降，城市中心区的交通拥堵日益严重，环境污染和能源消耗压力不断加剧。在此背景下，自2011年开始，国家开展“公交都市”建设示范工程，坚持以城市人民政府为主体，充分发挥相关部门的职能优势，完善城市公共交通在规划、资金、土地、路权、财税、技术等方面的支持政策，增强公共交通的吸引力，使广大群众愿意乘公交、更多乘公交。2016年，交通运输部办公厅关于全面推进公交都市建设等有关事项的通知，决定“十三五”期间重点面向全国地市级以上城市推进公交都市建设，力争到“十三五”末建成一批具有特色主题的公交都市城市。以实现城市与城市交通可持续发展为落脚点，突出“推进城市绿色出行、提高城市运行效率”发展思路，注重城市交通的综合管理，营造绿色出行环境和氛围，围绕“规划引领、智能公交及互联网+、快速通勤、综合衔接、绿色出行、都市圈交通一体化、城市交通综合管理”等主题开展公交都市建设，推动城市公共交通优先发展战略全面深入落实。

各公交都市创建城市积极践行“公交优先即百姓优先”的服务理念，公交优先发展列入政府为民办实事的重点计划。各级部门不断加强公共交通用地、资金、路权等方面支持力度，建立公交发展专项资金，列入政府年财政预算予以保障。总体上看，公交都市创建成果显著。超大、特大城市轨道交通加速成网，发展城市轨道交通逐渐成为治理大城市交通拥堵、缓解大城市病的重要手段。截至2019年底，我国共有40个城市开通城市轨道交通运营线路208条，运营线路总长度6736.2千米。网络化运营城轨交通的城市不断增加，拥有4条及以上运营线路，且换乘站3座及以上的城市19个，占已开通城市轨道交通运营城市总数的47.5%①。除轨道交通外，全国大中小城市均分别制订了适合本地特点的公交都市建设方案。

长期以来，城市公共交通运行速度慢、线网覆盖不均衡，车辆换乘不便等问题困扰着市民出行。为落实公交优先发展战略，各公交都市创建城市通过公共交通协同发展、综合交通管理、城乡公交一体化等方式积极破解公共交通发展困局。例如，深圳紧紧围绕公交优先发展战略，实施公交服务供给侧结构性改革，探索出轨道网—公交网—慢行网紧密结合的三网融合创新机制，打造了“3公里慢行、5公里公交、长距离轨道交通”的一体化公共交通体系，构建无缝衔接的公共交通服务网络。目前，深圳已开展大运区试点，通过新增优化公交线路、一体化换乘枢纽、增设风雨连

① 中国城市轨道交通协会：《城市轨道交通2019年度统计和分析报告》，2020年5月。

廊等措施，改善公交出行环境、强化轨道站点综合信息服务、完善公交与慢行接驳。深圳已形成与各层次中心耦合的“5 + 7 + 11 + X”（全国、区域、地区、城市内部）城市客运枢纽，并以枢纽为载体，统筹整合地上地下空间，打造多网融合的枢纽单元。

根据第一批公交都市创建城市的验收结果，上海以评分 950 分（满分 1000 分）通过验收，33 项指标有 32 项达到目标。其中，路权保障是上海优先发展公共交通的重要抓手。近年来，上海不断加强公交专用道规划建设和执法管理。上海探索路中式公交专用道设置形式，提高公交车辆运行速度。目前，上海已完成西藏路交叉口信号优先工程，公交车速提高了 5% ~8%，主要交叉口公交车辆等待时间大幅减少。

四、简要结论

交通运输行业是自然资源占用、能源消耗和温室气体排放大户，肩负着节能减排、保护环境的历史性重任。随着国家对能源总量和能耗强度实行双控，我国能源消费总量和能源消费结构也将产生深刻变化。此外，土地资源、水资源和环境的承载力已经达到或接近上限。

党的十八大以来，面对日益严峻的环境和资源约束力，我国交通运输转变大量投入、大量消耗、大量排放的传统发展模式，深入践行绿色发展理念，构建绿色交通基础设施体系和运输服务体系，使绿色成为交通强国建设的基本底色。强化绿色交通发展顶层设计，加快建立科学的资源利用管控体系，实现资源节约集约利用。构建运输结构合理的综合交通运输体系，大力倡导和发展绿色交通方式，充分发挥铁路、水路运输作用，推动公路运输向铁路和水路运输转移。建设绿色交通基础设施体系，在基础设施建设过程中深入贯彻落实生态优先、绿色发展理念，最大限度保护生态环境，加强交通生态环境保护修复，推动交通基础设施走上绿色、集约的发展之路。深入贯彻落实公交优先发展战略，倡导简约适度、绿色低碳的生活方式，引导公众优先选择公共交通、步行和自行车等绿色出行方式，降低小汽车通行量，整体提升我国绿色出行水平。

第四节　畅通对外开放的血脉

一、建设世界一流港口

港口是综合交通运输枢纽，也是经济社会发展的战略资源和重要支撑，是我国对外开放的前沿和门户。党的十八大以来，以习近平总书记为核心的党中央高度重视港口发展，习近平多次亲临港口视察，作出了“做到四个‘一流’，为‘一带一路’建设服务好”“沿海地区要想富也要先建港”等系列重要指示[①]。习近平总书记强调“经济强国必定是海洋强国、航运强国”“经济要发展，国家要强大，交通特别是海运首先要强起来”“要志在万里，努力打造世界一流的智慧港口、绿色港口”等重要指示，对新时代港口发展寄予了殷切期望，指明了发展方向，提供了根本遵循。

2019 年 11 月，交通运输部等九部门联合印发《关于建设世界一流港口的指导意见》，着力促进降本增效，着力促进绿色、智慧、安全发展，

① 《书写新世纪海上丝绸之路新篇章——习近平总书记关心港口发展纪实》，新华网，2017 年 7 月 5 日；《习近平广西考察：写好新世纪海上丝绸之路新篇章》，新华网，2021 年 4 月 19 日。

着力推进陆海联动、江河海互动、港产城融合，着力把港口建设好、管理好、发展好，打造一流设施、一流技术、一流管理、一流服务，强化港口的综合枢纽作用，整体提升港口高质量发展水平，以枢纽港为重点，建设安全便捷、智慧绿色、经济高效、支撑有力、世界先进的世界一流港口，更好地服务人民群众、服务国家重大战略。

党的十八大以来，港口作为综合交通运输枢纽、经济社会发展的战略资源和重要支撑，实现了从瓶颈制约到总体缓解、基本适应再到总体适应、局部适度超前发展的重大跃升，我国已成为名副其实的港口大国。

1. 港口建设取得新成就

港口大型化、专业化水平明显提速，通过能力显著提升，为国民经济发展提供了有力支撑。截至 2019 年底，我国港口万吨级及以上泊位 2520 个，是七年前的 1.4 倍①。青岛港 40 万吨矿石码头、宁波舟山港 45 万吨原油码头、广州港南沙集装箱三期、重庆果园港等一批重点工程陆续建成投入使用。2017 年 12 月 10 日，中建港务建设有限公司主承建的全球规模最大的自动化码头——上海洋山深水港四期码头正式开港投入试生产，标志着中国港口行业的运营模式和技术应用迎来里程碑式的跨越升级与重大变革，为上海港加速跻身世界航运中心前列注入全新动力。

2. 港口运营成效突出

在全球经济复苏缓慢、我国经济发展进入新常态、运输需求增速放缓的形势下，我国港口克服困难，实现了稳定快速发展。2019 年，港口货物吞吐量、集装箱吞吐量分别为 140 亿吨、2.6 亿吨②。为满足中国经济快速发展的需求，港口建设不断提速，中国 3.2 万千米的海岸线上，全球吞吐量前十的超级大港就包揽 7 席（货物吞吐量前十分别是：宁波舟山、上

---

①② 交通运输部：《2019 年交通运输行业发展统计公报》，2020 年 5 月 12 日。

海、新加坡、苏州、天津、广州、唐山、青岛、黑德兰、鹿特丹；集装箱吞吐量前十分别是上海、新加坡、深圳、宁波舟山、香港地区、釜山、广州、青岛、迪拜、天津），宁波舟山港、上海港连续多年分别位居货物吞吐量、集装箱吞吐量全球第一。

3. 港口发展质量和服务水平提高

在总量规模不断增长的同时，我国港口以供给侧结构性改革为主线，加快转型升级。港口业务逐步由传统装卸仓储服务向上下游产业延伸，商品汽车、冷链等专业物流和大宗商品交易发展迅速；通过海铁等多式联运、江海以及远洋运输，港口与内陆地区、世界主要港口联系更加紧密，服务网络基本覆盖全国以及世界主要港口；以港口为依托的航运中心建设取得阶段性进展，国际影响力不断增强；以邮轮为代表的水上休闲旅游已成为新的增长点。

二、推动“一带一路”交通基础设施互联互通

近年来，国际形势波动幅度加大，不稳定性、不确定性、不可预见性增加，国际政治安全形势错综复杂，全球系统性风险上升，世界主要力量对比加速发展演变。习近平总书记在 2018 年 6 月 23 日中央外事工作会议上指出，当前中国处于近代以来最好的发展时期，世界处于百年未有之大变局。这是对当今时代形势做出的一个重大和科学的概括。

我国正处于由大向强发展的关键阶段，既面临前所未有的机遇，也面临前所未有的风险挑战。面对复杂多变的国际形势和逆全球化思潮的侵袭，必须准确把握国际政治经济格局的演变趋势，才能对国际形势做出客观理性的判断。

面对国际形势的不确定性，我国以“不变”应“万变”，通过加强国

际间合作来应对所有的不确定性。经济全球化进程不会终结，更不会消亡，我国在全球化进程中的作用将更显重要，我国会更加坚定不移扩大对外开放格局，推动建立以合作共赢为核心的新型国际关系，积极参与全球治理体系变革。

2013 年，国家主席习近平提出建设“新丝绸之路经济带”和“21 世纪海上丝绸之路”的合作倡议①。“一带一路”倡议旨在加强与周边国家合作实现互联互通，展现出负责任大国的时代担当。互联互通是贯穿“一带一路”的血脉，基础设施是互联互通的基石，推进“一带一路”基础设施对接合作，有利于降低物流成本、创造需求和就业、发挥比较优势和后发优势，提高综合竞争力，打造强劲、可持续、平衡增长的发展新气象。2014 年 11 月，在“加强互联互通伙伴关系”东道主伙伴对话会上，习近平总书记指出，丝绸之路首先得要有路，有路才能人畅其行、物畅其流。在亚太经合组织第二十二次领导人非正式会议上，习近平总书记指出，互联互通是一条脚下之路，无论是公路、铁路、航路还是网路，路通到哪里，我们的合作就到哪里。2016 年 9 月，习近平总书记在二十国集团领导人杭州峰会上指出，我们应该发挥基础设施互联互通的辐射效应和带动作用，帮助发展中国家和中小企业深入参与全球价值链，推动全球经济进一步开放、交流、融合。2019 年 4 月，习近平总书记在第二届“一带一路”国际合作高峰论坛开幕式上指出，建设高质量、可持续、抗风险、价格合理、包容可及的基础设施，有利于各国充分发挥资源禀赋，更好地融入全球供应链、产业链、价值链，实现联动发展。

“道路通，百业兴”。交通设施互联互通是区域合作的优先领域和重要

① 《习近平：加快推进丝绸之路经济带和 21 世纪海上丝绸之路建设》，新华网，2014 年 11 月 6 日。

基础。中国注重发挥交通运输对于推进全球连通、促进共同繁荣的基础性先导性作用，加强与各国在交通互联互通领域互利合作。着力推动陆上、海上、天上、网上“四位一体”的联通，聚焦关键通道、关键城市、关键项目，联结陆上公路、铁路道路网络和海上港口网络。

中方高度重视联通中国和巴基斯坦、孟加拉国、缅甸、老挝、柬埔寨、蒙古国、塔吉克斯坦等邻国的铁路、公路项目，在推进“一带一路”建设中优先部署。扎实推进巴基斯坦 1 号铁路干线升级改造项目（ML1）、中尼（泊尔）跨境铁路合作项目以及中老铁路、中泰铁路、雅万高铁、中吉乌铁路建设，承载着有关国家人民发展梦想的交通大动脉正逐步变为现实；中国企业参与建成蒙内铁路、亚吉铁路、巴基斯坦拉哈尔“橙线”轨道交通项目等铁路；进一步释放口岸、交通、物流合作潜力，加快新亚欧大陆桥、中国—中亚—西亚经济走廊建设，中亚第一长隧道“安格连—帕普”铁路隧道成为连接中国和中亚交通走廊的新枢纽；中欧班列累计开行突破 3.1 万列、通达 21 个欧洲国家的 92 个城市，中欧班列为中欧货物运输提供了更多选择，成为共建“一带一路”的早期收获；合作建成白沙瓦—卡拉奇高速公路（苏库尔—木尔坦）、喀喇昆仑公路二期（赫韦利扬—塔科特）、昆曼公路、中俄黑河公路大桥、同江铁路大桥等公路、桥梁项目。

2000 多年前，海上丝绸之路从中国东南沿海，经过中南半岛和南海诸国，穿过印度洋，进入红海，抵达东非和欧洲，成为中国与外国贸易往来和文化交流的海上大通道，并推动了沿线各国的共同发展。如今，在中国“一带一路”倡议的路线图中，地处巴尔干半岛南端、希腊东南部的比雷埃夫斯港成为重要节点。2008 年至今，在中国资本和中国管理经验的助力下，这个古老的希腊第一大港、“地中海上的明珠”获得新生，取得飞跃性发展成就，成为中国与希腊共建“一带一路”的旗舰项目。2013

年，比港首次连上欧洲铁路网，确定了中欧陆海快线的路径。该路线比经过直布罗陀海峡在西北欧港口中转的传统路径缩短了 7 天至 10 天。2016 年，在成功经营比港集装箱码头的基础上，中远海运以 3.7 亿欧元收购比港 67% 的股份，成为整个比港的经营者，这也是中国企业首次在海外接管整个港口。通过引进先进管理技术和经验，大幅增加集装箱业务，比港经营效率得到提高。在“一带一路”倡议的推动下，比雷埃夫斯港目前已成为全球发展最快的集装箱港口之一。与此同时，中方也积极参与建设和运营斯里兰卡科伦坡港、巴基斯坦瓜达尔港等海外港口，受到有关国家的一致欢迎。

目前，在有关国家积极参与和共同努力下，以中巴、中蒙俄、新亚欧大陆桥等经济走廊为引领，以陆海空通道和信息高速路为骨架，以铁路、港口、管网等重大工程为依托的“六廊六路多国多港”互联互通架构基本形成。一个复合型的基础设施网络正在形成。以铁路、公路、航运、航空为重点的全方位、多层次基础设施网络正在加快形成，区域间商品交易、流动成本逐渐降低，促进了跨区域资源要素的有序流动和优化配置。中国将同各方继续努力，构建以新亚欧大陆桥等经济走廊为引领，以中欧班列、陆海新通道等大通道和信息高速路为骨架，以铁路、港口、管网等为依托的互联互通网络。

三、推进国际运输便利化

在打通“断头路”“肠梗阻”的同时，还应加强同周边国家在政策、规制等各方面的软联通，衔接和统一各类规章制度。习近平总书记指出，当务之急是协商解决影响互联互通的制度、政策、标准问题，降低人员、商品、资金跨境流动的成本和时间①。

近年来，我国积极推进政策、规则、标准“三位一体”联通，为互联互通提供机制保障。以共建“一带一路”为合作平台，与19个国家签署22项国际道路运输便利化协定；分别与比利时、阿联酋、法国签署机动车驾驶证互认换领双边协议；与66个国家和地区签署70个双边和区域海运协定，海运服务覆盖沿线所有沿海国家；与26个国家（地区）签署单边或者双边承认船员证书协议，与新加坡签署电子证书谅解备忘录，便利船舶通关，引领和推进电子证书在全球航运业的应用进程；建立中欧班列国际铁路合作机制，与22个国家签署邮政合作文件，实现中欧班列出口运邮常态化运作；与100个国家签订双边政府间航空运输协定；与东盟、欧盟签订了区域性航空运输协定。建立中日韩俄四国海上搜救合作机制，与印尼国家搜救局签订部门间海上搜救合作备忘录。

国际运输便利化推动了国际运输服务能力水平大幅提升，中国与沿线国家合作更加紧密、往来更加便利、利益更加融合。中欧班列依托东、中、西三个主要通道，联通亚欧大陆110多个城市。2019年，中欧班列开行8225列，发送72.5万标准箱，综合重箱率达到94%；截至2019年底，中外航空公司在中国通航54个合作国家，每周运行6846个往返航班②，“一带一路”合作国家开通409条国际航线，物流配送网络覆盖欧洲全境；海运服务覆盖沿线所有国家；国际道路客货运输线路达到356条③。

---

① 习近平：《联通引领发展伙伴聚焦合作——在“加强互联互通伙伴关系”东道主伙伴对话会上的讲话》（2014年11月8日，钓鱼台国宾馆），载《人民日报》2014年11月9日。

② 国务院新闻办公室《中国交通的可持续发展》白皮书，2020年。

③ 丛书编写组：《加快构建现代综合交通运输体系》，中国市场出版社、中国计划出版2020年版。

四、积极推动全球交通治理体系变革

以市场为依托，加快交通行业标准的制定，完善国际物流规则和机制，推动我国交通技术标准成为国际标准，破除“一带一路”区域合作中的制度和规则难题，这是提高我国交通国际市场竞争力、扩大市场占有率的有效途径。

近年来，中国作为负责任大国，认真履行国际责任和义务，多渠道加强与国际交通组织的沟通协商，促进国际相关交通公约的规则统一，提升了在重要国际交通组织中的话语权和影响力。加入近 120 项交通运输领域多边条约，积极参与联合国亚洲及太平洋经济社会委员会、铁路合作组织、国际铁路联盟、世界道路协会、国际运输论坛、国际海事组织、国际民航组织、万国邮政联盟等国际组织事务，多次当选或连任国际海事组织 A 类理事国、万国邮政联盟相关理事会理事国，积极主办世界交通运输大会等国际会议。推动实现联合国 2030 年可持续发展议程框架下的交通领域可持续发展目标，携手其他发展中国家推动交通可持续发展全球治理改革，为发展中国家发展营造良好的国际环境。中国高度重视应对气候变化，积极承担符合自身发展阶段和国情的国际责任，实施积极应对气候变化国家战略。积极引导全球海运温室气体减排战略的制定和实施，在全球航空减排市场机制制定和实施进程中努力维护发展中国家权益，推动和引导建立公平合理、合作共赢的全球气候治理体系，为全球生态文明建设和可持续发展贡献力量。

五、简要结论

全球化是人类生产力发展的必然趋势，2018 年我国进出口总额 4.6 万亿美元，已成为世界第一的货物贸易大国。随着贸易结构不断优化，机电产品、高新技术产品成为出口主体，民营企业成为对外贸易主力军，同时对外合作区域分布在发生变化，产业价值链从过去较为集中于发达国家和地区，正逐渐向环周边以及非洲、中东、拉美等国家和地区扩散转移，并逐步遍及全球。随着国际产业升级，我国与发达国家的竞争将更趋激烈，全球格局的调整也会带来全球治理体系的重大挑战，但是经济全球化的大趋势不会扭转，这要求我国交通运输业融入全球交通运输体系，提高国际竞争力和全球运输服务能力，积极参与全球交通运输治理，提高话语权，促进全球经济可持续发展。

交通运输是我国最早对外开放的行业之一。共建“一带一路”倡议提出以来，中国坚持互利共赢的开放战略，深化与各国在交通领域合作，积极推进全球互联互通，积极参与全球交通治理，认真履行交通发展的国际责任与义务，在更多领域、更高层面上实现合作共赢、共同发展，推动构建全球交通命运共同体，服务构建人类命运共同体。其一，聚焦关键通道、关键城市、关键项目，联结陆上公路、铁路道路网络和海上港口网络，着力推动陆上、海上、天上、网上“四位一体”的联通，全方位提高我国全球连接能力。其二，瞄准软联通方面的短板，加强培育国际化运输企业，不断提高行业的国际制度性话语权。其三，交通基础设施具有很强的经济社会正外部性，是提升我国全球“软实力”的重要抓手。国际互联互通不仅是修路架桥，更是基础设施、制度规章、人员交流“三位一体”，与政策沟通、贸易畅通、资金融通、民心相通等领域共同推进，推动形成基础设施互联互通、市场合作互利共赢、成果经验互鉴共享的开放新格局。

第五节 坚持以人民为中心的共享发展

一、交通运输安全和应急保障水平稳步提高

1. 安全发展是交通运输的生命线

交通运输领域牢固树立“生命至上，安全发展”理念，强化红线意识、落实安全责任、夯实安全基础、兜住安全底线，努力为经济社会发展和人民群众出行提供安全便捷、优质高效的交通运输保障。

习近平总书记十分关心交通安全。2014 年 2 月，习近平在北京考察工作时指出，轨道交通特别是地铁，安全保障制度一定要严密，安全检查措施一定要严格，安全运行工作一定要严谨①。2018 年 9 月，习近平总书记对民航安全作出重要指示指出，安全是民航业的生命线，任何时候任何环节都不能麻痹大意。民航主管部门和有关地方、企业要牢固树立以人民为中心的思想，正确处理安全与发展、安全与效益的关系，始终把安全作为头等大事来抓。要加大隐患排查和整治力度，完善风险防控体系，健全监管工作机制，加强队伍作风和能力建设，切实把安全责任落实到岗位、落

---

① 习近平总书记在北京考察工作时强调《立足优势 深化改革 勇于开拓 在建设首善之区上不断取得新成绩》，载《人民日报》2014 年 2 月 27 日。

实到人头，确保民航安全运行平稳可控①。

现代安全科学理论表明，现代系统都是人为系统，除人力不可抗拒因素外，几乎所有事故都是可以预防和避免的。习近平总书记指出，重特大突发事件，不论是自然灾害还是责任事故，其中都不同程度存在主体责任不落实、隐患排查治理不彻底、法规标准不健全、安全监管执法不严格、监管体制机制不完善、安全基础薄弱、应急救援能力不强等问题②。2019年11月，中共中央政治局就我国应急管理体系和能力建设进行第十九次集体学习，习近平总书记指出，要健全风险防范化解机制，坚持从源头上防范化解重大安全风险，真正把问题解决在萌芽之时、成灾之前。要加强风险评估和监测预警，加强对道路交通等重点行业领域的安全风险排查，提升多灾种和灾害链综合监测、风险早期识别和预报预警能力。新型冠状病毒肺炎疫情发生后，保运输、保畅通、保安全，提高交通运输发展韧性，坚决打赢疫情防控阻击战，是习近平总书记对交通运输提出的明确要求。

党的十八大以来，我国交通运输始终坚持以人民生命安全为首位，强化红线意识，防范重特大交通事故发生，压减交通事故死亡率并重，安全生产责任制进一步落实，安全运营水平有效提升，应急保障能力稳步增强，为经济社会发展和人民群众出行提供了安全运输保障。

2. 安全生产维持良好态势

交通运输行业始终坚持安全第一、预防为主、综合治理的方针，围绕保安全、保畅通、防事故，道路交通人员死亡（失踪）的事故总量和较大以上事故总量明显下降，实现了交通运输事故起数和死亡失踪人数双下

---

① 习近平总书记在会见四川航空“中国民航英雄机组”全体成员时强调《学习英雄事迹，弘扬英雄精神，将非凡英雄精神体现在平凡工作岗位上》，载《人民日报》2018年10月1日。

② 习近平总书记对加强安全生产工作作出重要指示强调《坚定不移保障安全发展，坚决遏制重特大事故频发势头》，载《人民日报》2016年1月7日。

降，安全形势稳中向好。行业组织制定相关安全规划设计规范，全面消除源头安全隐患。开展“平安交通”，实现对72万辆“两客一危”重点车辆全方位动态监管，加强执法管控力度。抓好重特大事故整改工作，实施分类分级管控。我国铁路安全水平远高于英国、德国、日本等发达国家，被国际铁路联盟认为是铁路最安全的国家。轨道交通建立安全防范化解机制，从源头遏制事故发生。运输船舶百万吨港口吞吐量等级以上事故件数平均每年下降5%左右。2019年，航空实现连续安全飞行112个月、8068万小时，连续17年7个月实现空防安全零责任事故①。

3. 安全保障能力显著增强

交通运输行业安全保障能力明显提升。2018年5月14日，四川航空在万米高空执行航班任务面对突发紧急状况果敢处置，机组人员确保119名旅客生命安全，展现中国民航英雄机组精神。交通运输安全防护工程建设加快推进。铁路人防、物防、技防“三位一体”安全保障体系基本形成；充分利用互联网、大数据等现代信息技术，建立了高铁安全防护工程数据库，及时掌握高铁运行安全质量状态和发展趋势；道口平交改立交建设有序推进。公路生命安全防护、隐患治理、危桥改造等重点建设顺利推进；实施普通公路生命安全防护工程19万千米，改造农村公路危桥4814座，路网运行监测和应急处理体系基本建立。航空安全能力和系统建设顺利开展；建成统一运行的监控和流量管理平台，推进协同决策系统（CDM）与机场协同决策系统（A－CDM）建设对接，实现民航客机全球追踪监控系统全覆盖；50家航空公司建成运行风险管控系统；完成适航审定中心筹建，实现了适航审定中心垂直管理。邮政寄递渠道安全监管“绿盾”进入实施阶段。

---

① 资料来源：根据2020年全国民航工作会议材料整理。

4. 应急保障能力有效提升

交通运输应急救援体系进一步完善，应急保障水平显著增强。制定信息安全应急预案或应急协调预案，对信息系统进行安全测评；开展公路等交通气象预报预警，提高减灾水平和应急处置能力，公路基础设施安全保障能力有效提升。成功组织了中国—东盟国家海上联合搜救实船演习等应急演练，国家海上搜集应急预案不断完善。长江干线船舶交通管理系统、自动识别系统、视频监控系统等完善工程加快推进；长江海事巡航救助一体化船舶、公安巡逻船和消防船舶配置基本到位，长江干线船舶溢油应急设备库建设基本完成。在应对新冠肺炎疫情中，交通运输经历了一场既要保障防控应急人员物资运输，又要保障人民群众生活必需品、基本出行需求的应急运输处理能力和保障水平大考。交通行业坚持人民至上，迎难而上，克服疫情带来的冲击，应用大数据平台等现代化信息化手段，发挥综合运输通道和枢纽优势，有力保证了国际国内供应链稳定，圆满完成了国家应急运输任务。

二、助推打赢脱贫攻坚战

全面建成小康社会，最艰巨最繁重的任务在农村，特别是在贫困地区。对于贫困地区而言，要脱贫致富，改善交通等基础设施条件很重要，改一条溜索、修一段公路就能给群众打开一扇脱贫致富的大门。

交通运输是促进资源要素便捷顺畅流动的重要载体，是推动区域协同、城乡一体、平急兼顾发展等的重要支撑。交通运输跨域深度融合联动发展，对于改善贫困地区发展环境，强化自我造血功能，破解贫困地区经济社会发展“瓶颈”具有重要意义。

“四好农村路”是习近平总书记亲自总结提出、领导推动的一项重要民生工程、民心工程。2017 年 12 月，习近平总书记强调，近年来，“四好农村路”建设取得了实实在在的成效，为农村特别是贫困地区带去了人气、财气，也为党在基层凝聚了民心①。交通运输部等有关部门和各地区要认真贯彻落实党的十九大精神，从实施乡村振兴战略、打赢脱贫攻坚战的高度，进一步深化对建设农村公路重要意义的认识，聚焦突出问题，完善政策机制，既要把农村公路建好，更要管好、护好、运营好，为广大农民致富奔小康、为加快推进农业农村现代化提供更好保障。

为支持脱贫攻坚，中央和有关部门、地方出台了一系列政策举措，强度密度空前。交通运输部制定了交通扶贫规划，把贫困地区、革命老区、民族地区、边疆地区共 1177 个县（区、市）全部纳入支持范围，坚持“扶贫项目优先安排、扶贫资金优先保障、扶贫工作优先对接、扶贫措施优先落实”，以超常规的举措和力度，推进贫困地区加快建设“外通内联、通村畅乡、客车到村、安全便捷”的交通运输网络，大力提升城乡客货运输服务水平，健全农村公路管养体制机制。

2016 年，国家发展改革委、交通运输部、国务院扶贫办联合印发《关于进一步发挥交通扶贫脱贫攻坚基础支撑作用的实施意见》，提出要以革命老区、民族地区、边疆地区和贫困地区为重点，加强交通基础设施，到 2020 年在贫困地区建设广覆盖、深通达、提品质的交通运输网络，基本消除贫困地区发展的交通瓶颈。

“硬件”方面，扎实推进“双百”工程。一是实施好“百万公里农村公路工程”。加快农村公路建设步伐，使贫困地区农村公路在规模和质量上逐步达到全国平均水平，强基础、补短板、提质量。二是要实施好“百

① 习近平总书记对四好农村路建设作出重要指示强调《把农村公路建好管好护好运营好，为广大农民致富奔小康加快推进农业农村现代化提供更好保障》，载《人民日报》，2017 年 12 月 26 日。

项交通扶贫骨干通道工程”。强化贫困地区骨干网络，包括 32 项高速公路项目、165 项普通国道项目、16 项铁路项目、14 项机场项目，着力增强交通“造血”功能，畅通道、活流通、兴百业。“软件”方面，要统筹设施建设与服务优化，不断提高客运服务质量水平，促进交通、物流、信息化融合发展，推进交通与产业联动发展。同时，要健全交通基础设施投融资长效机制，进一步完善土地、标准和税费政策，加强养护管理和人员培训等。

党的十八大以来，农村公路建设实现跨越式发展，“晴天一身土，雨天一身泥”成为历史。截至 2019 年底，全国实现了具备条件的乡镇和建制村 100% 通硬化路；截至 2020 年 9 月，实现了具备条件的乡镇和建制村 100% 通客车。城乡道路客运一体化发展水平持续提升，以县城为中心、乡镇为节点、建制村为网点的交通网络初步形成，乡村之间、城乡之间连接更加紧密，6 亿农民“出门水泥路，抬脚上客车”的梦想变成了现实。经常跑独龙江公路的客运司机木跃强说，以前从独龙江乡到贡山县城要跑七八个小时，隧道通后两三个小时就到了，一天可以跑两三个来回。

截至 2019 年底，国家向 14 个集中连片特困地区、革命老区、少数民族地区、边疆地区累计投入 3.3 万亿元，占铁路基建总投资的 78%①。新投产铁路覆盖了 274 个国家级贫困县，助力融入“高铁经济圈”。

“交通 +‘旅游’‘产业’‘扶贫’”等新模式快速发展。2012 ~ 2019 年，贫困地区新改建资源路、旅游路、产业路约 5.9 万公里②。“交通 + 快递”扶贫工程，整合交通运输、供销、商贸、电商、邮政快递等资源，开展无人机物流配送应用试点，2018 年全国邮政企业累计实现农村电商交易额 1.4 万亿元③。“交通 + 特色农业 + 电商”“交通 + 文化 + 旅游”“交

①②③ 国务院新闻办公室：《中国交通的可持续发展》白皮书，2020 年。

通+就业+公益岗”等扶贫模式不断创新发展。特色产业因路而起、因路而兴，为广大农民打开一扇扇脱贫致富的大门①。

三、以人为本的服务品质大幅提升

增进民生福祉是一切发展的根本目的。党的十九大提出，我国社会主要矛盾已经转化为人民日益增长的美好生活需要和不平衡不充分的发展之间的矛盾。交通运输是重要的服务性行业，交通运输公共产品和公共服务供给与人民群众的日常工作生活密切相关。交通设施供需的匹配程度、运输服务质量的好坏、交通治理效率的高低，直接影响人民群众的满足感和获得感。

改革开放40年来，我国已解决大多数地区人民群众的基本出行问题，但随着我国全面建成小康社会和开启社会主义现代化建设新征程，人民群众对交通出行的质量和服务水平提出了更高要求，对美好生活有了更多期待。人民群众对交通出行和运输服务的需要，不仅只满足于通路、通车、通航、通邮等实现人和物位移的“基本需求”，还更加重视运输活动过程中的获得感、幸福感、安全感等“美感需求”；不仅要“走得了”“走得好”，还要“走得精致”“走得美妙”“走得时尚”；不仅需要安全可靠、经济高效地服务于经济生产和流通消费活动，还需要人文博爱、普惠包容地满足均等化、个性化、多元化的“社会化需求”。交通运输需求的人文、精致等特征，是消费者对安全出行活动升级的内在要求，是马斯洛高层次需求在交通运输领域的集中体现。随着我国综合实力与日俱增，更有能力满足人民群众对“美好出行”的需求，让出行体验更方便、快捷、舒适、温暖，让越来越多的中国人不仅“说走就走”，而且“走得舒适优雅惬意”。

---

① 国务院新闻办公室：《中国交通的可持续发展》白皮书，2020年。

党的十八大以来，公众高品质出行需求逐步得到满足，出行体验更加方便、快捷、舒适、温暖。以道路运输为基础，高铁、民航为主要发展方向的出行服务体系更加完善，客运结构持续优化，中长距离客流逐步从公路转向高铁和民航。铁路发挥高速优势，旅游列车、高铁动卧等服务品质大幅提高。随着客运班线布局和发班组织优化，公路跨省运输、跨地市运输、跨县运输、城际客运班车公交化等服务品质不断提升。国际邮轮等专业服务水平大幅提升。截至2019年底，动车组列车累计发送旅客120亿人次，占铁路旅客发送量的比重由2007年的4.5%增长到65.4%[①]。全国航班正常率达到81.7%，连续两年超过80%[②]。春节、国庆等重要节庆日大规模客流的服务保障能力显著提升，人们不仅能够“说走就走”，而且走得“舒适、优雅、惬意”，“人享其行”的期盼逐步成为现实。

1. 旅客运输个性化服务品质不断提升

铁路客运提质明显，售票服务升级，推广网上订餐、移动支付、刷脸核验等便民服务，铁路电子客票全面推行。特色公共交通服务新模式不断创新，定制公交、夜间公交、商务快巴、旅游专线、社区巴士等客运服务水平提升，涌现城际专线、城际拼车等服务新模式，较好地满足了出行“点到点”“门到门”等需求。机场和主要航空公司“无纸化”出行有序推进，网上办理“民航临时乘机证明”，跨航司行李直挂试点实施，极大地方便了乘客的出行。“互联网+”城市公共交通深度融合发展，城市步入公交移动支付时代。

2. 基本公共服务均等化水平不断提升

僻远地区开行的公益性“慢火车”架起了山村与城市的沟通桥梁，成

---

① 国务院新闻办公室：《中国交通的可持续发展》白皮书，2020年。

② 2019年民航行业发展统计公报。

为沿线人民的“公交车”“致富车”。实施普速站车达标提质专项行动，为革命老区、贫困地区、边远山区人民群众出行提供便利。我国现已开展52个城乡交通运输一体化示范县建设，全国城乡交通运输一体化发展水平达到AAA级、AAAA级以上的区县比例分别超过95%和79%[①]。在铁路、公路、水运、民航、邮政等重要枢纽设置无障碍设施，推广无障碍化交通工具，为特殊群体提供了周到的出行服务。不断加大旅客运输及出行服务普惠力度，让人民共享交通发展成果。全国二级道路客运站初步实现省域联网售票，旅客联程运输加快发展，春运、黄金周等时段旅客集中出行组织有序。城市公共交通客运基本公共服务均等化水平不断提高。

四、简要结论

为了人民、依靠人民、服务人民，是中国交通发展的初心和使命。新时代的中国交通，秉持人民至上、以人为本的发展理念，坚持人民共建共治共享，建设人民满意交通。党的十八大以来，我国交通运输牢固树立“生命至上，安全发展”理念，强化红线意识，落实安全责任，夯实安全基础，兜住安全底线，努力为经济社会发展和人民群众出行提供安全便捷、优质高效的交通运输保障。将交通扶贫作为服务全面建成小康社会、推进农业农村现代化、人民共享改革发展成果的重要支撑，全力消除制约农村发展的交通瓶颈，为广大农民脱贫致富奔小康提供坚实保障。统筹公平和效率，以人民满意为根本评判标准，聚焦新时代人民对交通的新期待，坚持普惠性、保基本、均等化、可持续方向，深化供给侧结构性改革，大力推进城乡基本公共服务均等化，保障城乡居民行有所乘，不断满

① 国务院新闻办公室：《中国交通的可持续发展》白皮书，2020年。

足不同群体的交通运输需求，不断提升人民的获得感、幸福感、安全感，让人民共享交通发展成果。

第六节　中国特色社会主义新时代下综合运输发展理论创新与拓展

党的十八大以来，以习近平总书记为核心的党中央开启了治国理政新阶段，从加快转变经济发展方式、全面深化改革到贯彻落实新发展理念、建设现代化经济体系、推动形成全面开发新格局等战略部署，对构建现代化综合交通运输体系提出了明确要求。综合运输发展理论在习近平新时代中国特色社会主义思想的指引下不断丰富和完善。

一、新时代赋予了综合运输新的发展内涵

党的十八大以来，习近平总书记高度重视我国交通运输发展，就交通强国建设、现代化综合交通运输体系发展等作出了系列重要讲话和指示批示。习近平总书记关于综合交通运输发展的重要论述，涵盖交通强国建设、现代化综合交通运输体系建设、交通运输供给侧结构性改革、交通扶贫、“一带一路”交通互联互通、低碳绿色智慧交通、现代化城市交通系统、区域交通协同发展、一体化组织衔接以及运营服务管理“软实力”提升、新动能新业态发展、重大改革和体制机制创新等方方面面。这些关于综合交通运输发展的重要理念、重大方针、重大关切，是习近平总书记新时代中国特色社会主义经济思想的重要组成部分，是在中国大地上提炼总结出的符合中国发展实际、顺应世界潮流趋势的交通运输发展理论，是指导新

时代我国综合交通运输体系建设和交通运输现代化发展的理论根基、战略纲领、基本方略和根本遵循。

（一）综合运输发展应坚持新发展理念

党的十八大以来，面对实现什么样的发展、怎样实现发展这个重大问题，以习近平总书记为核心的党中央创造性地提出了新发展理念，系统回答了关于发展的目的、动力、方式、路径等一系列理论和实践问题，引领我国经济社会发展取得了历史性成就、发生了历史性变革。习近平总书记指出："新发展理念是一个系统的理论体系"①，要"从根本宗旨把握新发展理念""从问题导向把握新发展理念""从忧患意识把握新发展理念"②。新时代推动综合运输发展，应坚持把创新作为引领发展的第一动力，"在体制机制上、方式方法上、工作措施上都要勇于创新、敢于创新、善于创新"。应坚持协调发展，"各种交通运输方式要统筹协调发展、降低运输成本、提高综合运输效益""哪里适合公路，哪里适合铁路，不要造成浪费，要做最合理的交通工具"；应坚持绿色发展，优化调整运输结构，大力倡导绿色出行；应坚持开放发展，畅通对外开放的血脉，推动"一带一路"交通基础设施互联互通，推进国际运输便利化；应坚持共享发展，着力建设"四好农村路"，改善贫困地区交通条件，助推打赢脱贫攻坚战。

（二）以人民为中心是综合运输发展的出发点和落脚点

推动经济社会发展，归根到底是为了不断满足人民群众对美好生活的

---

① 2021年1月11日习近平总书记在省部级主要领导干部学习贯彻党的十九届五中全会精神专题研讨班开班式上的讲话。

② 《习近平把握新发展阶段，贯彻新发展理念，构建新发展格局》，载《求是》2021年第9期。

需要①。交通运输是国民经济和社会发展的重要组成部分，其发展的根本目的也是为了不断满足人民群众对美好生活的需要。当前，我国社会主要矛盾已经转化为人民日益增长的美好生活需要和不平衡不充分的发展之间的矛盾。“牢牢把握人民群众对美好生活的向往”②，是习近平总书记坚持以人民为中心发展思想的核心要义。交通运输是人们生产生活的基本条件，“美好出行”是“美好生活”的基础支撑和重要体现。人民群众对交通出行和运输服务的需要，不仅只满足于通路、通车、通航、通邮等实现人和物位移的“基本需求”，还需要更加重视运输活动过程中的获得感、幸福感、安全感等“美感需求”；不仅要“走得了”“走得好”，还要“走得精致”“走得美妙”“走得时尚”；不仅需要安全可靠、经济高效地服务于经济生产和流通消费活动，还需要人文博爱、普惠包容地满足均等化、个性化、多元化的“社会化需求”。交通运输需求的人文、精致和唯美特征，是消费者对安全出行活动升级的内在要求，是马斯洛高层次需求在交通运输领域的集中体现。步入新时代，我们有理由相信，伴随着我国综合实力与日俱增，我们不仅有意愿更有能力满足人民群众对“美好出行”的需求，让出行体验更方便、快捷、舒适、温暖，让越来越多的中国人不仅“说走就走”，而且“走得舒适、优雅、惬意”。

（三）综合运输发展的核心任务推动交通运输高质量发展

推动交通运输高质量发展是当前和今后一个时期综合运输发展的核心任务之一。什么是交通运输高质量发展？习近平总书记关于交通运输发展的重要论述，赋予交通运输高质量发展丰富的内涵。

---

① 2020 年 5 月 22 日习近平总书记在参加十三届全国人大三次会议内蒙古代表团审议时的讲话。

② 2017 年 9 月习近平总书记在省部级主要领导干部专题研讨班上重要讲话。

从微观层面看，主要是指交通运输产品和服务供给质量高。交通运输业是个相对独立的行业，自身既有供给、也有需求。需求源自人民，随着时代发展，我国社会主要矛盾转化为人民日益增长的美好生活需要和不平衡不充分的发展之间的矛盾，交通运输需求结构也日益升级，人民群众希望得到更加个性化、多样化、品质化、均等化的交通运输产品和服务。推动交通运输高质量发展，就是要深化供给侧结构性改革，使交通运输产品和服务供给更好地满足人民日益增长的美好生活的需要，实现更高水平的动态供需平衡。

从宏观层面看，主要是指交通运输支撑服务经济发展质量高。交通运输是流通环节的重要支撑。没有现代交通运输，就不可能有大规模的商品交换，就不可能会有社会化大分工，也就不可能有现代市场经济。从这个意义上讲，推动交通运输高质量发展，就是要大力促进物流业降本增效，提升运输链综合效率和提高全要素生产率，促使经济大循环更顺畅，从而提高整个供给体系质量和效率。这也是深化供给侧结构性改革的重点任务和迫切要求。

无论从哪个层面看，推动交通运输高质量发展，都应是能够更好地满足人民日益增长的美好生活需要的发展，是体现创新、协调、绿色、开放、共享发展理念的发展，也是生产要素投入少、资源配置效率高、资源环境成本低、经济社会效益好的发展。只要深刻把握交通运输高质量发展的丰富内涵，才能更好地实现高质量发展，建成交通强国。

二、综合运输发展还需在“融”字做文章

“十二五”期间，我国各种交通运输方式快速发展，综合交通运输体系不断完善，交通运输总体上适应了经济社会发展需要。面临经济新常

态、新形势、新要求和交通运输领域存在的不平衡、不充分问题，综合运输理论研究开始聚焦支撑引领并与经济社会深度融合发展。

（一）交通与物流融合发展

交通运输与现代物流是关联性极强的两个产业，进入21世纪以来我国在综合交通运输体系不断建设和完善中初步形成了交通运输与现代物流衔接互动的发展格局。为有效降低社会物流总体成本，进一步提升综合效率效益，2013年国家发展改革委经济贸易司牵头组织综合运输研究所等科研单位开展交通与物流融合研究工作；2016年，国务院办公厅发布《营造良好市场环境推动交通物流融合发展实施方案》（以下简称《方案》）。牢固树立并贯彻落实创新、协调、绿色、开放、共享的发展理念，以提质、降本、增效为导向，以融合联动为核心，提出了“全链条”“大平台”“新模式”三大任务，明确了我国交通物流融合发展的实施路线图。《方案》是我国第一次以国务院名义就交通物流融合发展出台的文件，也是今后指导我国交通物流融合发展的纲领性文件，对推动交通、物流及相关制造业、商贸流通业等行业转型升级、提质增效，加快构建现代综合交通运输体系，推动供给侧结构性改革，以支撑和引领国民经济社会发展具有重要的理论指导和实践意义。

（二）交通运输与旅游融合发展

旅游业是国民经济战略性支柱产业，交通运输是旅游业发展的基础支撑和先决条件。“十二五”期间，随着大众旅游时代的来临和我国综合交通运输体系不断完善，交通运输与旅游融合发展已经成为旅游业转型发展的新趋势。在此期间，国家发展改革委、交通运输部、国家旅游局等有关部门组织有关研究机构开展了一系列交通与旅游融合发展相关研究工作。

2014 年，国务院印发《关于促进旅游业改革发展的若干意见》，提出拓展旅游发展空间，积极发展休闲度假旅游，推出具有市场吸引力的铁路旅游产品，积极发展邮轮游艇旅游、低空飞行旅游。2017 年交通运输部联合国家旅游局等六部门发布《关于促进交通运输与旅游融合发展的若干意见》，提出进一步扩大交通运输有效供给，优化旅游业发展的基础条件，加快形成交通运输与旅游融合发展新格局。2019 年中共中央、国务院印发《交通强国建设纲要》，进一步提出要深化交通运输与旅游融合发展，推动旅游专列、旅游风景道、旅游航道、自驾车房车营地、游艇旅游、低空飞行旅游等发展，完善客运枢纽、高速公路服务区等交通设施旅游服务功能。

（三）枢纽经济与通道经济

枢纽经济与通道经济是交通运输与国民经济社会深度融合的典型表现形式。尽管枢纽经济、通道经济现象出现较早，但枢纽经济作为经济学概念只到 21 世纪初才由我国学者提出，主要用来描述“依托综合交通枢纽发展商业并带动枢纽区域周边经济发展的现象”；通道经济主要指在综合运输通道沿线地带形成连绵的交通经济带①。同时，国内一些专家学者对港口经济、临空经济、煤运通道经济等进行深入研究。譬如，罗萍（2006）根据港口与城市经济发展特征，将港城演变关系分为初始联系、相互关联、集聚扩散以及城市自增长效应发展四个阶段，并对港城互动发展实践汇总存在的误区进行了理论修正。

党的十八大以来，随着科学技术和经济社会的不断发展，综合交通枢纽、综合运输通道对城市、区域经济发展的支撑引领作用日益增强，人们

---

① 韩增林、杨荫凯、张文尝等：《交通经济带的基础理论及其生命周期模式研究》，载《地理科学》2000 年第 4 期。

对交通枢纽、运输通道与经济社会发展之间的融合互动关系认识进一步深化，国内一些专家、学者从不同视角对枢纽经济、通道经济进行了释义和论证。2016～2019年，综合运输研究所组织所内专家对枢纽经济发展理论进行探索，形成国内第一部关于枢纽经济发展理论的专著《我国枢纽经济发展理论与实践》；2018年，国家铁路局组织研究编撰了《高铁经济学导论》，探索构建了高铁经济学学科框架体系，为通道经济理论发展注入了新的内涵。在全国各科研机构和大中院校深入开展理论研究和各地政府扎实推进实践工作的基础上，2019年，中共中央、国务院印发的《交通强国建设纲要》正式将“大力发展枢纽经济”纳入国家强国战略范畴。

（四）交通运输融合发展理论

交通运输作为经济社会的重要组成部分，从来不能脱离经济社会单独谈发展。在新的发展阶段，我国经济进入增速换挡、结构优化和动力转换的新常态，新型城镇化带来发展机遇与挑战的同时也使得环境保护与经济发展矛盾突出。随着信息技术快速迭代、新经济新业态不断涌现，经济发展方式、贸易流转方式、生活消费形式等发生深刻变化。公众对于交通运输的需求已经发生了结构性的改变。充分利用互联网技术，满足多元化交通需求，完善联通、提质增效，促进社会流通，充分发挥交通运输功能成为下一步发展的主要导向。2017年，综合运输研究所在对我国交通运输迈入转型升级战略机遇期科学研判的基础上，率先提出了交通运输与经济社会融合的发展理论，主要观点包括：（1）精准识别和对接经济发展各领域对交通运输的现实需求，从一般的需求升级到针对经济运行链条和系统中运输环节与制造、商贸、物流、旅游、金融等其他环节及领域间的作用机理分析；（2）发展枢纽经济和通道经济来重塑和优化经济要素的空间配置，从单纯的低成本要素吸引升级到以供应链、运输链的组织优化和构造经济生态圈来引导产业布局；（3）强化信息技术革命背景下交通运输新业态和新模式的创新，从被动适应满足需求升级到主动支撑引领经济①。总体来看，交通运输与经济社会融合发展主要集中在跨业、跨域、跨界三个层维，在推动交通运输内部各方式深度衔接融合的基础上，统筹传统与新兴、存量与增量、硬件与软件、国际与国内，重点围绕产业、空间、社会以及生态、国防等领域展开②。

三、现代综合交通运输体系的完善和发展

党的十八大以来，在习近平新时代中国特色社会主义思想的指引下，我国综合交通运输体系理论在规划实践中不断完善和发展，在体系内涵、规划原则、主要内容等方面具有较大突破。

（一）现代综合交通体系的内涵不断丰富

2012 年《“十二五”综合交通运输体系规划》中提出，“十二五”期间要“初步形成网络设施配套衔接、技术装备先进适用、运输服务安全高效的综合交通运输体系”。2016 年，《中华人民共和国国民经济和社会发展第十三个五年规划纲要》首次在国家文件中提出要“完善现代综合交通运输体系”“坚持网络化布局、智能化管理、一体化服务、绿色化发展，建设国内国际通道联通、区域城乡覆盖广泛、枢纽节点功能完善、运输服务一体高效的综合交通运输体系”。2017 年，国务院印发关于《“十三五”

---

① 国家发展和改革委员会综合运输研究所：《改革开放与中国交通运输发展》，中国市场出版社 2019 年版。

② 汪鸣、吴文化、樊一江等：《交通大融合》，中国计划出版社 2019 年版。

现代综合交通运输体系发展规划》再次提出：到2020年，基本建成安全、便捷、高效、绿色的现代综合交通运输体系，部分地区和领域率先基本实现交通运输现代化。

（二）现代综合交通体系规划思路的演进

与“十一五”“十二五”综合交通运输体系规划相比，“十三五”现代综合交通运输发展规划在规划思路上具有重大突破。一是规划以习近平新时代中国特色社会主义思想为指导，深入贯彻习近平总书记系列重要讲话精神和治国理政新理念新思想新战略，统筹推进“五位一体”总体布局和协调推进“四个全面”战略布局，牢固树立和贯彻落实新发展理念。二是回归交通运输发展本源，突出“交通运输服务人民”的本质要求，坚持“协调衔接、便捷高效；适度超前、开放融合；创新驱动、安全绿色”的发展原则。三是强调交通的支撑引领作用，突出交通运输发展对“一带一路”、区域协调发展、新型城镇化、脱贫攻坚等国家重大战略支撑。四是除了继续在“综”字上下功夫外，开始在“融”字上做文章。即在继续秉持基础设施网络优化布局、协调衔接，运输服务一体高效，技术装备先进实用等体现交通运输综合发展、综合利用思想的前提下，开始谋划交通运输与物流、旅游、新能源、产业以及军民交通等领域的融合发展。同时，通用航空、汽车营地、邮轮游艇等交通新业态不断涌现，“互联网+交通”“物联网+物流”等平台型服务模式不断颠覆传统运输组织模式，为综合运输发展提供了全新的实践案例和理论突破关注点。五是交通运输的功能作用开始延展，依托骨干交通通道、综合枢纽、物流园区等培育形成高铁经济、临空经济、临港经济、口岸经济等形态，交通运输作为经济社会的服务支撑要素向各类经济产业要素的集聚载体拓展，交通运输新动能不断得到释放。以上发展思路和要求的变化，对综合运输发展理论创新和实践探索都提出了新命题。

四、简要结论

党的十八大以来，在习近平新时代中国特色社会主义思想的指导下，综合运输发展取得了重大理论创新和突破。一是新时代赋予了综合运输新的发展内涵，综合运输发展应坚持新发展理念，大力推动创新发展、协调发展、绿色发展、开放发展和共享发展；综合运输发展应牢牢把握新发展理念的“根”和“魂”，坚持以人民为中心发展思想的核心要义，把不断满足人民群众对美好生活的需要作为综合运输发展的出发点和落脚点；综合运输发展的核心任务是推动交通运输高质量发展，朝着安全、绿色、便捷、高效、经济的方向前行。二是“融合发展”成为综合运输核心思想的重要组成部分。“融合发展”是“综合发展”思想的深化、延伸和拓展，强调各种运输方式之间、不同领域基础设施之间、交通运输与国民经济其他部门之间、交通运输与资源生态环境之间等的协调关系。三是现代综合交通运输体系理论得到了进一步丰富和完善，突破了传统“四系统论”①的行业束缚，开始重视交通运输系统与国家战略、其他经济系统、新领域新业态新模式、资源环境、社会治理等方面的协调关系。

① “十三五”时期以前，我国综合运输体系的规划内容重点围绕交通运输行业展开，主要包括交通基础设施网络、客货运输服务、交通技术装备和交通管理四个方面。

第五章

以现代综合交通运输体系引领新时代交通强国建设

以中国共产党建党100周年为起点，谋篇布局现代综合交通运输体系“十四五”发展，开启交通强国建设新征程。到2035年，现代化综合交通体系基本形成，人民对交通运输的满意度明显提高，交通强国美“梦”初成。到2050年，全面建成人民满意、保障有力、世界前列的交通强国，圆“梦”中华民族伟大复兴。

第一节　开启交通强国建设新征程，服务“双循环”新发展格局

“十四五”时期，是我国乘势而上开启全面建设社会主义现代化国家新征程、向第二个百年奋斗目标进军的第一个五年，也是开启交通强国建设新征程，织锦综合立体交通网的第一个五年。党的十四五时期，我国将推动综合交通运输基础设施发展再上新台阶，客货运输更加便捷高效，科技创新和治理水平明显提升，全面服务以国内大循环为主体，国内国际双循环相互促进的新发展格局。

一、基础设施网络化水平再上新台阶

经过多年建设，我国已经建成规模全球领先的交通基础设施网络，运输线路总里程、高速铁路和高速公路里程、沿海港口总吞吐能力等位居世界第一。“十四五”时期，为了更好地服务新发展格局，我国交通基础设施发展重点将由整体扩张成网转向精准补齐发展不平衡、不充分的短板，加强新技术在交通基础设施领域的应用，基础设施的网络化水平和质量将

得到进一步提高。

（一）综合运输大通道和综合交通枢纽建设进一步加快

《“十三五”现代综合交通运输体系发展规划》（2017 年）在《综合交通网中长期发展规划》（2007 年）“五纵五横”布局基础上，提出面向 2030 年建成“十纵十横”综合运输大通道格局。“十三五”时期，其中有“六纵三横”实现铁路干线和国家高速公路贯通，下一步既有通道缺失路段、延伸路段成为建设重点。随着区域协调战略深入推进，西部地区通道建设加快，进出新疆、出入西藏以及欠发达地区对外通道能力进一步提升，京津冀、长三角、粤港澳和成渝等主要城镇化地区对外多向联通能力显著提高。未来一段时期，我国综合交通枢纽也是建设重点，不同层级、不同类型客运枢纽和物流枢纽协同发展，国际性、全国性、区域性综合交通枢纽和国家物流枢纽承载城市加快建设，特别是随着加快构建以国内大循环为主体，国内国际双循环相互促进的新发展格局，国际性和内陆全国性综合交通枢纽将更为重要。同时，综合交通枢纽是各种运输方式高效衔接点，综合交通枢纽建设是供给能力升级的关键，需要完善枢纽集疏运设施网络，引入城市轨道和铁路等大容量快速集疏运方式，集中力量打造一批现代化、立体式综合客运枢纽，利用城市轨道交通等骨干公交方式连接大中型高铁车站、年吞吐量超过千万人次的机场，实现铁路引入重要港口、公路货站和物流园区等。

（二）重点区域交通设施现代化水平大幅提高

在建设长江经济带综合立体交通走廊方面，要坚持生态优先、绿色发展，把长江黄金水道功能提上去，加快解决铁水联运“最后一公里”问题，构建功能更加完善、层次更加清晰的沿江铁路运输体系，尽快打通省际间高速公路“断头路”，强化跨省公路衔接，消除“瓶颈”路段制约，分别构建长江上中、下游机场群。在京津冀地区，建设以首都为核心的多节点、网格状世界级城市群交通体系为目标，加快建设“轨道上的京津冀”，把跨地区的高速公路打通，普通国省干线技术等级按需提升，省际衔接路段建设也要受到重视。为了推进长三角区域交通运输更高质量一体化发展，需要高效联通对外运输大通道、城际交通主骨架和都市圈通勤网等，加快建成“轨道上的长三角”，省际公路通达能力进一步提升，世界级机场群和港口群全球竞争能力显著增强。以连通内地与港澳、贯通珠江口东西两岸为重点，构建大湾区以高速铁路、城际铁路和高等级公路为主体的城际快速交通网络，有望实现大湾区主要城市间 1 小时通达，构建粤港澳大湾区现代化综合交通运输体系。

（三）交通基础设施区域性“短板”明显改善

为了适应和引导县域特别是农村地区人口合理化分布，分域分类加快推进自然村和村内道路建设，加强建成通村畅乡、连田达园的农村公路，着力打通通村公路“断头路”和农村公路“最后一公里”，织密农村公路“毛细血管”，实现有条件的地区连片成网。革命老区、民族地区、边境地区以及资源枯竭地区、产业衰退地区、生态严重退化地区等特殊类型地区仍然是我国交通基础设施发展薄弱地区。革命老区对外互联互通进一步加强，出行条件可以得到全面改善。以构建高速公路与国省干线相互补充的骨干公路网为重点，全面解决民族地区“断头路”“瓶颈路”“回头路”问题。边境地区以边境铁路和沿边公路等为主体，建设满足守边固边富边强边保障需求，稳定可靠、机动灵活的边疆地区交通基础设施。在资源枯竭地区，要以专业化交通基础设施建设和传统基础设施综合改造为重点，加快完善交通基础设施。产业衰退地区重点设施水平的适应性，应以存量交通基础设施更新改造为重点，适应创新供给增量交通基础设施。生态严重退化地区要以加快转变交通发展方式，节约集约利用资源为重点，加快建设绿色交通基础设施体系。

（四）牢牢把握交通基础设施技术创新趋势

当今世界处于以信息化全面引领创新、以信息化为基础重构国家核心竞争力的新阶段，应依托新技术发展探索布局下一代新型交通基础设施，超前实现交通基础设施数字化、网络化、智慧化。大中型港口将根据实际需要部署自动化码头系统，全面推动智能港口建设，提升港口装卸、转场、调度等作业效率，实现港口港区泊位联动运营。实施新一代空管系统部署工作，布局数字化放行和自动航站情报服务系统，实现飞行任务四维航迹管理，促进民航飞机起降效率和安全性达到世界先进水平。高效智能的物流设备与物流系统加速运用，以无人仓、无人车、无人机为代表的无人科技协同运作，推动物流无人化发展。建成国家综合交通运输信息平台、国家物流公共信息平台、国家交通地理空间信息平台、国家交通基础设施大数据平台等，有力保障交通平台经济发展。面向未来智能汽车发展，统一部署、协同共建智能汽车大数据云控基础平台，逐步实现车辆、基础设施、交通环境等领域的基础数据融合应用。

二、旅客出行更加安全便捷

随着我国居民收入水平持续较快增长，消费水平稳步提高，我国城乡居民消费结构正在由生存型消费向发展型消费升级、由物质型消费向服务型消费升级、由传统消费向新型消费升级，居民越来越注重出行的安全性、便捷性、舒适性，更加追求高品质的出行体验，从而推动高速铁路、航空、私人小汽车、房车、邮轮游艇等多样化、个性化、高端化出行需求进一步增长，成为新发展格局下新消费的重要组成部分，是人才和劳动力等要素流动的基础保障。

（一）旅客跨方式出行品质不断提升

在旅客联程运输方面，我国还停留在旅客自行安排行程、分别购票和被动接驳的“隔离式”联程运输阶段。随着客票电子化、购票在线化、支付网络化在各种不同交通运输方式中的各自实现，加快推动旅客联程运输发展，全面提升旅客出行全链条、各环节的服务效率和服务品质的时机业已成熟。优化客运枢纽出行体验，以旅客舒适出行、便捷换乘为目标，完善枢纽站场联运服务功能，鼓励共建共享联运设施设备，积极引导立体换乘、同台换乘，加快推进不同运输方式票源互通开放、出行需求信息共享、结算平台互认，推行跨方式异地候机候车、行李联程托运等服务，实现旅客出行“一票到底、行李直运、无缝衔接、全程服务”。根据需要配设城市候机（船）楼、高铁无轨站、旅游集散中心等联运服务设施，加强安检、托运、换乘等方面合作，统筹运输方式间运力、班次对接，鼓励开展空铁、公铁、空巴等联程运输服务。

（二）城际客运服务高质量发展

在全社会营业客运服务中，高铁和民航客运比重稳步提高，铁路客运、公路长途客运、航空客运结构不断优化，促进城际旅客捷运系统运量合理分担。道路客运线网继续缩小，毗邻地区客运班线公交化改造加快，长途客运班线节点布局持续优化。机场空域、航班和航线管理水平显著提高，航空运输服务能力与服务品质大幅提升，枢纽机场国内和国际航线覆盖范围不断扩大。特别是京津冀、长三角和粤港澳等重点区域加快建设城际铁路和市域（郊）铁路，不断完善区域城际铁路和市域（郊）铁路骨架网络，干线铁路、城际、市域、城轨“四网融合”加快推进，实现铁路建设与城市融合和轨道交通多网融合，推动全国 1、2、3 小时通达的高铁出行圈初步形成，主要城区市域（郊）1 小时通达，城市群内主要城市间 2 小时通达，相邻城市群及省会城市间 3 小时通达。

（三）客运服务加快运用新技术，新模式新业态加速涌现

把握互联网、物联网、大数据、云计算、5G、人工智能等现代信息技术发展机遇，打造基于移动智能终端技术的出行服务系统，实现“出行即服务”。创新服务产品和服务模式，鼓励发展定制公交、网约车、自动驾驶等新业态、新模式。“交旅融合”是发展重点，旅游专列、旅游风景道、旅游航道、自驾车房车营地、邮轮游艇、低空飞行等具有较好的市场前景，在提供高品质、多样化的旅游客运服务同时，增强体验感和游乐内容。服务领域从重视“所有权”到重视“使用权”的转变，为共享驾乘、共享单车、共享汽车、共享停车、共享快递等共享交通发展创造了空间，可以进一步降低私人交通工具比例，解决诸多交通问题。积极探索无人驾驶在共享交通中的应用，更好地满足人民群众日益多样化、个性化的出行需求。更好地利用城市地下客运空间，打造地下道路客运系统，探索发展城市地下超高速客运。

（四）城乡居民基本出行服务保障能力和质量明显提高

随着对城市公共交通服务与农村交通服务等公益性较强出行领域的政策资金支持力度加大，公共交通覆盖半径、服务频率进一步提升。推进城乡客运一体化是统筹城乡发展、打通群众出行“最后一公里”的民心工程，对现有城乡客运一体化线路重新优化布局，增加城市公交班次密度、

合并农公班车线路，联动镇村公交片区，提高运营效率和服务质量。增加公交车辆数，可采用小型巴士将西部老城区与东部新城区、南北经济开发区充分融会贯通。提升公交的舒适度、快捷度，减少候车时间。推出敬老卡、爱心卡、拥军卡免费乘坐，老年卡半价乘坐，学生卡半价乘坐，让城乡居民共享公共交通均等化服务。增强对运载工具与线路的安全性检查，尤其重视山区、多雾地区等特殊条件下的安全性保障，加强行业监督，提升旅客出行安全性。在客运枢纽增加医疗设施、轮椅、母婴室、第三卫生间、优待群体候车区或专属座椅等设施供给，重点提升老年人、婴幼儿童、孕妇、残障人士等交通出行品质。

三、货物流通更加高效经济

我国已经进入高质量发展阶段，创新成为驱动经济社会发展的主要动力，经济和产业结构优化调整对货运物流提出了更高效率、更低成本、更强辐射的新要求，而先进信息技术应用为货运物流创新发展提供了新动能，货运物流积极融入“互联网+”进程，物流行业新技术、新业态和新模式不断涌现，改变了物流行业运行组织方式，货物流通效率不断提高，有力支撑构建新发展格局。

（一）多式联运业务量和效率大幅提升

随着铁路市场化改革深入推进，铁路、水运、公路、航空和管道等多种运输方式间的协调联动能力不断增强，形成满足一体化组织实施的协调体系。铁水联运、公铁联运、江海直达等联运服务产品市场空间仍然很大，并向邮政快递领域拓展多式联运业务。以集装箱、半挂列车为标准运载单元的多式联运为重点，推动构建集装箱运输多式联运体系，满足我国产业迈向全球价值链中高端，高附加值的工业品等对集装箱运输需求增加，围绕全产业体系生产资料、半成品及产成品流动，推动制造大国向制造强国转变，构建以集装箱多式联运为基础的，从原材料（资源能源等）的供应、生产的组织到产品营销流通的全供应链物流解决方案。积极培育具有竞争力的多式联运经营人，积极对接国际服务标准，制定完善统一的多式联运规则和管理制度，提供“定制化”货运服务。企业围绕“一单制”物流开展业务创新模式，拓展统一单证的金融、贸易、信用等功能，扩大应用范围，提高多式联运全程运作效率。

（二）专业物流创新发展

为了适应面向城市消费的低温加工处理中心和冷链配送的快速崛起，需要补齐农产品产地“最先一公里”短板，构建“产品＋冷链设施＋服务”信息平台，推动冷链物流行业集聚发展，构建覆盖全国主要产地和消费地的冷链物流基础设施网络。快件处理中心、航空及陆运集散中心和基层网点等网络节点加快建设，传统物流园区适应电子商务和快递业发展需求转型升级，智能快件箱纳入便民服务、民生工程等项目，城市配送车辆通行便利化、规范化，快递进村和进厂率大幅提高，快递物流包装绿色化发展。粮食、棉花等大宗商品物流嵌入国家物流枢纽服务系统，建立横向一体化的大宗商品物流中心，加快发展铁路散粮运输，棉花集装箱运输和能源、矿产品重载运输，提高大宗商品物流企业信息化水平，大宗商品供应链金融业务取得新进展。加强应急物资、生活必需品和应急设备储备，加速枢纽储运一体化发展，建立物流大数据预警预报系统，强化平急结合的功能设计与运行安排，全面提高应急保障能力。

（三）“互联网 +”推动高效物流发展

以互联网、移动互联网、云计算、大数据、物联网等为代表的先进信息技术赋能物流产业，重点聚焦干线运输、城市配送、现代供应链、智能仓储及智能物流等领域，创造“互联网 +”车货匹配、运力优化、运输协同、仓储交易、物流企业联盟、现代供应链等新模式、新业态。通过信息技术匹配信息资源优势，整合实体资源，加快货运物流领域线上平台与线下实体物流资源的融合发展，提升全社会物流运输组织效益和运行效率，降低全社会物流运行成本，逐步构建智慧货运物流产业生态，推动建设国家高效物流体系。加快推进交通运输、海关、市场监管等部门之间以及不同运输方式之间信息交换共享，加快建设多式联运公共信息平台，为企业提供认证认可、检验检疫、通关查验、违法违章、信用评价等“一站式”综合信息服务。

（四）国际物流竞争力不断增强

适应我国由制造大国向制造强国转变的发展要求，满足未来我国高附加值、高技术含量工业制品“优进优出”的国际物流需求，建立适应产品生产全球高效组织，加强满足产品销售全球低成本、高效率及时覆盖和准时制配送的需求，构建以信息化、智能化为导引的具备成本效率竞争优势的全球制造业供应链物流服务系统。充分利用近些年形成的电子商务、跨境电商等贸易优势，实现物流与产业的强强联合，重构国际物流供应链体系。加快补齐境外物流基础设施短板，加快网络扩张与下沉，与跨国物流集团、本土物流企业等加强合作，共建国际物流枢纽，共享共用本地物流配送网络和服务资源，提高我国对国际供应链产业链境外端的保障水平与控制能力。探索研究中欧班列货物价值由人民币结算，创新实现“物流 +

贸易 + 产业 + 金融”一体化运作。

四、现代交通让城市更宜居宜业

我国正在经历世界历史上规模最大的城镇化进程。2019 年我国城镇化率为 60.6%，城镇化发展正逐步走向成熟，“十四五”时期我国城镇化率仍将保持相对较快增长速度。当前，我国人口向城市群和中心城市集聚的态势明显，县域单元的产业与人口集聚能力增强。坚持走以人为核心的新型城镇化道路，要求提升城市居民的生活品质，现代交通是城市生活的重要组成部分。

（一）城市交通现代化服务能力显著提升

在城市道路网方面，城市道路布局设计从“以车为本”向“以人为本”转变，注重支路和“毛细血管”建设，打通断头路，开放内部道路，优化路网干支配比。优化设置城市道路路权，加快拥堵路段公交专用道设置并推动连续成网，优化改善交叉口、过街设施和公交站点等。以轨道交通、BRT 等大容量公共交通站点为中心，400 ~ 800 米（5 ~ 10 分钟步行路程）为半径进行集商业、办公、居住、生活等功能为一体的高密度混合开发，周边区域随着距离加大开发密度逐渐降低，以使大容量公共交通站点覆盖更多的城市居民、有效缩短平均出行距离，优化站点周边接驳公交和慢行交通环境，增强公共交通吸引力。加强停车治理，有效控制小汽车拥有、引导合理使用。

（二）城市慢行交通体系不断完善

慢行交通是城市交通重要组成部分，其能有效引导居民从依赖私家车出行向公共交通转移，形成“步行+公交”“自行车+公交”为主导的城市交通模式，从而减少小汽车出行量、缓解城市交通拥堵、降低汽车尾气排放。基于“完整街道”等土地利用新理念，设计适宜步行的街道和人行尺度的街区，营造优质步行和骑行空间，推动实现慢行交通与机动化交通的有效衔接，提高城市慢行交通服务能力。完善非机动车道、步行道网络，提升其连续性、独立性、景观性，并在公共交通站点、居住小区、办公中心、商业中心等重点区域增设自行车停车设施。对非机动交通过街设施、非机动交通与机动交通冲突点进行系统梳理和优化设计，提升非机动交通安全性。

（三）城市群和都市圈交通一体化发展

因地制宜发展多制式轨道交通系统，积极推动都市圈干线铁路、城际铁路、市域（郊）铁路、城市轨道交通等“多网融合”发展，着力打造轨道上的都市圈。在枢纽建设方面，要与都市圈国土空间相吻合，有效支撑都市圈高质量发展，推进区域枢纽、城际枢纽、市域枢纽和城市枢纽等不同层次综合交通枢纽“多级协同”发展，促进都市圈各种运输方式高效衔接。提升城市群路网联通程度，循序渐进、合理推进城际轨道交通建设与服务。着力打通城际公路“断头路”，增加城市群城际公路通道，密切城际公路联系，加快构建高速公路、国省干线、县乡公路等多层次公路网络。

（四）城市交通智能化水平快速提高

《2018中国智慧交通行业专题报告》显示，北京的中国城市中智慧交通建设发展指数最高，成都、广州、上海、深圳分别位列第二名至第五名。下一步，要依靠云计算、大数据、物联网及人工智能等先进技术，实现对城市轨道交通、公交系统和高速公路的智能化管理，而合作式智能交通和自动驾驶或成智慧交通的重点。加快推进城市智慧交通建设，探索各种路侧设施设备一体化，打造以“智慧路灯”为代表的智慧交通基础设施。红绿灯配时需要优化，以此提高路网运行效率。完成对城市网约车和共享单车规范管理，鼓励定制公交发展，加快“出行即服务”（MaaS）系统的应用。

五、交通科技创新能力显著提高

纵观人类发展史，虽然每次技术革命都会对传统产业和社会结构产生一定冲击，但这属于发展过程中所必须面临的“阵痛”，不会从根本上阻挡新技术对旧技术的替代。近年来，随着移动互联网、大数据和云计算等技术的进步和应用的普及，大量交通科技创新集中涌现，受到世界各国的普遍高度关注。

（一）交通关键核心技术创新能力显著提升

“卡脖子”技术攻关取得突破，研制高性能航空发动机、先进航材、航空控制系统和航空设计软件等，突破高效率、大推力和大功率发动机装备设备关键技术，单车智能和车路协同技术，提升传统汽车自动变速器、发动机电控系统等核心零部件的自主化水平大幅提高。加快新一代轨道交通装备、高技术船舶、航空装备等装备动力传动系统研发，突破高效率、大推力和大功率发动机装备设备核心技术。在系统集成技术方面，区域综合交通网络协调运营与服务技术、城市综合交通协同管控技术、基于船岸协同的内河航运安全管控与应急搜救技术等快速推进。紧跟交通绿色化和智能化发展走势，推进轨道交通新型车体材料、节能牵引传动等绿色技术研发，新能源汽车与智能网联汽车技术成熟可靠。

（二）先进技术在交通运输领域应用更为广泛深入

准确把握新一代科技革命与交通运输发展的交汇性历史机遇，适应新技术、新业态、新模式发展，加强交通运输与大数据、互联网、云计算等先进技术的融合发展，丰富交通运输先进技术应用场景，推动交通运输智慧化发展。建立不同运输方式的信息采集、交换和共享机制，加快部门间数据横向整合，充分发挥交通大数据资源优势，为全社会提供权威、精准、可靠的数据支持，为交通主管部门管理与决策科学化提供基础支撑。推进交通基础设施、运输工具和运行信息等互联网化，发展互联网公共汽车、拼车合乘、预约打车、租车等定制交通，以及停车、汽车维修等个性化服务。

（三）交通运输领域率先实现智慧化

以更高质量服务为导向，广泛利用现代信息技术，系统性提升综合交通运输体系智能化水平。推动汽车与电子信息、软件、互联网等领域的联合与协作，组织开展智能网联汽车测试试点和规模化应用示范，加快构建智能网联汽车发展的开放式生态体系。充分利用传感、网络传输、人工智能等技术，全面提升轨道交通装备的智能化水平。加快突破船舶航行态势智能感知、自动靠泊等核心技术，实现远程遥控、自主航行等典型场景试点示范。积极推广应用 5G 通信、大数据和人工智能等新兴技术，扩大无人机、无人仓、无人驾驶货车、物流机器人等智能装备使用范围。

（四）交通前沿和未来技术探索迈上新台阶

瞄准新一代信息技术、物联网、人工智能、智能制造、新材料、新能源等世界科技前沿，加强对交通运输领域前瞻性、引领性、颠覆性技术的原始创新研究，占领关键技术的全球制高点。积极推动人工智能等前沿领域成果在交通运输领域的广泛应用，聚焦超长寿命、智能、绿色、协同交通基础设施，聚焦智能、绿色、超高速、全天候载运工具，聚焦空、天、地高效协同无人驾驶与运行优化技术，加强前沿科技研发，培育重要战略性创新力量，构建核心技术自主可控，具有国际竞争力的现代化交通运输技术体系。合理统筹低真空管（隧）道高速列车技术储备研发，面向深空、深海、深地等开发新一代基础设施技术，推进超高速磁悬浮列车、太阳能发电道路等研究。

六、行业现代治理能力和治理效能明显提升

立足我国当前交通运输发展实际，聚焦交通运输发展新时代主要矛盾，全面深化交通运输重点领域和关键环节改革，破除各方面体制机制弊端，建立健全适应综合交通运输高质量发展的体制机制。

（一）交通运输宏观调控体系得到优化完善

在交通运输领域，优化调整政府和市场关系，深化“放管服”改革，继续精准、协同、有序放权，大幅减少行政审批和全面清理规范行政许可，有序扩大实施“负面清单”制度。推动政府管理重心由注重市场准入转向市场秩序维护，消除限制市场竞争的垄断性行为。整合优化监管职能，建立跨地域、跨行业的综合监管体系，完善投资、土地、资金、环保、行政等政策体系，形成政策合力。优化各级财政事权与支出责任，厘清交通运输领域中央与地方、省与省以下政府财政事权与支出责任划分，明确与各级政府支出责任相适应的交通专项资金配置。

（二）交通运输法规标准体系更为科学适用

适应高质量发展要求和形势变化，建立健全适应现代化综合交通运输发展的法规和标准体系，及时修订相关法律法规。完善基础设施和载具装备技术标准体系，加快制定完善枢纽换乘、轨道交通土地开发、低空空域、交通信息化智能化、运输服务新业态等技术标准，加强大数据、物联网、人工智能、区块链等与交通融合发展的技术标准研究，强化各类标准衔接协调。探索试点弹性建设标准，在高速公路、国省干线部分项目试点弹性车道数建设标准，适当降低中小机场配套设施建设标准要求。推广应用集装化和单元化装载技术，统一多式联运装载单元规格、技术、货种限制等标准。加强与国际组织事务合作，积极参与交通运输领域国际标准制定，提升国际竞争力和话语权。

（三）交通运输重点领域管理体制获得新成效

促进铁路运输业务市场主体多元化和适度竞争，在有条件的地区推进城际铁路和市域（郊）铁路等“网运分离”和“多网融合”发展试点，盘活铁路枢纽周边土地资源，鼓励轨道交通站点上盖物业及周边土地联动开发，建立公开透明、公平合理的铁路清算和分配规则，支持有条件的铁路公司上市，稳步降低铁路负债水平。推进空域管理体制改革，加快开放低空空域，构建市场化导向的航线和时刻资源配置机制，有序推进航油航材市场化供应。积极稳妥推进出租汽车行业改革，促进出租车、网约车协调发展。推动枢纽管理体制改革试点，鼓励多样化枢纽开发模式。推进邮政普遍服务业务与竞争性业务分业经营。探索跨行政区的交通一体化管理体制改革，构建省际市际战略决策、沟通协调、合作运行等机制。

（四）交通运输多元化投融资体制建设取得新突破

切实防范和化解债务风险，加快投融资机制创新，充分发挥市场在资源配置中的决定性作用，有效盘活存量资产资源，科学主动引导社会资本特别是中长期资本和民间资本广泛参与现代化综合交通运输体系建设，完善利益分配机制，为交通运输可持续发展提供长期稳定的资金支持。提升投资管理效率，完善项目资本金比例制度。研究调整车购税税种属性，强化燃油税等“专款专用”，优化中央预算内投资管理使用方式。推进铁路投融资改革，多渠道盘活存量优质资产，支持有条件的铁路公司上市，依托具有较好盈利前景的项目实施债转股、资产证券化等试点。研究支持发行适度规模的交通运输企业债、项目债等，探索开展基础设施不动产投资信托基金试点。建立枢纽综合开发和利益共享机制，试点土地分层供应与周边土地储备制度。

（五）交通基础设施管养问题基本解决

深化交通基础设施管理体制改革，推进建设、管理、养护、运营各环节协同的机制创新，进一步完善权责一致的建管养运一体化协调机制。提升交通基础设施全生命周期管理能力，形成全生命周期的整体发展理念，提升对交通基础设施资产的运营和管理能力。研究组建专业化交通设施管养服务机构，统筹既有资金渠道，加大资金支持力度。以普通国省道和农村公路为重点，健全普通国省道、农村公路可持续发展长效机制，试点“路长制”管理模式。有序推进公路养护市场化进程，推行农村公路建设和一定时期的养护捆绑、干线公路建设养护与农村公路捆绑等模式，采用给予冠名权、景观开发权等方式引导企业参与养护工作。

七、简要结论

我国已形成超大规模的交通基础设施和服务网络，“十四五”期间，综合交通运输发展将向高质量发展转变，开启交通强国建设新征程，在服务构建新发展格局中继续发挥先行作用。以“补短板、强弱项、优结构、提效能”为重点，加快形成广覆盖、深通达、强韧性的高效实用的交通基础设施网。充分利用大数据、互联网、物联网、人工智能等新技术，优化运输组织、提高运输效率、提升服务质量，为人民群众和广大货主提供更加优质经济的运输服务。以城市群和都市圈等主要城市空间形态为重点，不断提高城市交通质量，助力新型城镇化建设。加快研发和推广应用先进技术装备，建立现代交通运输科技创新体系，为更好地发挥基础设施效能、提高运输服务品质提供更坚实的装备条件。推动交通运输发展模式的转换，构建更加可持续的发展方式，筑牢安全底线。通过完善市场机制，在优化交通运输资源配置、提高服务效率和质量中起到决定性作用，更好地发挥政府在市场监管、规则制定、解决“市场失灵”等方面的重要作用，使市场的无形之手和政府的有形之手形成合力，协同推动交通运输高质量发展。

第二节　交通强国美“梦”初成，基本形成现代化综合交通体系

根据《交通强国建设纲要》的总体要求，到2035年，我国将基本建成交通强国。目前，现代化综合交通体系基本形成，人民满意度明显提

高，支撑国家现代化建设能力显著增强。已形成四通八达的综合交通网络，流畅高效的旅客和货物运输服务，智能绿色的交通发展模式，现代有力的交通治理体系和治理能力，有力支撑我国基本建成社会主义现代化国家。

一、综合交通网络四通八达，进入优化完善新阶段

（一）综合立体交通网四通八达“三张网”基本建成

到 2035 年，我国综合交通运输“三张网”将基本建成，高品质的快速网、高效的干线网、广泛覆盖的基础网体系完备、协同运转顺畅。国家综合立体交通网主骨架基本建成，构成我国区域间、城市群间、省际间以及连通国际运输的主动脉，形成支撑国土空间开发保护的主轴线。铁路、公路、水运、民航、邮政快递等基础设施网络基本建成，我国交通发展从以建设为主逐渐转为以管理养护为主，更加注重存量资源优化利用和增量供给质量提升。城乡区域交通协调发展达到新高度，城乡交通发展水平差距显著缩小。国家综合交通运输网络连接全国所有县级及以上行政区、边境口岸、国防设施、主要景区等。

（二）高品质快速网“一日万里”，高效连通全国各主要城市

由高速铁路、高速公路、民航航线构成的高品质快速网基本建成，我国主要城市间交通实现“一日万里”高速通达。我国的高速铁路网络基本建成，“八纵八横”高速铁路网不断完善延展，基本适应国民经济和社会发展需要，高速铁路全面实现通达所有市级行政单位和重要的县级行政单位。国家高速公路网全面建成，地方高速公路网络已经成型，高速公路网

络的规模基本稳定，公路发展的重心转向管理养护。所有的县级行政中心都能够快速上高速公路，所有地级行政单位都能够快速上机场和高速铁路，运输机场布局建设基本完成。

（三）高效干线网横纵交织，通达县级以上行政单位

由普速铁路、普通国省道、高等级航道等构成的高效干线网基本建成“纵横交织”，连接全国所有县级及以上行政区、边境口岸、国防设施、主要景区等。国家干线铁路网络建设基本完成，东部、中部、西部和东北的铁路网络覆盖基本平衡，具备条件适合改造的有铁路，其基本实现了复线和电气化改造，区际铁路运输能力显著增强，铁路网络覆盖范围显著提升。边境铁路建设基本完成，铁路与重要口岸全面连通，铁路与境外通道基本实现有效衔接。普通国道二级及以上比重基本达到100%，普通省道三级及以上比重基本达到100%。高等级航道网络改造基本完成，逐步进入运营维护期。

（四）广泛覆盖的基础网星罗棋布，通达度全面提高

由农村公路、支线铁路、一般航道、通用航空网络等构成的广泛覆盖的基础网星罗棋布。铁路专用线、专用铁路等与矿区、产业园区、物流园区、口岸等基本实现有效衔接。农村公路通行品质显著上升，自然村基本上实现通硬化路，农村公路全面适应县城和农村地区发展需要，农村公路“建管养运”进入良性循环阶段，管理养护质量不断提升。边境地区公路通达深度显著提高，有力保障边境安全和边民生产生活。长江、西江、京杭运河、淮河等的重要支流航道建设基本完成。通用机场发展进入良性循环，有力支撑航空领域新业态发展。

（五）综合交通枢纽“连南接北”，一体化高效连通

依托京津冀、长三角、粤港澳、成渝等世界级城市群，打造形成具有全球竞争力的国际海港枢纽、航空枢纽和邮政快递核心枢纽，基本建成世界级“港口群”“机场群”，构成面向世界的4大国际性综合交通枢纽集群——形成以北京、天津为中心联动石家庄、雄安等城市的京津冀枢纽集群，以上海、杭州、南京为中心联动合肥、宁波等城市的长三角枢纽集群，以广州、深圳、香港为核心联动珠海、澳门的粤港澳大湾区枢纽集群，以成都、重庆为中心的成域地区双城经济圈枢纽集群。在国家综合立体交通网上的关键节点，依托区域经济、文化和政治中心城市，在跨区域人员交流和国家战略物资的中转集散中发挥重要的运输组织功能，承担国家级客货流转换中心作用，提升对国家应急救援、系统运输组织、货物快速投递和国家物流发展等方面的支撑作用。建成一批全国性、区域性交通枢纽，推进综合交通枢纽一体化规划建设，提高换乘换装水平，完善集疏运体系。

二、旅客运输“时空流畅”，物流运输“及时送达”

（一）“天地一体，快速通达”运输服务通达效率显著提升

为人民群众的美好生活提供快速、可靠、公平的全程化、多元化、高端化的运输服务。基本形成“全国123出行交通圈”和“全球123快货物流圈”。“门到门”的客运服务水平将显著提升，出行者在都市圈区域实现1小时内快速通勤，城市群区域实现2小时城际间通达，全国主要城市实现3小时点到点覆盖。送达全球的物流体系基本建立，

形成全球123快货物流圈，国内货物1天送达，周边国家2天送达，全球主要城市3天送达①。交通运输网动态运行管理服务智能化水平不断提升，构建形成以全链条快速化为导向的便捷运输服务网，打造空中、水上、地面与地下融合协同的国家多式联运网络，供应链服务体系不断完善。

（二）“全覆盖、零死角”运输服务覆盖率不断拓展

以铁路为骨干的联程联运服务范围不断拓展，铁路货运多式联运覆盖区域显著扩大，以高速铁路为载体的铁路货运覆盖所有高铁车站。定制公路客运服务全面普及，小汽车出行服务水平显著提高，民航航线网络的覆盖广度和深度将基本达到欧美发达国家和地区的水平，旅客中转、国际航线覆盖范围和国际航班频次将显著提升，通用航空将接近欧美发达国家和地区市场规模水平。到2035年，我国航空服务将覆盖所有的县级行政单元，国际航线网络覆盖全球七大洲，通达每一地区重要国家的主要城市，构筑畅行全球、高效通达的国际航线网络，使通用航空服务深入人们的生活和生产活动各方面。

（三）“多元化、定制化”运输服务品质显著改善

运输服务将向多元化、定制化方向发展，运输服务产品将极大地丰富，更好地满足不同群体和区域的发展需要，满足多元、舒适、便捷等客运需求和经济、可靠、高效等货运需求。大交通与城市交通实现设施互联、票制互通、安检互认、信息共享、支付兼容。城际干线运输与城市末端配送有机衔接，城市和城际间物流配送的瓶颈不再成为问题，枢纽站场

① 中共中央、国务院印发《交通强国建设纲要》，2019年。

布局于周边区域开发建设一体高效，铁路、公路客运枢纽及机场与城市公交网络有机整合运输的安全性将显著改进，交通运输伤亡率明显下降。无障碍化设施在交通枢纽和城市交通领域全面普及，孕妇、婴幼儿、老年人、残障人等群体多元化需求得到全方位保障，适应农村客货运输需求的多元运输供给得到全方位发展，城乡一体运输、片区化服务、应答响应式服务等农村全系列、多元化服务品质全面提升。

三、智能先进、绿色低碳、共享分享交通发展水平明显提高

（一）“智车智路，高速高量”交通运输智能化先进性水平显著提升

智能化是未来交通运输发展的重要方向，智能交通技术将在交通运输领域全面普及应用，我国交通运输领域的技术达到世界领先地位。基本实现国家综合立体交通网的基础设施全要素全周期数字化，实现“运行状态可感知、危险状况可预警、管理协调指挥可调控”，基本建成泛在先进的交通信息基础设施。实现北斗时空信息服务、交通运输感知全覆盖，北斗系统在汽车、火车、飞机等运输工具上得到广泛应用，北斗增强地基系统在重要交通干线已全面覆盖。智能列车、智能网联汽车、智能船舶、商用飞机、智慧管道等技术水平达到世界一流。时速 400 千米以上轮轨和 600 千米以上磁悬浮轨道交通技术得到全面应用[①]；智能交通技术在交通运输领域得到全面普及应用；自动驾驶汽车得到全面应用。车路协同和车联网广泛部署，无人驾驶汽车逐渐成为常见的交通工具，有人驾驶的汽车和无

---

① 交通运输部：《研制试验时速 600 公里级磁悬浮、时速 400 公里级轮轨客运列车》，环京津新闻网，2020 年 8 月 6 日。

人驾驶的汽车混合运行也将成为交通运行的常态。无人机、无人车成为物流配送的主力交通工具，一大批无人机起降点、无人仓库等全面布局。C919、C929等国产单通道、双通道大型客机得到广泛应用、得到世界范围内广泛认可。

（二）“低碳低排弱影响”交通运输行业“碳达峰”全面实现

节能减排将是我国交通运输迈向基本现代化的重要一环。到2035年，我国将初步形成各种交通方式协调发展的低碳综合交通运输系统，在2030年基本实现全行业“碳达峰”（二氧化碳排放达到峰值）的基础上，“碳达峰”的成果得到充分巩固，低碳生产生活的理念得到广泛贯彻落实。城市交通的绿色出行比例大幅度提高，集约、高效的快速公交成为大城市居民的主要出行方式。在交通需求管理政策的实施推动下，超大城市小汽车出行的势头将得到全面的控制。新能源汽车技术不断成熟，长续航快充电技术迅速发展，新能源汽车占汽车保有量的比重超过50%，步行和自行车交通出行比例上升，慢行交通环境得到改善。充分满足出行者基于时间、舒适度、费用和低碳等不同价值取向的出行选择需求。交通运输建设、运营、维护等造成交通污染和生态环境的大幅下降，绿色发展理念贯穿于交通基础设施规划、设计、建设、运营和养护全过程，二氧化硫、二氧化氮等污染物的排放随着新能源汽车占比不断提高而显著下降。交通运输发展与自然和谐共生，交通运输生态文明治理体系更加科学完备，交通运输生态环境高水平保护与基本实现社会主义现代化的发展要求相适应。

（三）“不求所有，但求所用”交通共享化水平显著提高

共享单车、共享汽车、网约车等共享出行方式全面发展，自行车、汽车等集约化使用率大幅提升，居民机动车户均保有量将保持在稳定状态。

共享交通和城市公共交通的衔接更加紧密，提供“门到门”一体化的交通工具租赁、出行线路规划、周边信息咨询、在线娱乐、费用结算等服务功能。随着无人驾驶汽车等自动化交通工具的普及，共享汽车、网约车等服务业态将更加丰富，交通工具集约化利用水平更高、对公共资源的占用更少。同时综合交通运输信息资源深入共享开放，大数据在综合交通运输各业务领域应用更加广泛，有力捕捉需求、实现供需对接，支撑交通运输规划、建设、运营、管理、维护提质升级。

四、“现代有力”治理体系和治理能力基本形成

（一）交通运输治理体系“成熟健全”

行业改革不断深化推进，交通运输行业文明迈向新阶段，行业各方面制度更加成熟更加定型，交通运输法律法规更加健全，交通运输发展战略规划体系、交通运输发展指标与标准体系、交通投融资机制等重大体制机制改革取得决定性成果，治理体系和治理能力可以适应交通运输发展需要。交通市场主体活力得到充分发挥、交通运输市场规则进一步健全、交通运输产业体系深度融合联动。基本实现交通运输治理体系和治理能力现代化，适应基本建成交通强国的需要，行业制度更加巩固、优越性充分展现，有力支撑交通强国建设，适应社会主义现代化强国建设需要。

（二）交通治理治理能力“精准有力”

大数据、人工智能、云计算的技术手段在交通治理领域得到广泛应用，交通治理方式多样化、全能化、精准化。以信用为基础的交通运输治理能力得到全面加强，信用信息归集、共享和公开的体制机制充分健全。

交通运输领域信用评价和分级分类监管水平不断提高，贯穿市场主体全生命周期的新型监管机制得以建立。交通运输守信激励和失信惩戒充分发挥功效，失信主体信用修复机制不断完善。交通运输政务诚信建设取得突破性进展，政务诚信监测治理能力显著增强。全面建成综合交通应急管理体制，海上搜救、重大海上溢油、突发公共卫生事件等应急处置部际、部省、区域、军地协同能力显著提高。

五、简要结论

到2035年，我国将基本建成交通强国，交通强国美“梦”初成，交通运输发展将全面适应人民日益增长的美好生活需要，动态上满足经济和社会发展需求，有力支撑我国基本实现社会主义现代化，将保障国家经济实力、科技实力、综合国力大幅提升。

综合立体交通运输主骨架将建成，超大规模的交通运输基础设施网络经济和社会效益充分显现，我国的铁路、公路、水路、民航等各方式基础设施将基本完善，区域交通发展不协调问题基本得到消解，交通运输发展不充分不平衡的问题初步得到解决。

我国的交通运输发展，也将以交通运输建设为主转向以交通运输服务、管理治理、智能化绿色化优化升级为主，长达50多年的大规模交通基础设施建设强度逐步降低。随着大规模交通运输建设期走向尾声，存量交通基础设施“红利”将全面显现，交通运输服务、交通运输管理、交通运输技术装备水平将出现显著跃升，逐渐达到与世界发达国家相同的水平。

第三节 圆“梦”中华民族伟大复兴，全面建成交通强国

到 21 世纪中叶，我国将全面建成交通强国和现代化高质量国家综合立体交通网，拥有世界一流的交通基础设施体系，交通运输供需有效平衡、服务优质均等、安全有力保障。目前，我国交通运输基础设施发展不平衡不充分的问题得到全面解决，交通基础设施建设基本完成，国际联通全面提升，基本实现全球交通基础设施互联互通。交通运输服务能力全面增强，“时空流畅”的运输服务体系基本建立，交通运输的智能、绿色、经济的发展水平将稳居世界前列。

一、交通基础设施网络

（一）我国交通基础设施的规模质量稳居世界第一

我国的铁路、公路、内河航道等里程将稳居世界第一位，高速铁路、高速公路、高等级航道等建设进一步引领世界交通运输发展。高速铁路网全面成型，高速轮轨铁路和高速磁悬浮铁路同步高效运营，运营时速 600 ~ 1000 公里的高速磁悬浮铁路得到全面应用。高速磁悬浮铁路高效通达北京、上海、广州、深圳、成都、武汉等中心城市，实现 1 ~ 2 小时从北到南、从东到西高效通达，高速铁路出行享有比肩民航飞机的“飞一般”的运行速度。高速公路网络建设基本成型，国家高速公路网和地方高速公

路建设基本完成，普通国省道网络能够适应各地经济社会发展需要，高速公路和普通公路形成良好的速度性和经济性的运输组合。内河航道网络建设全面完成，进入维护保养阶段，沟通南北水系的各大运河维持在较高的运转水平。民航机场建设逐步完成，“市市有机场，县县享航空”的民航发展格局基本实现，航空客货吞吐量保持在较为稳定的水平，民航全球化、大众化发展目标全面实现。交通基础设施的建设设计、建造施工质量稳居世界先进水平。基础设施维护管理能力显著提升，交通基础设施全生命周期发展理念深入贯彻，有力支撑超大规模路网高效运行。

（二）城乡交通网络满足人民美好高品质生活需要

城市群一体化交通网全面建成，都市圈轨道交通建设能够满足发展需要。“坐上轨道交通列车，群内圈中点到点随意通达”——干线铁路、城际铁路、市域（郊）、城市轨道交通全面融合，轨道交通线网和车站兼容多制式的轨道交通列车运行。多种形态的轨道交通充分发展，云轨、云巴、悬挂式轨道、中低速磁浮等全面应用，适应各种快速出行需求。城市快速路、主次干路、支路级配和结构合理，城市道路网基本完善。农村公路网络全面通达各自然村，“村村户户通柏油（水泥）路”，农村公路建设品质和管养水平完全能够适应农村地区的发展需要，边境地区交通通达水平保持在较高水平，口岸区域交通通达水平良好，有力支持边境地区经济发展和国防安全。

（三）构建形成面向全球“联通七大洲四大洋”的交通运输网络

我国在全球交通运输中心的价值和地位已全面确立，依托“一带一路”建设，构筑形成支撑生产、生活链条的区域、洲际网络，形成强大的“陆向”交通运输系统，形成较为完善的泛亚交通网，形成东北亚、东南亚、中亚、西亚、北非的陆路连接。依托陆路交通运输网络，构建与全球各国连通的陆路海陆通道，通过国际大通道建设，形成联通世界的全球交通网络，奠定我国联通东西、沟通南北的世界交通网。依托具有全球竞争力的航运企业和航空企业，打造联通七大洲四大洋的国际航运网络，如从我国出发的客运中转一次“全球到达”、货物中转一次“全球送达”。全球战略物资投送网络已全面建成，进出我国的各类物资得到充分保障。

二、交通运输服务

（一）全面实现“出行即服务”“客运即观光”

1. “出行即服务”走进千家万户

运输服务是交通运输供给的最终产品，到21世纪中叶，我国的基础设施建设将基本完成，提供满足人民美好的交通服务是未来交通运输发展的重要任务，满足人民对美好生活的向往是我国交通运输服务发展的终极方向。我国的出行服务经过多年的演进发展，将创新“全程管家”客运服务模式，以高技术完成高质量、个性化、一站式的服务闭环，提升旅客全出行链的体验，形成“出行即服务”的联运经营人平台，以“一站式”服务将旅客从自行组织中解放出来，自动提供全出行链条的解决方案，提升旅客对全程出行的掌控能力。城市公共交通服务出行体验显著提升，共享交通服务品质更加高级化、服务产品更加多元化。公共交通和共享交通的连接更为紧密和高效。

2. “客运即观光”凸显生活品质

交通与旅游产业充分融合发展。旅客出行环境大幅提升，交通廊道周边景观塑造不断加强，“车在路上走，人在画中游”将成为客运出行的常态，客运出行逐渐成为一种观光享受的模式。旅游观光慢火车串接重要旅游景点，“快进慢游”的公路旅游交通基础设施健全，交通基础设施从运输功能向游憩功能、生态保护功能、教育体验功能、文化传承功能及产业带动功能等全方位发展，交通基础设施对社会进步的影响和积极贡献得到逐步发挥，大江、大河等自然、人文景观的交通旅游体系全面完成，长江、长城、黄河、大运河、雅鲁藏布江等旅游带全面建成。

（二）物流运转全面“门到门、手把手”

物流基础设施及运作方式衔接更加顺畅，国家物流枢纽的布局和功能全面完善。货运企业全面完成向现代物流企业的转型，物流园区网络体系布局更加合理，多式联运、甩挂运输、共同配送等现代物流运作方式全面普及应用，物流集聚发展的效益充分发挥。物流整体运行效率显著提高。物流降本增效取得全面效果，全社会物流总费用与国内生产总值的比率下降至7%左右，物流业对国民经济的支撑和保障能力进一步增强。构建形成全球点到点的物流系统，支撑我国在全球价值链中的核心地位，提升全球连接、全球服务、全球解决方案的能力。物流服务全面渗透进入工业园区、农村、办公楼、居民区，物流运输基本实现“门到门、手把手”“下单一次，买卖全球”“一次中转、送达全球”将成为现实，对偏远边疆地区、农村地区同样高效覆盖，运输的时效性、经济性也能够得到充分保障。

物流新业态、新模式不断涌现，满足公众各种物流需求。依托运输链、物流链、供应链和产业链上下游各主体及其生产和交易组织进行高效衔接和一体化运作，面向企业的“供应链”一单式货运服务成为主流，“定制化”货运服务将广受欢迎，物流产品多元化、体系化，满足不同社会群体、不同企业的需要。物流运输实现货运物流的全链条“一体化发展”“一单式”的世界一流服务。无人机、无人车成为物流运输的主要工具，快递、外卖小哥承担的配送工作将主要被配送机器人所替代。地下管道物流运输等新技术得到广泛应用，城市地下管廊不仅可用于布局各种管道设施，也可以用来快速传输各类货物和快件物品。

（三）城乡交通运输服务全面一体化

交通运输的城乡二元化发展格局将被彻底打破，农村地区的公共服务水平将实现与城市基本一致，大都市圈城市群间将实现无差异化体验的全域“泛城市交通”，城市群内市县中小城市、小城镇、农村协调互动发展，交通均等化服务水平极大提高。小城镇与交通干线、交通枢纽城市高效连接，城镇公共交通服务向市郊、农村全面延伸，城市对乡村地区的辐射带动作用显著增强。依托不同地区配置交通运输服务资源，共享交通、需求响应交通高效适配各类城乡交通需求，城乡交通服务品质一体化程度显著提升，人民的体验感进一步无差别化。

三、交通运输发展

（一）交通运输科技创新位列世界前列，成为世界交通领域创新“策源地”

交通运输既是科技创新的重要应用领域，也是孕育创新需求的重要载体。世界科技革命和产业变革将推动交通运输领域的创新取得重要突破，交通运输基础设施和载运工具不断更新换代。全新的高速磁悬浮轨道交通技术将引领轨道交通新一轮变革，时速达到1000千米的磁浮列车有望高效连通我国各主要城市，北京、上海、广州、成都等我国主要城市之间有望在1～2小时之内通过高速磁悬浮列车通达。自动驾驶汽车对有人驾驶汽车实现全面替代，成为主流运输工具，人彻底摆脱了驾驶的束缚。高速公路的限速不断提升，无限速公路将成为公路的发展主流，汽车和道路的智能化水平不断提升，“智车智路”真正得以实现。飞行汽车、共享吊舱、数字座舱等交通新技术将走进千家万户。我国依托强大的技术实力和广阔的市场，将主导世界超大型船舶、智能化船舶、专业化船舶的发展，船舶建造、设计、运输能力将居于世界前列。当前，高超音速飞机逐渐实现对亚音速飞机的替代，成为主流民航运输工具，洲际航空业务空前发达。

同时，大数据、人工智能、机器人等技术将在交通运输领域得到全面应用，铁路、公路等将由机器人进行建造，路网的巡查保养将由机器人来完成，交通的管理和控制将由机器人来自动进行调度管理，交通运输的运行将建立在自动化运行管理之上，管理人员只需要处理机器人难以管理和协调的问题即可。人类将逐步脱离烦琐、复杂、危险的交通运输建设、服务、管理的过程。

（二）我国交通运输行业率先实现碳中和，实现“零排零碳零影响”

交通运输工具实现污染物“零排放”和二氧化碳“零排放”。交通运输作为资源密集型行业，是能源消费和温室气体排放的三大主要来源之一，是生态文明建设的重要领域，对生态环境会产生重要影响。交通运输行业实现能源革命，从低碳到无碳，最终全面实现交通运输“净零排放”，真正达到“碳中和”。交通运输依靠新能源作为动力来源，电能将作为交通运输领域的主要来源，新能源汽车等电动交通工具将成为主流交通工具。如今，纯电动汽车续航里程超过 1000 公里，快速充电技术已经成熟，纯电动汽车使用的经济性和便利性方面基本达到燃油车水平，预计到 2050 年新能源汽车销量将达到当年汽车销量的 80% 以上，成为绝对的主流交通工具。同时，终极能源技术氢能得到全面应用，氢燃料电池技术全面成熟，取得实质性突破，用氢成本、耐久性、基础设施及氢能产业链的瓶颈将逐步破除。氢能在长距离货运和城际客运公交领域将全面替代传统的柴油车，氢燃料电池汽车成为主要道路交通工具。风电、光伏等新能源发电可直接用于电池充放电，也可以电解水制氢。动力电池和氢燃料电池作为储能推动新能源发展。

交通运输对自然生态环境做到“零影响”。交通运输生态廊道、生态景观的保护水平不断提升。生态公路涵盖的保护措施从地面延展至空间形成立体保护，从建后修复的恢复性手段改变为降低建设影响生态空间强度的先期保护性建设方式，从维持通道统一建设标准到适应生态区保护下的区域建设标准的生态设计理念。真正做到交通运输的发展对自然环境“无害化穿越”和完全无影响。

（三）交通安全和交通文明水平世界引领

全面的无人化驾驶操作技术可以将人的误操作造成的交通事故降到最低，尤其是自动驾驶汽车的全面推广应用将显著减少公路和城市道路交通事故，减少人员伤亡，直至在无人化的交通运行环境中没有交通事故发生。同时还能使得交通基础设施造成的安全隐患全面消除，事故多发路段和公路安全隐患路段综合治理取得显著的成果，临水临崖、连续下坡、急弯陡坡、视觉盲区等事故易发路段的隔离栅、防护栏、防撞墙等安全设施，设置标志标线措施全面完善。另外，大数据、云计算、人工智能技术在交通安全领域全面应用，推进公路灾害性天气预报和预警系统优化升级，完全可以消解包括暴雨、浓雾、团雾、雨雪冰冻等在内的恶劣天气对交通安全造成的负面影响。

交通文明水平全面提升，交通管理和服务中的“以人为本”的理念得到全面贯彻，广大人民群众生命安全得到维护。交通管理体制机制全面适应经济社会和综合交通运输体系发展需要。交通监管能力全面提升，从课堂、驾校到家庭、工作单位、交通管理部门、宣传媒体的全链条交通文明教育培育和宣传体系得到全面构建。交通安全文化深入人心，尤其是汽车驾驶员文明驾驶意识全面增强。交通安全管理可以实现对交通违法违章行为全方位“无死角查处”，可以实现交通运行场景“全流程全链条”追溯，交通违法违章事件基本消除。我国的交通文明程度达到引领世界水平。

四、简要结论

实现中华民族伟大复兴，就是中华民族近代以来最伟大的梦想。到21 世纪中叶，我国将实现中华民族伟大复兴的“中国梦”。建成交通强国是实现中华民族伟大复兴中国梦的重要组成部分。

“回首 1921 年，立足 2021 年，展望 2050 年”，百年来，正是我国人民在中国共产党的带领下，将一个交通弱国建设成为交通强国的伟大征程，也是从一个不堪回首、积贫积弱的弱国梦魇缠绕，到一个充满希望、富强美满的强国美梦成真的过程。

2021 年在我国交通运输发展进程中具有里程碑意义，站在新发展阶段的起点，开启全面建设社会主义现代化国家向第二个百年奋斗目标进军的阶段。

2050 年我国将全面建成社会主义现代化国家，全面解决交通运输发展不平衡不充分问题，发展理念全面转向高质量发展，发展水平全面居于世界领先水平。

建设交通强国的画卷正徐徐展开，交通运输现代化的理想正逐步实现，中华民族伟大复兴的中国梦终将梦想成真！

参考文献

［1］陈春华：《1958 年—1962 年陈云经济领导工作研究》，湖南师范大学学位论文 2006 年。

［2］陈文斌、武国友：《中国共产党历史专题大事纵览（从“一大”到“十八大”第二卷（1949—1978)》，红旗出版社 2013 年版。

［3］陈云：《陈云文选》第二卷，人民出版社 1995 年版。

［4］丁金学：《综合运输通道发展理论与实践》，人民交通出版社 2018 年版。

［5］樊桦等：《运输服务高质量发展研究》，中国市场出版社 2019 年版。

［6］方举：《中国铁路史论稿：1881—2000》，北京交通大学基础产业中心资助。

［7］国家发展改革委等：《长江三角洲地区交通运输更高质量一体化发展规划》，国家发展和改革委员会网站，2020 年 7 月 28 日。

［8］国家发展改革委等：《国家物流枢纽布局和建设规划》，国家发展和改革委员会网站，2019 年 1 月 16 日。

［9］国家发展改革委宏观经济研究院综合运输研究所：《辉煌交通：中国交通运输改革与探索 40 年》，人民出版社 2018 年版。

［10］国家发展改革委：《加快构建现代综合交通运输体系》，中国计划出版社、中国市场出版社 2020 年版。

［11］国家发展改革委综合运输研究所：《“十四五”国家重大物流基础设施发展规划》，国家发展改革委综合运输研究所工作论文，2020 年。

［12］国家发展改革委综合运输研究所：《“十四五”新型城镇化交通发展思路研究》，国家发展改革委综合运输研究所工作论文，2020年。

［13］国家发展改革委综合运输研究所：《中国交通运输发展报告（2020）》，中国市场出版社2020年版。

［14］国家发展和改革委员会综合运输研究所：《改革开放与中国交通运输发展》，中国市场出版社2019年版。

［15］国家发展和改革委员会综合运输研究所：《中国交通运输发展改革之路——改革开放30年综合运输体系建设发展回顾》，中国铁道出版社2009年版。

［16］国家科学技术委员会：《中国技术政策（交通运输）——国家科委蓝皮书第9号》，国家科学技术委员会1985年版。

［17］郝栋：《毛泽东新中国交通建设思想探析》，重庆交通大学硕士学位论文2009年。

［18］黄彦：《孙中山著作丛书——建国方略》，广东人民出版社2007年版。

［19］《交通部行政史》编委会：《交通部行政史》人民出版社2008年版。

［20］交通运输部：《关于推进交通运输治理体系和治理能力现代化若干问题的意见》，交通运输部网站，2020年10月24日。

［21］交通运输部：综合运输服务“十三五”发展规划，交通运输部网站，2016年7月27日。

［22］李飞龙：《建国初期陈云的交通建设思想及其当代价值》，载《理论建设》2012年第3期。

［23］李连成等：《交通运输2030》，中国市场出版社2017年版。

［24］《李清——生平纪实与论交通改革》编写组：《李清——生平纪

实与论交通改革》，人民交通出版社 2020 年版。

［25］李孝文：《“文革”经济史研究的回顾与前沿研究》，江西财经大学硕士学位论文 2020 年。

［26］刘亚军：《李富春经济思想研究》，华南理工大学博士论文 2020 年。

［27］罗仁坚等：《“十三五”和“十四五”交通建设发展与投资需求》，人民交通出版社 2013 年版。

［28］罗萍：《国务院办公厅印发〈推进运输结构调整三年行动计划（2018－2020 年）〉》，载《综合运输》2006 年第 10 期。

［29］罗萍：《我国港口与城市互动发展的趋势》，载《综合运输》2006 年第 10 期，第 16～20 页。

［30］邱少明：《邓小平新中国铁路建设贡献述论》，载《理论学习与探索》2014 年第 6 期。

［31］彤新春：《新中国成立初期交通发展战略的演进与绩效》，载《安徽师范大学学报：人文社会科学版》2018 年第 4 期。

［32］荣朝和等：《综合交通运输体系研究——认知与构建》，经济科学出版社 2013 年版。

［33］苏斌、马艺菲：《新中国成立 70 年综合运输管理体制改革历程》，载《交通运输年鉴》，中国交通年鉴社 2019 年版。

［34］王德荣：《王德荣文集：综合运输与现代物流》，人民交通出版社 2013 年版。

［35］吴文化等：《中国交通基础设施产业升级战略研究》，人民交通出版社 2018 年版。

［36］吴文化等：《中国交通 2050——愿景与战略》，人民交通出版社 2017 年版。

［37］吴文化、向爱兵、毛科俊等：《我国枢纽经济发展理论与实践》，经济科学出版社 2019 年版。

［38］张静如、卞杏英：《国民政府统治时期中国社会之变迁》，中国人民大学出版社 1992 年版。

［39］赵学军、武力：《1969 年—1978 年经济大事记：邓小平整顿经济》，中国网，2009 年 8 月 20 日。

［40］中共中央、国务院：《中共中央、国务院印发〈国家综合立体交通网规划纲要〉》，交通运输部网站，2021 年 2 月 24 日。

［41］中共中央、国务院：《中共中央、国务院印发〈交通强国建设纲要〉》，交通运输部网站，2019 年 9 月 19 日。

［42］《中国发展观察》杂志社采访组：《"三五""四五"：动荡中进退反复——专访国务院发展研究中心原副主任陆百甫》，载《中国发展观察》2019 年第 12 期。

［43］中国交通运输协会：《郭洪涛文集》，中共党史出版社 1998 年版。

［44］中华人民共和国交通运输部《中国交通运输改革开放 40 年》丛书编委会：《中国交通运输改革开放 40 年（综合卷）》，人民交通出版社 2018 年版。